HEYNE <

Christof Obermann · Klaus Wilpert

Der Scheidungsratgeber für Männer

WILHELM HEYNE VERLAG
MÜNCHEN

FSC
Mix
Produktgruppe aus vorbildlich
bewirtschafteten Wäldern und
anderen kontrollierten Herkünften

Zert.-Nr. SGS-COC-1940
www.fsc.org
© 1996 Forest Stewardship Council

Verlagsgruppe Random House FSC-D-0100
Das FSC-zertifizierte Papier *München Super*
für Taschenbücher aus dem Heyne Verlag
liefert Mochenwangen Papier.

Originalausgabe 12/2005

www.heyne.de
Printed in Germany 2005
Redaktion: Katy Albrecht
Umschlaggestaltung: Eisele Grafik-Design, München
Umschlagillustration: Helen King/Corbis
Satz: C. Schaber Datentechnik, München
Druck und Bindung: GGP Media GmbH, Pößneck

ISBN-10: 3-453-60026-6
ISBN-13: 978-3-453-60026-3

Inhaltsverzeichnis

Vorwort

In Deutschland werden jährlich über 200 000 Ehen geschieden – im Jahr 2003 wieder knapp fünf Prozent mehr als im Vorjahr. In der Mehrzahl der Fälle beantragt die Frau die Scheidung. Aufgrund der gesellschaftlichen Schieflage ist für Männer häufig nur die Rolle als Zahlesel vorgesehen, der auch bei kurzen Ehen und solchen ohne Kinder bis an sein Lebensende zahlen soll. Wenn Kinder im Spiel sind, so werden diese häufig von den Müttern als Druckmittel eingesetzt. 30 bis 50 Prozent der Männer werden nach der Trennung als Vater amputiert und mit Schikanen vom Kontakt zu ihren eigenen Kindern fern gehalten.

Deshalb will Ihnen dieses Buch viele wertvolle juristische und psychologische Tipps anbieten:

- Wie lassen sich Unterhaltszahlungen im Rahmen halten?
- Welche Kosten kommen auf mich zu und wie kann ich diese im Rahmen halten?
- Geht es auch ohne Anwalt?
- Wie soll ich vorgehen, wenn meine Noch- oder Ex-Frau die Kinder als Druckmittel einsetzt?
- Wie gehe ich mit dem Jugendamt um?

Dieses Buch will Ihnen helfen, eine sehr schwierige Phase Ihres Lebens so gut wie möglich zu bewältigen und ein Problembewusstsein zu entwickeln. Es soll Ihnen helfen, Gestaltungsmöglichkeiten zu erkennen und zu nutzen und es mag auch manchmal helfen, Ihren Anwalt auf andere und vielleicht bessere Wege hinzuweisen. Wenn Sie sich wirklich streiten müssen, weil Ihnen selbst mit Hilfe dieses Buches keine einvernehmliche Lösung mit Ihrer Frau gelingt, sollten Sie ohnehin kompetente Unterstützung durch einen Anwalt in Anspruch nehmen. Wenn Sie nicht (vor Gericht) streiten müssen, wird Ihnen das Buch helfen, »im Frieden« eine gerechte Lösung herbeizuführen.

Die männliche Leserschaft wird im Buch mit den eigenen Gefühlen wie Wut, Enttäuschung und Angst konfrontiert und erhält somit Antworten auf spezifisch männliche Fragen. Dieses Buch ist keineswegs neutral geschrieben, es bezieht eindeutig – auch bewusst provokant – Stellung. Es rät Männern in der Scheidungssituation, nicht in die Fallen hartnäckiger Vorurteile zu tappen. Wir wehren uns gegen den Geschlechterkampf der »Berufsfrauen«, die das Recht gepachtet zu haben scheinen. Wir wollen den Männern den Rücken stärken, sich als Vater und Ehemann nicht einschüchtern zu lassen. Männer sollten selbstbewusst kämpfen. Väter sollten sich nicht daran hindern lassen, mit Stolz ihre besondere Verantwortung wahrzunehmen.

Christof Obermann
Klaus Wilpert

KAPITEL 1

Scheidungsfolgen für Männer: Ein Tabuthema

Sind Frauen die natürlichen Opfer und Männer die natürlichen Täter?

Heute haben Frauen und Männer die gleichen Chancen. Aus der Benachteiligung längst vergangener Tage verbleiben viele Frauen gerne in der Opferrolle der vermeintlich Schwächeren. Daraus leiten sie das Recht ab, Forderungen zu stellen, die mit Gleichberechtigung nichts mehr zu tun haben. Zum Beispiel nehmen sie sich das Recht, Täterin zu werden: »Frauen neigen zu einseitigen Sichtweisen, um ihre Opferhaltung beibehalten zu können. Es gilt, die weibliche Berechnung aufzudecken: Welche Strategien und Tricks Frauen anwenden, um aus ihrer vermeintlich schwächeren Position Profit zu ziehen?« – Ein Statement eines verletzten Mannes? Nein! Die Aussage einer Geschlechtsgenossin der vermeintlichen Opfer. Beate Kricheldorf entlarvt in ihrem Buch »Verantwortung: Nein, danke!« die weibliche Opferhaltung als Strategie und Taktik. Die Autorin beschreibt, wie sich die Mehrzahl der Frauen auch außerhalb der feministischen Kampfbünde gerne als Opfer von Männern, Gesellschaft und Strukturen sehen. Die Verantwortung sollen jedoch andere übernehmen. Aus dieser Rolle heraus kann man zunächst einmal alles fordern und im Ausgleich für die vermeintliche Benachteiligung auch alles rechtfertigen.

Wie ist die Reaktion der Männer? Die meisten Männer gehen in Dauerbüßerhaltung. Sie fühlen sich dabei ertappt, wenn sie sich nicht in den einstimmigen Chor einreihen, dass die angebliche Benachteiligung der Frau in allen gesellschaftlichen Bereichen verändert werden soll. Der Mann wird – je nachdem, wie es passt – entweder zum Rest der Machos oder Paschas gesteckt oder er ist der armselige Trottel.

Die Frauen früherer Generationen sind sicherlich unterdrückt und benachteiligt worden. Allerdings leiten viele Frauen heute noch daraus ihr Recht ab, nunmehr bevorzugt behandelt zu werden. Im öffentlichen Dienst sollen so lange Frauen in Führungspositionen bevorzugt werden, bis die 50-Prozent-Quote erreicht ist, obwohl es weniger Frauen als Männer gibt, die sich für das Lebensmodell Beruf entscheiden. Speziell in Kommunen mit grün-alternativer Beteiligung an der Stadtratsmehrheit holen sich Feministinnen einen Anteil aus der Staatskasse, der ausschließlich Frauen zugute kommt. Im öffentlichen Dienst wacht die Frauenbeauftragte gleich neben dem Schwerbehindertenbeauftragten als Superministerin über alle Vorgänge. In Köln sieht man die Konsequenz: So gibt es trotz knapper Kassen ein gut ausgestattetes Frauenamt, welches viele Aktivitäten finanziert, zum Beispiel einen »Leitfaden für berufstätige Mütter«. Aber besteht nicht eigentlich für berufstätige Väter, die sich für ihre Kinder engagieren, ein sehr viel größerer Aufholbedarf, der unterstützt werden müsste? In Köln gibt es weiterhin einen historischen Turm am Rhein, aufs Feinste modernisiert, mit einer Frauen-Bibliothek zur Erforschung der Historie der Frauenbewegung. Gleichzeitig ist jedoch der Kölner Väterverein wegen Geldmangels nicht erreichbar.

Auf Initiative der rot-grünen Bundesregierung wurde zwischenzeitlich das so genannte Gewaltschutzgesetz auf den Weg gebracht. Hiernach wird in der gerichtlichen Praxis immer dann der Frau die Wohnung zugesprochen, wenn der Vorwurf von Gewalt zwischen Eheleuten oder Lebenspartnern behauptet wird. Es reicht in der Regel als Mittel der Glaubhaftmachung die eidesstattliche Versicherung der Frau. Häufig werden die Beschlüsse, mit welchen die Räumung der Wohnung durch den Mann angeordnet wird, vollzogen, ohne dass der Mann die Gelegenheit zu rechtlichem Gehör hatte. Der dann noch mögliche Einspruch wird oft nichts mehr ändern können, weil bis zur mündlichen Verhandlung vollendete Tatsachen geschaffen wurden, etwa durch die notwendige Anmietung einer Ersatzwohnung. Justizministerin Herta Däubler-Gmelin wollte mit dem Gewaltschutzgesetz verhindern, dass »die Geschlagene gehen muss und der Schläger bleibt«. Dies ist ein weiterer Rückfall in die graue Vorzeit der »bösen, handgreiflichen Männer und der armen, schutzbedürftigen Frauen« – so der Interessenverband Unterhalt und Familienrecht (ISUV). Der Bundesvorsitzende gab schon im Vorhinein zu bedenken: »Mit dem Gesetz wird dem Missbrauch Tür und Tor geöffnet. Feministische Beratungsstellen geben dann die Parole aus: Beschuldige deinen Mann der Gewalt, dann kannst du ihn per Eilbeschluss aus seiner Wohnung aussperren!« Die gerichtliche Praxis gibt ihnen leider Recht.

Die Rolle des benachteiligten Mannes und Vaters zu beklagen hilft allerdings wenig weiter. Es gehören immer zwei dazu – ein Täter und auch ein Opfer, das sich alles gefallen lässt. Solange Männer im vorauseilenden Gehorsam den Märchen der systematischen Benachteiligung beipflichten, tragen sie selbst die Mitverantwortung. Bis dahin sollten wir der Forderung nach einer 50-Prozent-Quote in Führungspositionen folgendes Gedankenspiel entgegenhalten: Stellen Sie sich vor, in strittigen Sorgerechtsentscheidungen bekämen die Väter – bei gleicher Eignung wie die Mütter – so lange das alleinige Sorgerecht zugesprochen, bis bundesweit eine 50-Prozent-Quote im Sorgerecht für Väter und Mütter erreicht wäre.

Frauen haben heute für ihre Lebensgestaltung viele Möglichkeiten, die von der Gesellschaft anerkannt und gefördert werden: alleinerziehende Mutter, Nur-Hausfrau, nur-berufstätig, arbeitende Mutter. Männer haben im Gegensatz zu Frauen in ihrem Leben nicht diese Wahlmöglichkeit, sie müssen berufstätig sein und Geld verdienen. Sie haben faktisch nicht die Möglichkeit, ganz aufzuhören zu arbeiten und sich komplett der Versorgung von Kindern und Haushalt zu widmen. Sie haben in der Realität, trotz veränderter Gesetzeslage, auch nicht die Möglichkeit, sich einen Halbzeitjob zu suchen, um dann von der Gesellschaft und ihren voll arbeitenden Frauen Unterstützung bei der Kinderversorgung einzufordern. Warum? Kaum eine Frau ist bereit, die von Männern selbstverständlich eingeforderte Rolle des Ernährers zu übernehmen. Die meisten Frauen erlernen sicher gerne einen Beruf, um etwas selbst voranzubringen. Dann halten jedoch viele Ausschau nach einem Mann, von dem sie dann alle Optionen verwirklicht bekommen: Nicht mehr voll arbeiten, nur noch teilweise arbeiten.

Gerade von den Feministinnen wird es jedoch immer so dargestellt, als warteten in Wirtschaft und Verwaltung nur Selbstverwirklichung und Karriere, wobei die Männer nur zugreifen müssen und die Frauen daran gehindert werden. Dabei muss man einmal festhalten, dass eben auch nur eine Minderheit der Männer wirklich Karriere macht. Und viele Jobs sind nicht gerade die Selbstverwirklichung, sondern schlicht die hart verdiente Grundlage zum Leben. Viele Männer arbeiten nicht, um einem Ideal zu folgen, sondern einfach, um sich und ihre Familie über die Runden zu bringen.

Wie benachteiligt aber sind die Frauen wirklich? Am 26.2.2000 meldete der *Kölner Stadtanzeiger*, dass der Mädchenanteil an Gymnasien und Gesamtschulen in Nordrhein-Westfalen den Höchststand erreicht habe. So liegt der Anteil junger Frauen und Mädchen in Gymnasien nun bei 53,7 Prozent, in den Gesamtschulen bei 48,2 Prozent. In den Realschulen befindet er sich hingegen auf dem Tiefststand und in den Hauptschulen liegt der Anteil gar nur bei 43 Prozent. Gleichzeitig ist immer noch die Trennung von Jungen und Mädchen in einzelnen Unterrichtsfächern in der Diskussion, um der Benachteiligung von Mädchen in der Schule entgegenzuwirken.

Bekanntermaßen haben Frauen auch bei der Lebenserwartung keinen Nachteil: Aus der aktuellen Übersicht des Statistischen Bundesamtes ergibt sich derzeit für die alten Bundesländer bei Männern eine Lebenserwartung von 75,59 Jahren und bei Frauen von 81,34 Jahren. Wenn man auf zurückliegende Sterbetafeln schaut, so ist dieser Abstand von sechs Jahren in der Lebenserwartung praktisch immer konstant geblieben. Das liegt sicherlich auch ganz wesentlich daran, dass die Männer im Land die Verantwortung schultern und dafür mit ihrer Gesundheit bezahlen.

Männer nach der Scheidung: Abgezockte Väter?

Während die Zahl der Eheschließungen ständig abnimmt, hat sich die jährliche Zahl der Scheidungen von 1980 bis 2003 mehr als verdoppelt. Das Statistische Bundesamt weist für das Jahr 2003 den bis dahin unerreichten Rekord von ca. 213 975 Scheidungen auf. In fast 53 Prozent dieser Scheidungen, also in deutlich mehr als 100 000 Fällen, sind hiervon Kinder betroffen. Die Anzahl der von Scheidungen betroffenen minderjährigen Kinder betrug im Jahr 2001 knapp 156 500. Dies bedeutet, dass Jahr für Jahr eine neue Großstadt entsteht mit Kindern, die von Scheidungen betroffen sind. Dies ist nur die Spitze des Eisbergs, da in dieser Statistik ausschließlich minderjährige Kinder erfasst werden, deren Eltern zuvor verheiratet waren. In den alten Bundesländern ist dies trotz gegenteiliger Darstellung in der Presse auch immer noch das normale Lebensmodell. In Nordrhein-Westfalen wurden beispielsweise lediglich 15 Prozent der Kinder nichtehelich geboren. In Bezug auf diese Frage haben wir jedoch in Deutschland einen wilden Osten. Das Statistische Bundesamt fand 1998 heraus, dass in allen neuen Bundesländern der Anteil nichtehelich geborener Kinder bei fast 50 Prozent liegt, mit einem Spitzenwert in Berlin-Ost von 52 Prozent. Im gesamten Bundesgebiet betrug im Jahre 2001 der Prozentsatz der Neugeborenen von nicht verheirateten Eltern etwa 25 Prozent.

Eine Vollerhebung dazu, in welchem Anteil Väter entsorgt werden, gibt es natürlich nicht. Aus verschiedenen Langzeitstudien zu Scheidungsfamilien lässt sich bei vorsichtiger Schätzung jedoch schließen, dass in 30 bis 50 Prozent aller Fälle mit jährlich etwa 200 000 Trennungskindern – nichteheliche Kinder mit eingerechnet – die Väter auf Dauer oder über einen langen Zeitraum hinweg keinen Kontakt mehr zu ihren Kindern haben. In einzelnen Teilgruppen ist dieser Anteil noch höher. In einer Berliner Untersuchung aus dem Jahr 2000 zu aggressiv auffälligen Jugendlichen hatten 64 Prozent der Jugendlichen keinen oder kaum Kontakt zum Vater.

Das Vorgehen folgt immer wieder der gleichen Gewaltlogik. Die Mutter zieht mit den Kindern aus und verhindert, verschleppt oder verzögert den Kontakt zwischen den Kindern und dem Vater. Bis das Jugendamt oder das Gericht aktiv werden, vergehen Monate, manchmal sogar Jahre. Inzwischen heißt es, die Kinder sollen erst einmal zur Ruhe kommen. Auch werden die von der Mutter selbst mit verursachten Spannungen als für das Kindeswohl nicht verträglich beurteilt, weshalb abgewartet werden solle. In Zehntausenden Fällen werden Jahr für Jahr Vätern mit Unterstützung der Gerichtsbarkeit ihre Kinder entzogen. Die Väter kommen allerdings langsam aus der Deckung ihrer Anonymität heraus.

Für Väter zu sprechen ist politisch gefährlich. Matthias Matussek hat dies in seiner Spiegel-Reportage über die »Vaterlose Gesellschaft« im Oktober 1997 erstmals getan. Er erhielt viel Zustimmung, löste aber auch eine Welle empörter feministischer Attacken aus. In seinem Buch »Die vaterlose Gesellschaft. Überfällige Anmerkungen zum Geschlechterkampf« polemisiert er gegen den bizarren Kult um die Alleinerziehende und den Wohlfahrtsstaat als Gesamtehemann. Viele Tausende Väter erkennen sich in dem Buch wieder und es löste eine Welle von Kommentaren und Fallbeschreibungen aus.

Vätern wird jedoch in vielen Fällen nicht nur der Kontakt zu ihren Kindern entzogen, das deutsche Scheidungsrecht macht sie zu Doppelverlierern und Frauen zu materiellen Gewinnern. Durch die Verschlechterung der Steuerklasse, grundsätzlich bereits ab dem Folgejahr der dauerhaften Trennung, sinkt das Nettohaushaltseinkommen. Wenn nunmehr ein zweiter Haushalt für die ausgezogene Frau zu tragen ist und zusätzliche Aufwendungen für den Kontakt zwischen Vater und Kind anstehen, welche überdies im Rahmen der Unterhaltsberechnung nicht als Bereinigungsposten abgezogen werden können, steigen die Kosten massiv.

Das Scheidungsrecht lädt andererseits die Frauen ein, sich in die soziale Hängematte zu begeben. Denn die Hürden sind sehr hoch, bis es der Frau abverlangt wird, die in der Regel von ihr mit verursachten Zusatzkosten gleichfalls zu tragen.

Auch die Einschränkung der Unterhaltspflicht bei »grob ehewidrigem Verhalten«, die 1986 der schlimmeren Fälle wegen eingeführt wurde, verhindert nicht, dass die meistens männlichen Unterhaltspflichtigen bequem ausgebeutet werden können. Selbst wenn die Mütter vorher gearbeitet haben oder zumindest zur Hälfte zum Einkommen beitragen könnten, so ist dies in der juristischen Sprache »überobligationsmäßig«. Das heißt, die Frau kann arbeiten, muss es aber nicht.

Allerdings schlägt auch schon vor der Scheidung das Finanzamt mit zusätzlichen Steuern zu: Durch die Steuerklasse I müssen höhere Steuern gezahlt werden, gleichzeitig können aber Zusatzkosten anfallen, wenn die Frau aus der Familienversicherung herausfällt und der Mann – zuzüglich zum Barunterhalt – die Kosten hierfür ebenfalls tragen muss. Schon dieser Umstand alleine bringt in der Regel das Kostenbudget völlig durcheinander. Nun müssen von einem reduzierten Nettogehalt plötzlich zwei Haushalte finanziert werden!

Vom reduzierten Nettoeinkommen wird zunächst nach den Leitlinien der Oberlandesgerichte (überwiegend gilt die so genannte Düsseldorfer Tabelle) der Kindesunterhalt abgezogen. Nach Abzug der ehebedingten Schulden wird das verbleibende Einkommen dann – je nach Bezirk des zuständigen Oberlandesgerichtes – zu einer bestimmten Quote, meist drei Siebtel für die Frau, geteilt. Aus stolzen 4000 Euro Bruttoeinkommen werden – fast immer bei mehreren Kindern – schnell 890 Euro. Genau dieser Betrag muss dem Mann nach der Rechtsprechung als so genannter notwendiger Selbstbehalt verbleiben; ein wahrlich erschreckend niedriger Satz, der dem Mann verbleibt, um sein kärgliches Auskommen zu finanzieren.

Auch wenn die Frau mit den Kindern wegzieht, um ihr Lebensglück an anderer Stelle zu vollziehen, darf die Arbeitsstelle natürlich nicht leichtfertig aufgegeben werden. Der Unterhaltsschuldner darf nicht vorwerfbar seine Leistungsfähigkeit reduzieren, da ihm ansonsten auf fiktiver Basis (es wird das *erzielbare* Einkommen zugrunde gelegt) durch Urteil auferlegt würde, Unterhalt in der Höhe zu zahlen, den er in der vorherigen Position zahlen konnte.

Trotz ist hier jedoch fehl am Platz. Eine durchaus verständliche Resignation nach dem Motto: »Dann arbeite ich eben gar nicht mehr« kann zu fatalen Folgen führen. Wer nicht den geschuldeten Unterhalt zahlt, macht sich gemäß Paragraph 170 des Strafgesetzbuches wegen Verletzung der Unterhaltspflicht strafbar. Die Gerichte verhängen im Allgemeinen verständlicherweise keine Geldstrafen, wohl aber Haftstrafen auf Bewährung, und zwar nahezu ausschließlich mit der Bewährungsauflage, den laufenden sowie rückständigen Unterhalt auszugleichen.

Für die Frauen sieht es zwar so aus, dass viele Mütter mit Kindern auch im Kindergartenalter selbstverständlich arbeiten gehen. (In den nordeuropäischen Ländern ist dies absoluter Standard. In der früheren DDR hatten damals die Mütter das Kind spätestens nach sechs Monaten in die Kinderkrippe gegeben, um vollschichtig arbeiten zu können.) Doch hierzulande hat die Familienrechtsprechung das Klischee des alten Frauenbildes konserviert: Die Mutter hat zu Hause zu bleiben. Eine Teilerwerbstätigkeit wird Müttern erst bei einem Kind zwischen 8 und 16 Jahren oder bei mehreren Kindern zwischen 14 und 18 Jahren zugemutet. Erst danach besteht in der Regel eine so genannte Obliegenheit zur Vollerwerbstätigkeit. Wenn aber Mütter dann keine adäquate Beschäftigung mehr finden können, sind sie häufig für den Rest des Lebens weiterhin vom Geld des Ex-Ehemannes abhängig.

Somit gibt das Unterhaltsrecht den Frauen in fast jeder Lebenslage – auch ohne Kinder – vielfältige Ansatzpunkte für ein dauerhaftes, wenn nicht gar lebenslanges Auskommen ohne die lästige Pflicht, sich um die eigene finanzielle Versorgung kümmern zu müssen. So gibt es beispielsweise einen Unterhaltstatbestand bei Arbeitslosigkeit. Wenn die Alternative besteht, gleich viel Geld zu bekommen, dafür jedoch arbeiten zu müssen, ist es mitunter nicht schwer nachzuweisen, dass man sich leider ohne Erfolg um eine adäquate Arbeitsstelle bemüht hat. Auch eine Aus- und Weiterbildung führt zu einem Unterhaltsanspruch, jedenfalls dann, wenn die Mutter wegen der Kindererziehung an der Aufnahme oder Fortführung einer Ausbildung gehindert war.

Wenn alles nicht hilft, wird oft der beliebte Paragraph zum so genannten »Aufstockungsunterhalt« herangezogen. Selbst wenn die Frau arbeitet, kann der Mann sein Leben lang gezwungen sein, das Einkommen der Frau in dem Maße aufzustocken, wie es dem Lebensstandard nach den ehelichen Verhältnissen entsprechen würde. Falls also die Frau nicht in der Lage ist, ein ebensolches Einkommen wie der Mann zu erzielen, erhält sie – jedenfalls, wenn ein oder mehrere Kinder von ihr (mit-)erzogen worden sind und damit keine zeitliche Befristung des Unterhaltsanspruches auszusprechen wäre – lebenslang die entsprechende Quote (nach der Düsseldorfer Tabelle drei Siebtel) von der Differenz ihres Einkommens zu demjenigen des Mannes. Paradebeispiel sind die so genannten »Chefarztehen«. Die Krankenschwester, welche einst den Assistenzarzt geheiratet hatte, kann es sich nach der Scheidung von ihrem mittlerweile zum Chefarzt aufgestiegenen Mann ohne weiteres erlauben, gar nicht zu arbeiten. Selbst wenn sie wegen unterlassener Erwerbstätigkeit unterhaltsrechtlich so behandelt würde, als verfügte sie über das Gehalt einer Krankenschwester, bleibt angesichts der Differenz dieser beiden Einkommen ein erklecklicher Batzen übrig.

Durch die Verpflichtung zur Zahlung von Kindes- und Ehegattenunterhalt sinkt das bei dem Ehemann verbleibende Einkommen in einer Vielzahl von Fällen selbst bei gutem Verdienst – nicht gerade beim Chefarzt – auf die 890-Euro-Grenze. Dies entspricht einem Nettostundenlohn von 5,11 Euro und liegt – je nach Wohnung – oftmals nur wenig über dem Sozialhilfesatz. Natürlich kann die Ex-Frau in der großzügig bemessenen Freizeit »schwarz arbeiten gehen«. Zusammen mit dem Unterhalt des Ex-Mannes, eventuell bezogener Sozialhilfe und möglicherweise sogar dem Einkommen des neuen Liebhabers, zu dem offiziell natürlich kein eheähnliches Verhältnis besteht, sind nicht wenige Frauen nach der Scheidung materiell viel besser gestellt als während der Ehe. Groß ist in der öffentlichen Darstellung die Empörung über die Väter, die keinen Unterhalt zahlen. Wer geht jedoch freiwillig zur Schlachtbank? Wer ist bereit, für 5,11 Euro netto die Stunde zu arbeiten und gleichzeitig häufig den Kontakt zu den Kindern entzogen zu bekommen?

Man muss sich nur einmal vorstellen, die Männer würden in dem Zeitalter der Gleichberechtigung alles umdrehen: Der Mann erklärt sich nach der Trennung bereit, seinen Beruf aufzugeben oder nur noch halbtags zu arbeiten. Er würde anbieten, sich um die Kinder zu kümmern, damit die Frau Zeit für sich hat, voll berufstätig zu sein, alleine für ihren Lebensunterhalt aufzukommen und zusätzlich Unterhalt für den Mann und die Kinder zu zahlen. Welche Frau würde da nicht entsetzt aufschreien und dies zurückweisen? Mit dem ewigen Hinweis auf die angebliche Benachteiligung und Opferrolle ist es den Frauen in der Gesetzgebung gelungen, den Spieß umzudrehen. Die Männer lassen sich oft blenden und merken erst als Scheidungsopfer, dass sie es sind, die benachteiligt werden.

Die größte Herausforderung für die Väter nach der Trennung ist jedoch eine psychologische. Auch ohne die Zuerteilung des alleinigen Sorgerechts ziehen Mütter mit ihren Kindern häufig weg aus der gewohnten sozialen Umgebung. In der späteren juristischen Auseinandersetzung wird dann meist nur das nachvollzogen, was ohnehin schon an Tatsachen geschaffen wurde. Hunderttausende von Vätern machen sich Samstag frühmorgens quer durch Deutschland auf den Weg, um ihre Kinder zu besuchen. In vielen Fällen lassen die Mütter sie ihre Macht spüren. Der Kreativität sind hier keine Grenzen gesetzt: »Dieses Wochenende fahren wir in Urlaub«, »Dem Kind geht es dieses Wochenende überraschend leider nicht gut«, bis dahin, dass die Tür schlicht nicht geöffnet wird. Der Vater ist fast immer der Bittsteller und Störenfried, der von außen kommt und etwas will. Dass viele Väter aufgeben und den Kampf nicht mehr durchhalten, ist daher nachvollziehbar.

In den USA gibt es bereits ein Programm der US-Bundesregierung zur Finanzierung von Projekten zur Förderung des Umgangs zwischen Kindern und den nicht sorgeberechtigten Eltern. Mit dem Programm werden unterschiedliche lokale Projekte finanziert, um Eltern beim Umgang mit den Kindern zu unterstützen. Meist läuft dies auf Mediationsprogramme hinaus, um Probleme in Bezug auf ungenügende Besuchszeiten, Terminabsprachen für Besuche, Auseinandersetzungen bei der Übergabe oder andere Konflikte zu beheben. Dabei wird auch darauf hingewiesen, dass es einen Zusammenhang zwischen einem positiven Kontakt von Kind und Vater nach Scheidung oder Trennung einerseits und der Zahlungsmoral andererseits gibt. Sorgeberechtigte Eltern kommen ihren Unterhaltsverpflichtungen eher nach, weil sie ihre Kinder sehen oder auch als gute Zahler dastehen wollen. Umgangsverweigerung wird als Hauptursache angesehen, warum nichtsorgeberechtigte Eltern, die eigentlich das Geld hätten, keinen Unterhalt zahlen.

Väter, ergreift die Initiative!

Nach einer Statistik des NRW-Familienministeriums in Düsseldorf finden es 75 Prozent der Männer »gut«, wenn »Mann sich vorrangig um Haushalt und Familie kümmert«. Doch nur zwei Prozent der Väter nehmen tatsächlich Erziehungsurlaub. Daher warb die ehemalige NRW-Familienministerin Birgit Fischer in einer Werbeaktion mit Plakaten und Anzeigen um einen höheren Männeranteil am Erziehungsurlaub. Motto: »Verpass nicht die Rolle deines Lebens«.

Die rot-grüne Bundesregierung hat eine weitere Besserung auf den Weg gebracht: Zum 1. 1. 2001 ist das Reformgesetz zum Erziehungsgeld und zur Elternzeit in Kraft getreten. Kernpunkte der neuen »Elternzeit« (früher: Erziehungsurlaub) sind insbesondere die gemeinsame Elternzeit, die Möglichkeit zur Teilzeitarbeit sowie mehr Spielraum für Väter (siehe: www.mehr-spielraum-fuer-vaeter.de). Die zeitliche Dauer der Elternzeit von drei Jahren bleibt bestehen. Mütter und Väter können gemeinsam die Elternzeit in Anspruch nehmen. Die Elternzeit kann mit einer Teilzeitarbeit verbunden werden, deren zeitlicher Umfang für einen Elternteil bis zu 30 Wochenstunden betragen darf. Nutzen beide Elternteile das Teilzeitangebot, kann die wöchentliche Arbeitszeit bis zu 60 Stunden umfassen. Grundsätzlich sollen sich Arbeitnehmer und Arbeitgeber über den Umfang der reduzierten Arbeitszeit selbst verständigen. Die Anmeldefristen sind im Interesse des Arbeitgebers von vier auf acht Wochen verlängert worden. Es gilt eine verbindliche Anmeldung der Elternzeit für einen Zeitraum von zwei Jahren.

In der Praxis ist es jedoch oft für Frauen wie für Männer gleichermaßen schwierig, Beruf und Familie auf einen Nenner zu bringen: Deutschland bildet mit seiner geringen Beschäftigungsquote von Frauen und der miserablen Kinderbetreuung wirklich das Schlusslicht. Wer kann schon bei dem Kindergarten, der um 12.30 Uhr schließt, einen Halbtagsjob annehmen? Hier gibt es in Europa ganz andere Vorbilder – etwa Finnland mit einer erheblich höheren Frauenbeschäftigungsquote.

Auch die Situation in der ehemaligen DDR war diesbezüglich sicherlich vorbildlich. Dank vieler staatlicher Hilfen konnten Familie und Beruf zu SED-Zeiten gut miteinander vereinbart werden. Krippen und Kindergartenplätze gehörten zu jedem größeren Betrieb. Nahezu alle Eltern haben schon in den ersten Lebensmonaten ihre Kinder in die Krippen gegeben – heute im Westen in dieser Dimension unvorstellbar. Die Krippen hatten großzügige Öffnungszeiten von frühmorgens bis abends um 18 Uhr. Anreize wie zinsfreie Kredite für junge Ehepaare, die »abgekindert« werden konnten (bei jeder Geburt wurde ein Teil erlassen), führten zu frühen Eheschließungen und das unkomplizierte Scheidungsrecht ermöglichte schnelle Trennungen. Freilich stand hier weniger das Motiv im Vordergrund, viele Lebensmodelle zwischen Familie und Beruf zu ermöglichen, als eine hohe Beschäftigungsquote zu erreichen.

Und wenn Väter aktiv werden möchten, schlägt ihnen hier allerdings harter Wind entgegen: Uns ist ein Fall bekannt, in dem ein Vater im Rahmen der Trennungsauseinandersetzung sein berufliches Engagement reduzierte, aber dennoch auf Kindergarten und Betreuung durch ein Kindermädchen angewiesen war, wurde er massiv mit dem Vorwurf der »Fremdbetreuung«

konfrontiert. Eigentlich genau das, was Frauen an anderer Stelle immer fordern, nämlich durch entsprechende Betreuungsstrukturen die Vereinbarkeit von Beruf und Familie herzustellen. Ohne ein schlechtes Gewissen lebte die Ex-Frau ihm genau das vorgeworfene Betreuungsmodell selbst vor, als sie absprachewidrig mit der gemeinsamen Tochter nach Hannover zog und jene, bedingt durch die Vollzeittätigkeit, ganztägig von einem neuen Kindermädchen betreuen ließ. Als seine Ex-Frau wieder nach Köln umzog, galten dann wieder andere Maßstäbe.

Fest steht jedoch unzweifelhaft, dass sich Väter noch viel zu wenig für ihre Kinder engagieren. Wenn dann das große Erwachen bei Trennung und Scheidung einsetzt, ist es häufig zu spät und Jugendamt und Richter fragen mit Recht, wer sich in der Vergangenheit denn in welchem Umfang für die Kinder engagiert hat. Wir wollen hier ganz eindeutig für ein Mehr an Engagement der Väter für ihre Kinder plädieren.

Denn: Was gibt es dagegen Schöneres, als in die Augen der Kinder zu sehen und zu schauen, wie man sich darin widerspiegelt. Oder mit Stolz zu sehen, wie Kinder sich entwickeln. Auch dem oben geschilderten Vater kann man die schöne Erinnerung nicht mehr daran nehmen, seiner Tochter die Angst vor dem Wasser genommen und ihr das Schwimmen beigebracht zu haben. Es gab kaum etwas Schöneres, als mit ihr mit dem kleinen Rädchen das Fahrradfahren geübt zu haben und das Ganze dann später ohne Stützräder. Was gibt es mehr an Stolz, als sie nach Hunderten von Windeln erfolgreich davon überzeugt zu haben, dass es nun auch ohne gehen wird. Was gibt es mehr an Nähe und Intimität, wenn die eigene Tochter kommt, um anzukündigen, dass sie ein Geheimnis ins Ohr flüstern möchte. Wir bedauern alle, die nicht die alltägliche Nähe und Liebe zu einem Kind erfahren haben.

Wir lernen Dinge von Kindern, die andere nicht lernen. Jeden Tag kommt etwas Neues, sich beispielsweise angesichts der strahlenden Kinderaugen selbst auch mehr über den Moment zu freuen, ob es nun die warme Sonne ist oder das Eisessen. Väter, die den Alltag ganz den Müttern überlassen, werden viele Dinge in ihrem Leben verpassen, wie etwa bei schönem Wetter im Park herumzutollen oder Fahrrad zu fahren. Dafür mag es der Preis sein, eben an kinderfreien Wochenenden mehr zu arbeiten.

Ihr Väter habt es jedoch selbst in der Hand, diesen Freiraum für euch und eure Kinder zu erkämpfen! Trotz fünf Millionen Arbeitsloser besteht heute in nahezu allen Regionen Deutschlands ein akuter Arbeitskräftemangel an qualifizierten und motivierten Mitarbeitern. Welcher Arbeitgeber ist nicht bereit, für einen geschätzten Mitarbeiter auch Kompromisse zu Gunsten dessen Familie zu machen? Viel zu wenige Väter wagen es, hier einen Schritt nach vorne zu gehen. Vielleicht müssen sie dafür ein erstes Stirnrunzeln ihres Arbeitgebers ertragen, um dann jedoch einen wirklichen Schritt nach vorne zu machen. Es müssen nur viele Väter sein, die jeweils einen kleinen Schritt in diese Richtung gehen. Vor einigen Jahren hat beispielsweise in Spanien ein Vater erfolgreich täglich eine Stunde Arbeitsunterbrechung eingeklagt, um während dieser Zeit sein Kleinkind füttern zu können. Dabei berief er sich auf ein Gesetz zu Stillzeiten. Die Richter entschieden, dass die Rechtsprechung keinen Unterschied zwischen Männern und Frauen zu machen habe.

Hier sind viele Modelle denkbar, die noch nicht ausprobiert wurden. Warum denken Väter nicht über einen Vier-Fünftel-Job nach? Ein großer Schritt in diese Richtung wurde mit dem schon seit 2001 geltenden Teilzeit- und Befristungsgesetz gemacht, wonach der Arbeitgeber unter bestimmten Voraussetzungen dem Arbeitnehmer, auch in leitenden Positionen, Teilzeitarbeit zu ermöglichen hat. Es bleibt der Appell: Von diesen (neuen) Möglichkeiten muss auch Gebrauch gemacht werden!

Bezogen auf das Nettogehalt hätte dies übrigens nur geringe Nachteile. Welcher Arbeitgeber würde es einem qualifizierten Arbeitnehmer verwehren wollen, zweimal in der Woche schon um 16 Uhr Schluss zu machen, damit er sich für seine Kinder engagiert, wenn er die Zeit an anderer Stelle in der Woche nachholt? Viele Modelle sind denkbar und nur ein Prozent der

Eltern, die Elternzeit beantragen, sind Väter. Hier nehmen sich Väter selbst unwiederbringlich eine Zeit, die später nie wieder kommen wird.

Uns berichteten viele Väter im Vertrauen, dass sie ja eigentlich froh seien, wenn sie von zu Hause wegkommen und zur Arbeit dürfen. Gerade bei jüngeren Kindern im Vorschulalter, die sich dann auch noch zu mehreren ständig in den Haaren liegen, sei es ja ein ganz schöner Stress, zu Hause zu sein. Selbst ein anstrengendes Firmenseminar sei da pure Erholung, denn schließlich habe man ja da den Abend für sich und könne in Ruhe schlafen. Diese Einstellung scheint keine Frage von Alter oder beruflichem Status zu sein. Auch ein uns bekannter Universitätsprofessor, der vier Kinder hat, sagte, ein oder zwei Stunden würde er gerne mit seinem Sohn zusammen sein, aber darüber hinaus sei es ja viel zu anstrengend.

Wir können jedoch die Väter nur ermutigen: Die subjektive Belastung eines Vaters änderte sich völlig, als er sich alleine um seine Tochter kümmerte und sie zwischen zweieinhalb und vier Jahre alt war. Trotz der Doppelbelastung durch Beruf und Erziehung fühlte er sich zwar häufig kaputt, aber dennoch gut. Wenn etwa seine Tochter krank war und nachts aufwachte, machte es ihm plötzlich überhaupt nichts mehr aus, im Extremfall auch im Stundenrhythmus aufzustehen und morgens wieder dem normalen Tagesablauf nachzugehen. Wenn Sie die Hauptverantwortung haben, ist die Motivation eine ganz andere. Es gibt viel mehr Belohnung durch das tolle Gefühl »Ich schaffe das!«. Was vorher Belastung und Stress war, ist jetzt Selbstbestätigung und erfüllt mit Stolz.

Ein anderer Vater, der mit seinen drei Kindern zusammenwohnt, arbeitet als Autor technischer Bücher zu Hause. Sein Tag ist streng eingeteilt: Morgens, wenn die Kinder in der Schule sind, setzt er sich an den Computer und schreibt. Um 12 Uhr geht er dann einkaufen. Anschließend wird gekocht und gegen 14 Uhr essen alle gemeinsam. Die Ansprüche sind hier natürlich höher. Der Vater darf sich nicht der standardmäßigen Wehklage alleinerziehender Mütter anschließen, dass die gesellschaftlichen Strukturen für die Kinderbetreuung zu gering ausgebildet seien, denn das Alleinerziehen ist auch für den Vater möglich.

Heute gibt es in Deutschland fast zwei Millionen alleinerziehender Mütter, wobei »alleinerziehend« mittlerweile zum feststehenden Begriff und Synonym für eine beschützenswerte gesellschaftliche Schicht geworden ist. Der Kult um die Alleinerziehende übersieht, dass dies im Grunde – wie in den meisten Scheidungsfällen – völlig freiwillig ist. Häufig unterbindet sie sogar gewaltsam den Kontakt zu dem Vater und in vielen Fällen ist sie sogar eine Kindesentführerin. Dies ist freilich ein Tabu. Wenn Mütter mit ihren Kindern von zu Hause flüchten und ins Frauenhaus ziehen, fragt niemand, wie es kommt, dass die Kinder keinen Kontakt mehr zu dem Vater haben dürfen. Nur wenn die Vorzeichen anders herum stehen und der Vater mit den Kindern flüchtet, dann wird von Kindesentführung gesprochen. So geschehen 1997 in einem deutsch-französischen Sorgerechtsdrama, bei dem ein niedersächsischer Gemeindedirektor seine Kinder nach einer Entscheidung des Bundesverfassungsgerichts an die französische Mutter verloren hatte. Die Mutter reiste entgegen den Abmachungen im Juli 1997 mit den Kindern nach Frankreich aus – so die frauenfreundliche Verbalisierung in der Presse. Daraufhin ließ der Vater die Kinder im März 1998 in einer Nacht-und-Nebel-Aktion nach Deutschland

Im Rahmen einer Studie wurden 1994 und 1995 alle Familiengerichte aufgerufen, in einer Strichliste festzuhalten, welchem Elternteil das Sorgerecht im Ehescheidungsverfahren zugewiesen wurde. Die Entscheidungen wurden nach Bundesländern in den Kategorien »Vater und Mutter«, »Nur Mutter« sowie »Nur Vater« zusammengefasst. Erfreulich ist, dass im Rahmen dieser Studie die Quote für die gemeinsame elterliche Sorge innerhalb von zehn Jahren von 1,3 Prozent auf 17 Prozent im Bundesschnitt angewachsen war. Die heutigen Zahlen liegen deutlich darüber, weil nach Inkrafttreten des Kindschaftsreformgesetzes die gemeinsame Sorge die Regel sein soll.

zurück entführen. Das OLG Celle stellte schließlich fest, dass die Kinder bei der Mutter aufwachsen sollten, weil diese besser zur Erziehung geeignet sei. Dieser in Deutschland häufige Fall ging nur deswegen durch die Presse, weil er die Grenzen überschritt und sich sogar Frankreichs Ex-Kulturminister Jacques Lang eingeschaltet hatte.

Väter in der Auseinandersetzung von Trennung und Scheidung müssen einen zermürbenden Kampf führen mit endlosen Zurückweisungen. Es ist nachvollziehbar, wenn dann viele Väter aufgeben. Aber der Vater, der sich entfernt, entfremdet sich von den Kindern.

KAPITEL 2

Scheidungsfolgen für die Kinder: Vaterlose Gesellschaft

Welche Paare lassen sich scheiden?

In einer Untersuchung des Bundesministeriums für Familie ist für 84 Prozent der befragten Kinder im Grundschulalter der Gedanke an eine mögliche Scheidung, abgesehen vom Tod der Eltern, das Schlimmste, was sie sich vorstellen können.

Den betroffenen Ehepartnern selbst wird es nicht anders gehen. Dabei steigen die Scheidungszahlen beständig an. Abgesehen von anormalen Schwankungen, etwa durch die Wende 1990 und das neue Scheidungsrecht in Westdeutschland 1977, stiegen seit dem Krieg ständig die Scheidungszahlen in Deutschland, was im Jahre 2003 dann in der Rekordzahl von 213 975 gipfelte und im Jahr 2004 immerhin um 0,1 Prozent sank.

Gerade seit der Scheidungsreform im Jahr 1977 ist die Scheidung problemloser als früher. Fast jeder hat Bekannte, die sich haben scheiden lassen. Der gesellschaftliche Druck zusammenzubleiben – koste es, was es wolle – ist heute bei weitem nicht mehr so hoch wie früher. Dabei wird die Mehrzahl der Scheidungsanträge in Deutschland von Frauen gestellt. Dies hängt durch die sehr frauenorientierte Gesetzgebung sicher auch damit zusammen, dass für Frauen die Scheidung ökonomisch meist attraktiv ist. Selbst wenn keine Kinder im Spiel sind, ist häufig ein Leben auf dem bisherigen Standard wie vor der

Scheidung möglich, ohne dass es gesetzlich einen allzu großen Druck gibt, selbst für den Lebensunterhalt zu sorgen. Auch wenn Eheschließungen heute wieder mehr im Trend liegen als in den Siebzigerjahren, so sinkt in den letzten Jahren deren Zahl beständig, aber die Anzahl der Scheidungen nimmt dennoch weiter zu. In der wissenschaftlichen Psychologie gibt es sogar schon die Diskussion, dass die Scheidung gar nicht mehr als ein traumatisches, kritisches Lebensereignis anzusehen ist, sondern dass sie vielmehr zum normalen Familienwandel gehört.

Keine Frage, durch veränderte gesellschaftliche Normen und andere Gesetze ist es heute einfacher, sich scheiden zu lassen. Was sind jedoch die persönlichen Faktoren? Welche Paare entschließen sich zu diesem Schritt? Oftmals klagen Paare, die sich später scheiden lassen, bereits vorher über ein schwächeres Vertrauen in den anderen und eine generell geringere Zufriedenheit mit der Ehe.

Demnach lässt sich bereits zu Beginn der Ehe vorhersagen, wer später zusammenbleibt und wer nicht. Allerdings gibt es nicht die *eine* Ursache, sondern ein Bündel verschiedener Einflussgrößen. Einige dieser Einflussgrößen liegen gar nicht in der Persönlichkeit der Paare, sondern in eher formalen Aspekten: So ist die Scheidungswahrscheinlichkeit statistisch sehr hoch, wenn das Einkommen des Ehemannes – häufig noch der Hauptermährer – zum Ehebeginn sehr niedrig ist. Auch eine schon vorausgegangene Scheidung eines der Partner führt dazu, dass die nächste Ehe nicht besonders stabil bleibt. Weitere Risikofaktoren sind eine kurze Bekanntschaftsdauer des Paares und das Führen getrennter Kassen, was möglicherweise ein Zeichen von Misstrauen darstellt.

Es gibt jedoch einen wichtigen Faktor, der zum Scheitern der Ehe führt und eher durch die Paare selbst bedingt ist: Wenn vor der Ehe einer der Partner unrealistisch hohe Erwartungen in die Beziehung mit einbringt (beispielsweise »Sexualleben muss perfekt sein« oder die Überzeugung, dass Meinungsverschiedenheiten zwischen Eheleuten grundsätzlich zerstörerisch seien), dann ist die Scheidung vorprogrammiert.

Kinder – die Scheidungsopfer

Heute werden in Deutschland jährlich weit über 150 000 Kinder Scheidungsopfer. Hinzu kommt der steigende Anteil von Kindern aus nichtehelichen Beziehungen.

Die Auswirkungen von Trennung und Scheidung lasten schwerer auf den Kinderseelen, als es die meisten Eltern wahrhaben wollen und meist sind die Folgen lebenslang. So haben Wissenschaftler beobachtet, dass in intakten Familien Ausgangsregelungen mit mehr Strenge gehandhabt werden. Söhne wie Töchter in den intakten Familien hatten zur Abendessenszeit zu Hause zu sein oder sich im Voraus zu entschuldigen. So haben sehr viel mehr Scheidungskinder in frühen Jahren bereits Alkohol- oder Drogenprobleme im Gegensatz zu Vergleichskindern aus intakten Familien.

Eine weitere Beobachtung ist die, dass Scheidungskinder nicht einen und auch nicht zwei, sondern viele weitere Verluste erleben, wenn ihre Eltern nach immer neuen Partnern suchen.

Bei einer deutschen Scheidungsstudie von Psychologen aus Jena von 600 willkürlich ausgewählten ost- und westdeutschen Familien ermittelten die Forscher etwa, dass Kinder aus Familien mit starken häuslichen Konflikten systematisch weniger Anerkennung seitens ihrer Freunde erleben als die übrigen Kinder.

Speziell der Frage nach dem Einfluss der Scheidung einerseits und anderen Konfliktherden andererseits wurde in einer jüngeren Berliner Untersuchung aus dem Jahr 2000 in Bezug auf die Aggressivität von Jugendlichen nachgegangen. In dieser Studie wurden 99 Berliner Jugendliche untersucht; dabei wurden 33 aggressive Jugendliche aus einer Einrichtung der Jugendhilfe rekrutiert und mit anderen Kindern verglichen. Eine der Fragen in der Studie war, worin sich aggressive und »normale« Jugendliche unterscheiden. Dabei stellten die Autoren der Studie fest, dass fast 80 Prozent der als aggressiv auffällig gewordenen Jugendlichen in Trennungsfamilien lebten. 64 Prozent dieser Jugendlichen hatten keinen oder kaum Kontakt zum Vater mehr. Allerdings ist auch hier die Scheidung der

Eltern nicht der monokausale, hauptausschlaggebende Faktor für die Erklärung von aggressivem Verhalten. Ein noch stärkeres Gewicht hat jedoch der von den Jugendlichen erlebte Erziehungsstil. Wurde dieser als streng und strafend erlebt, so hat dies einen noch größeren Einfluss auf späteres aggressives Verhalten. Dabei scheinen sich mehrere Faktoren gegenseitig zu bedingen: Wenn die Beziehung zur Mutter von den Jugendlichen als positiv erlebt wurde und der Erziehungsstil nicht strafend oder ablehnend war, ist die Wahrscheinlichkeit deutlich geringer, dass die Kinder später verhaltensauffällig werden.

Einen wichtigen Einfluss auf das Auftreten kindlicher Verhaltensauffälligkeiten hat auch das Lebensalter der Kinder, bei dem sich die Eltern trennen. Jüngere Kinder weisen häufig mehr Belastungssymptome als die älteren auf, sie sind von den Trennungsfolgen stärker betroffen. Auch Temperaments- und Persönlichkeitseigenschaften beeinflussen die Bewältigung der Scheidung.

Offenbar gehen Mütter und Väter mit ihren Kindern nach der Trennung auch anders um, je nachdem, ob es sich um Tochter oder Sohn handelt. Bei den Vätern sind die Erziehungspraktiken zu Gunsten der Söhne deutlich positiver als gegenüber den Töchtern. Umgekehrt ließen sich bei der Beobachtung der Kommunikation zwischen Mutter und Sohn mehr Spannungen, ein mehr distanzierteres Verhalten sowie weniger Zuhören und wechselseitiges Unverständnis registrieren.

Auch wird in der Trennungszeit das gleichgeschlechtliche Kind bevorzugt. Die Psychologen konnten allerdings beobachten, dass sich dies mit der Zeit wieder abbaut. Augenscheinlich repräsentiert das andersgeschlechtliche Kind in gewissem Maße auch den nunmehr verhassten Partner. Diese gefühlsmäßige Verbindung führt im Vergleich zum gleichgeschlechtlichen Kind auch zu einer stärkeren Belastung des Beziehungsverhältnisses. Auch die Kinder reagieren geschlechtsspezifisch. In der Beobachtung der Mutter-Kind-Kontakte in einer Kölner Langzeitstudie waren die Mädchen kommunikativer und nahmen mehr Blickkontakt zu ihren Müttern auf, die Jungen verhielten sich angespannter. Jungen verhalten sich gegenüber Mädchen schwieriger und überfordern eher die Erziehungskompetenz der alleinerziehenden Mutter.

Ferner wurden in dieser Studie 60 Scheidungskinder aus Nordrhein-Westfalen über einen längeren Zeitraum beobachtet. Dabei zeigte sich, dass Scheidungskinder vermehrt kindliche Verhaltensauffälligkeiten an den Tag legen. In der ersten Erhebung unmittelbar nach der Trennung (im Durchschnitt nach zehn Monaten) betrug die Zahl verhaltensauffälliger Kinder 54 Prozent. In der zweiten Erhebung verringerte sich dieser Prozentsatz auf 40 Prozent, wobei jedoch der Unterschied zu Kindern aus vollständigen Familien immer noch hochsignifikant blieb. Erst in der dritten Erhebung – nach etwa 40 Monaten – lag der Wert der verhaltensauffälligen Kinder bei unter 30 Prozent.

Voll bestätigt wurden diese Beobachtungen in der Kölner Langzeitstudie zu Scheidungsfamilien aus dem Jahr 1995. Die hier dauerhaft als hochbelastet und verhaltensauffällig eingeschätzten Kinder zeichnen sich durch ein gespanntes Verhältnis zu ihren Vätern aus. Die Entfernung zwischen den Wohnorten der Mutter und des Vaters ist zum ersten Erhebungszeitpunkt – nach zehn Monaten – deutlich größer als bei dem Rest der weniger belasteten Kinder. Sowohl die Mütter als auch die Väter beurteilen die Beziehung des Kindes zum jeweils anderen Elternteil als wenig günstig. Die befragten Kinder beklagten stärker eine Änderung des mütterlichen Erziehungsstils. Ganz anders der Teil der gering belasteten Kinder aus der Stichprobe der 60 Scheidungskinder aus Nordrhein-Westfalen. Diese erleben in der Beziehung zu ihren Vätern ein hohes Maß an positiven Gefühlen.

Bei etwa der Hälfte aller Kinder in der Studie war der Kontakt zu den getrennt lebenden Vätern oder Müttern schon nach einem Jahr abgebrochen. Dieser Verlust habe die Kinder tief verletzt. Sie haben heute ein geringeres Selbstwertgefühl und sind häufiger depressiv. Die Hälfte der Kinder, deren Störungen bis heute andauern, wuchs in Familien mit Stiefvater oder -mutter auf, die um jeden Preis als »Normalfamilie« gelten wollten. Über den Bruch in der Familiengeschichte durfte nicht geredet werden, der Kontakt zum getrennt lebenden Elternteil wurde unterbunden. Dafür musste der neue Partner als Vater oder Mutter anerkannt werden. Für Kinder ist das meist eine ausweglose Situation. Sie leiden an dem Verlust, fühlen sich als Verräter und geraten in Loyalitätskonflikte.

Dabei ist weniger die Frage entscheidend, ob der Elternteil, bei dem die Kinder leben, einen neuen Lebenspartner findet (Stiefvater oder -mutter) oder nicht. Die besten Chancen haben die Kinder, bei denen Stiefeltern und getrennte Partner in die neue Familie integriert werden und niemand verdrängt oder abgewertet wird. Dies ist freilich ein kompliziertes Rollen- und Beziehungsgeflecht, das viel Toleranz, Konfliktfähigkeit und Geduld erfordert.

Gerade in der ersten Zeit nach der Trennung können jedoch weder Mutter noch Vater eine stabile Stütze sein, denn auch die Eltern befinden sich dann im Ausnahmezustand. Deshalb gibt es neuerdings in mehreren Städten Scheidungsgruppen für Kinder.

In einer wissenschaftlichen Begleitung solcher Scheidungskinder-Gruppen zeigte sich, dass die Gruppensitzungen zu einem positiveren Erleben der familiären Beziehung (insbesondere auch zu dem Vater und zu den Geschwistern) führten, zum Abbau von Verhaltensauffälligkeiten beitrugen und halfen, eine realistischere Sicht der elterlichen Trennung zu gewinnen sowie das Selbstwertgefühl der Kinder zu stärken.

Psychisch gesunde Kinder: Ist das ohne Väter möglich?

Die vier jugendlichen Angeklagten im Prozess um die Brandstiftung in der Lübecker Synagoge im Jahr 1994 berichten zu Prozessbeginn von ihren Biografien: Vater tot, Vater Alkoholiker, Vater geschieden, Vater nie kennen gelernt. Alle vier haben nichts Richtiges gelernt, sind selbst wieder Alkoholiker oder Junkies. Statistisch sind die vaterlosen Kinder immerhin als »Problem- und Risikogruppe« erfasst.

Dabei unterschätzt die Mehrheit der Väter selbst die Rolle, die sie haben. Auch bei der klassischen Rollenverteilung, in welcher der Vater die finanzielle Versorgung übernimmt, haben sie eine wichtige Rolle. Dabei spielt weniger die Zeit, sondern die Qualität der Beziehung die entscheidende Rolle.

Immerhin gibt es seit den Neunzigerjahren einige erste Ansätze zur Väterforschung aus psychologischer Sicht (insbesondere Wassilios Fthenakis). Bezeichnenderweise kommt die Väterforschung jedoch in erster Linie aus den USA. Der Verband Väteraufbruch für Kinder hat in Deutschland die Uni-Lehrstühle für Frauenforschung zusammengezählt und kommt auf die Zahl 98 – Lehrstühle für Väterforschung hingegen? Kein einziger.

Doch worin besteht psychologisch gesehen die Wichtigkeit des Vaters? In den ersten drei Lebensjahren besteht seine Rolle auch darin, dass das Kind lernt, sich von der Mutter zeitlich zu trennen, um mit einer anderen Bezugsperson Kontakt aufzubauen und sich darauf zu verlassen, dass die Beziehung zur Mutter bestehen bleibt. Ohne Vater geht dies kaum. Wenn es den Vater als zweite wichtige Bezugsgröße nicht gibt, kann das Kind nur schwerlich lernen, sich mit der Mutter konstruktiv auseinander zu setzen und zu emanzipieren. Gerade im Alter von bis zu drei Jahren lernt das Kind, sich ohne Verlustängste einmal auf die Seite der Mutter und einmal auf die Seite des Vaters zu schlagen. Die Rolle des Vaters hilft also loslassen zu lernen, ohne sich allein zu fühlen. Und so kann das Kind Erkundigungen unternehmen.

In späteren Lebensjahren verhindert der Vater, dass, wie beispielsweise bei alleinerziehenden Müttern, das Kind zum Ersatzpartner wird und die Erwartungen und Bedürfnisse erfüllen muss, die eigentlich der Lebenspartner erfüllen sollte. Anerkennung, Zuwendung, Trost und Erfüllung von Wünschen, die in der eigenen Entwicklung der Mutter versagt wurden, all das muss bei Alleinerziehenden zu einem sehr viel größeren Teil das Kind als einziger Vertreter der Restfamilie erfüllen.

Die Hauptaufgabe des Vaters ist jedoch seine Vorbild- und Modellrolle. Aus der Psychologie ist bekannt, warum Menschen überhaupt neue Verhaltensmuster und Bewältigungsstrategien lernen. Nämlich weniger aus Lob und Strafe – wie es noch Kenntnisstand der Psychologie in den Sechzigerjahren war –, sondern mehr aus Beobachtung der Verhaltensmodelle in der Familie und der gleichaltrigen Bezugsgruppe. Je weniger es solche Verhaltensmodelle gibt, desto weniger kann das Kind und der Jugendliche lernen. Vater und Mutter sind das natürliche Modell dafür, wie Konflikte zwischen Partnern ausgetragen werden und wie Menschen überhaupt eigene Gefühle wahrnehmen, äußern und kontrollieren. Heute spricht man von »emotionaler Intelligenz«. Dies lernen Kinder und Jugendliche in der Beobachtung von Vater und Mutter. Insbesondere sieht das Kind auch die Vielfalt und Andersartigkeit von Verhaltensmodellen. Jeder hat erlebt, dass Vater und Mutter für unterschiedliche Dinge Vorbilder sind. Der Vater treibt das Kind vielleicht zu Selbstdisziplin und Leistung, während für die Mutter im Vordergrund steht, dass die Kinder auch Zeit für sich haben und herumträumen können – oder eben umgekehrt! Fehlt der Vater, so fehlt der Gegenpol. Eine einzige Bezugsperson kann unmöglich die Vielfalt an Verhaltensmodellen abdecken, die für das Kind vielleicht gerade notwendig sind.

Diese wichtige Aufgabe des Vaters hat nichts mit der Zahl der Stunden zu tun, die er mit dem Kind verbringt. Diese Rolle wird selbst dann erfüllt, wenn bei der klassischen Rollenaufteilung der Vater gerade nach Hause kommt, bevor die Kinder ins Bett gehen und er ansonsten nur an den Wochenenden Zeit hat. Selbst ein Vater mit Schwächen ist besser als gar keiner.

In einer Berliner Untersuchung zu aggressiven Jugendlichen aus dem Jahr 2000 hatten 64 Prozent von ihnen keinen Kontakt mehr zum Vater. Nach den Autoren ist dabei die Abwesenheit des Vaters alleine noch nicht das Kernproblem. Wenn jedoch Defizite bei der Mutter hinzukommen, werden die Verhaltensauffälligkeiten deutlicher. Insbesondere bei einem eher strafenden Erziehungsstil der Mutter beobachteten die Autoren, dass bei Kindern, deren Eltern getrennt waren, der notwendige Ausgleich durch den anderen Elternteil nicht möglich war. Wichtig ist der Vaterkontakt gerade in den jungen Jahren bis zum Vorschulalter. Schulkinder sind noch eher in der Lage, den Vater, der gerade physisch nicht anwesend ist, mental und emotional zu reflektieren als Kinder im Vorschulalter. Kinder im Alter von zwei oder drei Jahren haben noch kein Zeitgefühl. Wie sollen sie Bindungssicherheit entwickeln und ohne Verlustängste groß werden, wenn sie den Vater ein ganzes Wochenende sehen und dann zwei Wochen gar nicht mehr?

Die Instrumentalisierung der Kinder im Scheidungskrieg und das »Parental Alienation Syndrom«

Als Paul M. seine Tochter Yvonne drei Jahre nach ihrer Entführung in einem Gerichtssaal wiedersah, sagte das Kind noch nicht einmal »Guten Tag«. Es wollte von seinem Vater nichts mehr wissen. Yvonne sehnte sich weder nach dem Bruder noch nach dem alten Zuhause in Frankreich. Sie wollte nur bei der deutschen Mutter und Großmutter sein. Ist das normal? Die Gerichtsgutachter fanden die Ausgrenzung eines Elternteils ganz in Ordnung und sprachen der Mutter, die das Kind zuvor entführt hatte, in ihrem Votum das alleinige Sorgerecht zu.

In einem ähnlich gelagerten Fall waren die Rollen von Kindesentführer und Opfer zwischen Vater und Mutter umgekehrt. Familientreffen vor dem Richter: Cathy P., die in London lebende Mutter, sah ihre Kinder zum ersten Mal nach Wochen der Trennung im Gerichtssaal wieder. Der deutsche Vater hatte die sieben und neun Jahre alten Söhne entführt. Frau P. stürzte auf die beiden zu, um sie in die Arme zu schließen. Doch der Ältere stieß sie von sich, mit seiner Mutter wollte er nichts mehr zu tun haben. Bis zu den Sommerferien des Jahres, bevor die Kinder entführt wurden, war Frau P. noch die geliebte Mutter. Doch nachdem die beiden Kinder für ein paar Monate ausschließlich mit dem Vater zusammen gewesen waren, wollten sie nichts mehr von ihr wissen. Schlimmer noch: Die Richter deuteten das Votum der Kinder als Zeugnis ihrer wahren Gefühle. Die Kinder sollten nunmehr beim Vater in Deutschland bleiben.

In diesen Fällen wurden Vater oder Mutter, die noch vor nicht allzu langer Zeit heiß geliebt waren, plötzlich in extremer Form und offensichtlich grundlos abgelehnt. Dieses paradoxe und schwer nachvollziehbare Verhalten von Kindern im Scheidungskrieg hat die Aufmerksamkeit der wissenschaftlichen Psychologie erhalten. Wie in vielen anderen Lebensfeldern auch, sind wir in Europa die Nachzügler gegenüber den USA. Ein amerikanischer Psychiater, Richard A. Gardner, hat dieses Phänomen, dass Kinder den ursprünglich geliebten Elternteil verleugnen und hassen, mit einem neuen Begriff belegt: »Parental Alienation Syndrom« (PAS), das zunächst in den USA, jedoch auch in den letzten Jahren in Deutschland zu einem vielfach diskutierten Phänomen im Familienrecht geworden ist.

Worum handelt es sich bei dem PAS? Der Begriff bedeutet so viel wie »Eltern-Kind-Entfremdungs-Syndrom«. Das Kind lehnt den außerhalb lebenden Elternteil in der Scheidungsauseinandersetzung aufgrund bewusster oder unbewusster Manipulation durch den anderen Elternteil ab. Diese Ablehnung geschieht nicht aus eigenen Erfahrungen, die das Kind früher mit dem jetzt abwesenden Elternteil gemacht hat, sondern ausschließlich aufgrund von Gehörtem und Übernommenem. Kinder sind in einer heftig geführten Scheidungsauseinandersetzung einem kaum vorstellbaren, kräftezehrenden Loyalitätskonflikt ausgesetzt: Die Mutter, die das Kind entführt hat, oder sich gegen den Umgang mit dem Vater sperrt, ist plötzlich der einzig verbliebene Elternteil, an den sich das Kind klammern muss. Wenn die Mutter dem Kind nun offen oder subtil zu verstehen gibt, dass der Vater negativ besetzt ist (»Er versteht uns nicht«, »Er hat uns im Stich gelassen«, »Er kümmert sich nicht um uns« ...), so lautet die Botschaft für das Kind: Die Zuneigung, die du zum Vater

Das Syndrom des PAS wurde erstmals 1984 von Prof. Richard A. Gardner, einem amerikanischen Kinderpsychiater, beschrieben. 1992 erschien auch in Deutschland sein Lehrbuch, das im Folgenden die Diskussion stark geprägt hat und das auch heute noch mit einer weiteren Auflage im Jahre 2002 richtungsweisend ist. Zwar ist der Begriff des PAS in Deutschland noch relativ neu, die Psychodynamik bei Kindern in Scheidungsauseinandersetzungen ist jedoch altbekannt. Das unheilvolle Ritual läuft dabei immer wieder nach dem gleichen Muster ab: Ein Elternteil, meist die Mutter, zieht aus der gemeinsamen Ehewohnung aus und boykottiert den Kontakt zum anderen Elternteil, meist der Vater. Häufig funktioniert der Kontakt nach der Trennung mit dem anderen Elternteil noch. Dann setzen jedoch »Verweigerungsrituale« ein: Das Kind ist krank oder gerade auf Besuch bei den Großeltern. Der nächste Schritt in der Eskalationsskala ist dann, dass der Kontakt ganz unterbrochen wird. Dies geschieht häufig schlicht dadurch, dass der eine oder andere Elternteil in eine andere Stadt zieht. Möglicherweise wird die Telefonnummer geändert und nicht weitergegeben. Briefe und Päckchen werden an den Absender zurückgeschickt. Die Begründung hierzu wird regelmäßig auf das Kind bezogen: »Das Kind will dich jetzt nicht sehen« oder »Die Kinder möchten erst mal ihre Ruhe haben und sich an die neue Situation gewöhnen«.

hast, ist falsch. Es ist eine fatale, aber für das Kind notwendige Überlebensstrategie, sich dieser Botschaft anzupassen und den anderen Elternteil kompromisslos abzulehnen – unabhängig von der eigenen Erfahrung.

Der letzte Schritt in dieser schlimmen Eskalationsspirale ist dann ein Anhörungstermin beim Gericht, und zwar stets nach einer vorangegangenen Befragung durch das Jugendamt oder einen Gutachter. Hier erfahren die Entscheidungsträger dann in der Befragung des Kindes die scheinbar aus dessen eigener Erfahrung gewonnene Meinung »Papa ist blöd« oder »Mama kümmert sich nicht mehr um uns«. Die mit dem Syndrom des PAS

Das Kind muss seine Elternbeziehung aufspalten in einen positiven, geliebten Teil und einen bösen, verhassten Teil. Es verleugnet seine Zuneigung zu ihm, um sich dem manipulierenden Elternteil gegenüber loyal zu zeigen.

nicht vertrauten Scheidungshelfer interpretieren diese vehemente Abweisung des Kindes unkritisch als dessen freie Willensäußerung und der Richter kann frohen Mutes die Akten zu diesem Fall schließen: »Das Kind will ja gar keinen Kontakt zum Vater haben.« Es hat also funktioniert.

PAS ist nicht nur eine Schädigung des Kindes durch den sorgeberechtigten Elternteil gegenüber dem anderen Elternteil, sondern findet auch in hochstrittigen Fällen zwischen Eltern statt, die beide an der Erziehung teilhaben. Die Kölner Mutter Martina R. lebt zusammen mit ihrem Sohn Gustav. Der hundert Kilometer entfernt wohnende Vater hat mit der Mutter zusammen das Sorgerecht und sieht das Kind häufig am Wochenende und zweimal während der Woche. Wenn Gustav von den Vaterbesuchen nach Hause kommt, ruft er regelmäßig: »Ich will sofort wieder zu Papa, weil der so traurig ist, dass ich nicht mehr da bin.« Dies hat der Vater zuvor dem dreijährigen Gustav eingeimpft – welche Glanzleistung! Wenn Oma und Opa mütterlicherseits zu Besuch sind, verschließt sich Gustav zunächst im Kinderzimmer und ruft: »Ich will Opa nicht sehen, der ist blöd.« Auf Nachfrage erfährt Martina K., dass der Vater ihm beigebracht habe, dass der Opa ein »Ekel-Opa« sei. Oma und Opa kostet es einen ganzen Tag, bis sie das Kind vom Gegenteil überzeugen können. Beim nächsten Besuch vom Vater geht das gleiche Spiel wieder von Neuem los. Nach einem weiteren Besuch beim Vater bezeichnet Gustav seine Mutter als »Charakterschwein« – eine ungewöhnliche Vokabel für einen dreijährigen Jungen. Gustav muss mit einem ungeheuren Loyalitätskonflikt die Manipulation und Programmierung des Vaters ausbaden, die dieser an seinem Sohn begeht, um seine eigenen Trennungskonflikte auszutoben.

Ende der Siebzigerjahre wurde in den USA eine empirische Langzeitstudie zur Untersuchung des PAS durchgeführt. Diese Studie dauerte zwölf Jahre und umfasste 700 Scheidungsfälle. Ergebnis: Etwa 80 Prozent der sich scheidenden Eltern programmierten ihre Kinder in unterschiedlichem Ausmaß.

Die Programmierung der Kinder kann auch viel subtiler ablaufen: Das Gespräch stirbt etwa ab, wenn der Vater erwähnt wird. Das Kind wird bei der Übergabe wie ein Paket übergeben, der Vater darf nicht in die Wohnung hineinkommen. Mit jedem entfernten Bekannten wird lange telefoniert, zum Vater gibt es jedoch keinen Telefonkontakt oder das Kind erfährt, dass dies Unruhe in den Alltag bringt. Beim Schulfest stehen Vater und Mutter getrennt. Fotos und Erinnerungsgegenstände werden vernichtet. Ein Kind ist auch bei solcher, nur subtiler Programmierung einem unmöglich zu bewältigenden Gefühlschaos ausgesetzt. Es erhält immer wieder die indirekte Botschaft: Dein Vater ist eine unerwünschte Person.

Besonders gefährlich ist das so genannte Double-Bind: Das Kind erhält widersprüchliche Botschaften. Nach außen hin und verbal wird der Kontakt zum Vater unterstützt: »Wenn es dein Wunsch ist, kannst du sicherlich Papa besuchen.« Durch Gesichtsausdruck und Kommentare wird dem Kind jedoch deutlich gemacht, was die Mutter wirklich von solchen Besuchen hält. Wenn das Kind von gemeinsamen Aktivitäten berichtet, wird darauf nicht eingegangen oder dies abgetan.

Wie kann man PAS-geschädigte Kinder erkennen?

Bei der Entstehung des PAS kommen zwei Folgen der Scheidungsauseinandersetzung mit Kindern zusammen. Nach dem für die Kinder in dieser Situation häufig nicht nachvollziehbaren Verlust eines Elternteils ist es eine verständliche Reaktion, dass sie sich zunächst an den klammern, der noch da ist und der für sie sorgt. Bei dem Verlust eines Elternteils werden viele Kinder auch nach ihrer eigenen »Schuld« fragen. Dadurch kommt jedoch noch kein PAS zu Stande. Wenn jedoch gleichzeitig der Elternteil, bei dem das Kind lebt, den abwesenden Elternteil offen oder subtil abwertet, erst dann besteht die Gefahr, dass sich das Kind in seiner Konfliktsituation mit dem »guten« Elternteil überidentifiziert. Es kommt zum PAS, der heftigen Ablehnung des anderen Elternteils, ohne dass dem eigentlich eigene Erfahrungen des Kindes zu Grunde liegen. Die Kinder sehen es als ihre Aufgabe an, denjenigen Elternteil, der sich als schwach, traurig und verletzt darstellt, gegen den anderen Elternteil zu schützen, obwohl sie dessen Version der Geschichte ja nicht kennen.

Wie lässt sich erkennen, ob bei einem Kind eine Manipulation im Sinne des PAS vorgenommen wurde? Das PAS ist auch scharf abzugrenzen von der Ablehnung eines Elternteils, die das Kind auf Grund eigener Erfahrung tatsächlich vornimmt. Richard A. Gardner führt in seinem Buch eine Liste von Symptomen auf, die das PAS charakterisieren. Diese Symptome, welche jedoch nicht alle gleichzeitig auftreten müssen, haben alle eine gemeinsame Ursache, nämlich die Manipulation und Programmierung durch den einen Elternteil.

Das Gefährliche des PAS ist, dass für den naiven Gesprächspartner – Richter, Jugendamt und Gutachter oftmals eingeschlossen – die ablehnenden Äußerungen des Kindes so wirken, als seien sie auf eine selbst gebildete eigene Meinung oder auf selbst Erlebtes zurückzuführen. Dies ist jedoch Teil des Phänomens. Der manipulierende Elternteil wird erleichtert reagieren, wenn er feststellt, dass die Kinder sich trauen zu sagen, was sie wirklich denken. Für Richter und Gutachter ist es daher im Rahmen von Anhörungen notwendig, zwischen »echter« und aus eigener Erfahrung entwickelter Ablehnung und einer programmierten, manipulierten Ablehnung unterscheiden zu lernen. Direkte Fragen von Richtern und Gutachtern wie etwa »Magst du deinen Papa?« oder »Warum willst du nicht zu deiner Mama?« wären genau das Verkehrte. Das Kind würde nur reflexartig die programmierten Aussagen herunterleiern. Notwendig sind hingegen einfühlungsorientierte, offene Fragen (»Was hast du immer mit deinem Papa unternommen?«, »Was gefällt dir an deiner Mama?«, »Was machst du am liebsten, wenn du mit deinem Papa zusammen sein kannst?«). Bei solchen offenen Fragen, bei denen das Kind seine Erfahrungen differenziert wiedergeben kann, wird sichtbar werden, ob die Ablehnung tatsächlich durch die eigenen Erfahrungen des Kindes bedingt ist oder die reflexartig wiedergegebene Ablehnung nur wiederholt und ohne Beispiele wiedergegeben wird.

Wie aber werden liebende Eltern zu Tätern, die ihren Kindern im Sinne des PAS Schaden zufügen? Eine kämpfende Mutter sagte einmal: »Wenn der Mann geht, dann muss er gleichzeitig und automatisch auch Abschied nehmen von Tochter und Sohn.« Hier steht offensichtlich das eigene Bedürfnis nach totaler Distanzierung und Verdrängung des ehemaligen Partners im Vordergrund. Dieser hat die volle Schuld am Scheitern der Ehe und gehört bestraft. Der Kontakt mit dem ehemaligen Partner bei Übergabe oder in der notwendigen Absprache bei Alltagsgelegenheiten erinnert dann immer wieder an den eigenen Hass oder die verletzten Gefühle. Schließlich ist für viele Mütter das Kind der natürliche Bündnispartner, der Trost, Zuspruch und Stabilität bietet. Diese Sorge und Liebe mit jemandem teilen zu müssen ist damit pure Bedrohung dieses Lebensmodells »Mein Kind und ich, wir schaffen es zusammen«. Die betreffenden Mütter übersehen dabei, dass sie damit ihre eigenen Kinder missbrauchen, um ihr eigenes Gefühlsleben in der Rolle als enttäuschter Partner zu stabilisieren. Dies steht diametral im Widerspruch zu den Bedürfnissen der Kinder nach Stabilität der Beziehung zu beiden Elternteilen, gerade in der spannungsgeladenen Zeit der Trennung.

Es ist wichtig zu betonen, dass bei der Programmierung und Manipulation von Kindern im Sinne des PAS nicht alleine die Mütter die Täter sind. Voraussetzung für die Beeinflussung von Kindern gegen den anderen Elternteil ist jedoch zunächst, dass der manipulierende und Einfluss nehmende Elternteil länger mit den betreffenden Kindern zusammen ist. Nur in etwa acht

Prozent aller Fälle wird jedoch den Vätern in Deutschland das alleinige Sorgerecht zugesprochen. Auch bei dem gemeinsamen Sorgerecht liegt in der weit überwiegenden Zahl der Fälle das Aufenthaltsbestimmungsrecht bei der Mutter. So ist es nicht weiter verwunderlich, dass die weit überwiegende Zahl der Täter beim PAS die Mütter sind. Dieser psychische Missbrauch ist für den unbedarften Betrachter deswegen schwer zu erkennen, da er im Gewande der Liebe daherkommt und wunderbar in die alten Rollenklischees passt (»Lass Mutter und Kind doch erst einmal zur Ruhe kommen – das Kind will ja selbst keinen Kontakt mehr mit dem Vater haben«).

Wie können Eltern bei PAS-Verdacht vorgehen?

PAS ist als psychische Gefährdung des Kindeswohls einzuordnen; die missbräuchliche Ausübung der elterlichen Sorge durch Ausnutzung des Abhängigkeitsverhältnisses des Kindes kann Maßnahmen im Sinne des Paragraphen 1666 BGB rechtfertigen (gerichtliche Entscheidung bei Gefährdung des Kindeswohls bis hin zum Entzug des Sorgerechtes).

Das Kind erfährt Kontrollerleben und massive Verunsicherung durch die Negativbesetzung eines ursprünglich geliebten Elternteils. Es weiß nicht mehr, ob es der eigenen Wahrnehmung in so elementaren Dingen wie der Zuneigung zu einer vorher so wichtigen Person trauen darf. Das PAS führt damit zu einer Selbstentfremdung. Falls es zu einer nicht erklärbaren übermäßigen Ablehnung des anderen Elternteils kommt oder der Umgang mit Hinweis auf die angeblichen Wünsche des Kindes (»Das Kind wollte den Vater ja nicht sehen.«) boykottiert wird, sollte im juristischen Vortrag auf das PAS verwiesen werden. Dies sollte sich auch auf die Einschätzung als psychische Kindeswohlgefährdung beziehen.

Freilich sollte das PAS nicht zur Beschreibung sämtlicher unerwünschter Reaktionen von Kindern im Parteienstreit – wie es im Juristendeutsch heißt – herangezogen werden. Ein solch inflationärer Gebrauch wäre ein Bärendienst für die vielen Elternteile, insbesondere Väter, die mit ihren Kindern Opfer des PAS sind. Im Sinne der von Richard A. Gardner beschriebenen Symptome sollten klare Indizien vorliegen, dass die Ablehnung durch die Programmierung und Manipulation des betreuenden Elternteils herbeigeführt wurde.

Bei leichten PAS-Fällen – der Umgang zum anderen Elternteil funktioniert noch – wird empfohlen, die elterliche Sorge beim betreuenden Elternteil zu belassen, allerdings mit strengen und gerichtlich kontrollierten »Bewährungsauflagen« hinsichtlich eines angeordneten Umgangsrechts des anderen Elternteils.

Bei mittelschweren Fällen – erhebliche Umgangs- und Übergabeprobleme – wird empfohlen, einen Verfahrenspfleger zu bestellen. Diese Möglichkeit hat sich mit dem seit Juli 1998 geltenden und umfassend geänderten Kindschaftsrecht neu eröffnet. Hier kann das Gericht eine entsprechend ausgebildete, neutrale Person bestellen, die Quasi-Anwalt des Kindes ist. Diese soll, so die Empfehlung der Autoren, die Besuche begleiten und dem Gericht mitteilen, wenn der Umgang nicht funktioniert.

Bei schweren Fällen von PAS – systematische Vereitelung des Umgangs, Uneinsichtigkeit des programmierenden Elternteils – wird eine Sorgerechtsübertragung auf den nicht betreuenden Elternteil empfohlen.

Diese Empfehlungen sind neu, sollten in entsprechenden Fällen jedoch im juristischen Vortrag verwendet werden. In diesem Sinne gibt es in Deutschland erste wegweisende Gerichtsurteile, die Anlass zu Optimismus geben.

Erstmals wurde auf Amtsgerichtsebene eine Umgangsregelung mit Verweis auf das PAS getroffen (Amtsgericht Rinteln, 27.4.1998, 2 XV 178). In diesem Fall wurde dem nichtehelichen Vater eines Schülers ein Umgangsrecht zugesprochen. In dem Urteil wurden die PAS-Symptome mit dem aktuellen Fall verglichen. Dabei kommt das Gericht zu der Schlussfolgerung, dass die Kindesmutter das Kind gegen den Vater programmiert hat: »Wenn J. in seinen richterlichen Anhörungen Besuchskontakte zum Vater abgelehnt hat, so hat er damit nicht etwa seine eigene Meinung geäußert, sondern als nun 8-jähriger Grundschüler die negative Sicht der Dinge von Seiten der Mutter übernommen ...« Weiter aus dem Gerichtsurteil: »Wer in Fällen wie dem vorliegenden letztlich vor der ablehnenden Haltung und dem massiven Einfluss des betreuenden Elternteils kapituliert, handelt zum Schaden des Kindes, denn die Folgen der Traumatisierung aufgrund des Verlustes des einen Elternteils, der durch manipulatives Verhalten des anderen erzwungen wird, reichen bis weit ins Erwachsenenalter hinein ...«

Auch ohne expliziten Bezug auf das PAS gibt es mittlerweile einige Urteile auf Oberlandesgerichts-Ebene, in denen bei systematischem Umgangsboykott und Manipulation des Kindes gegen den Vater der Mutter das Sorgerecht oder Aufenthaltsbestimmungsrecht entzogen und auf den Vater übertragen wurde:

Harald S. wurde im Scheidungskrieg hart getroffen: Er soll sich an seiner dreijährigen Tochter Maren vergangen haben, so der Befund eines nach feministischen Glaubenssätzen arbeitenden Instituts. In einem dreijährigen Kampf erkennt das Gericht, dass der Missbrauch in den therapeutischen Sitzungen selbst immer wieder an das Kind herangetragen wird. Seine Ex-Frau setzt sich über alle Gerichtsbeschlüsse hinweg und boykottiert den Umgang des Vaters mit dem Kind. Nach drei Jahren und drei Monaten ist das Verfahren beendet: Der Vater erhält das Sorgerecht für die Tochter. Sie zieht zu ihrem Vater. Die Begründung des Richters: Auch nach Ausräumung des Missbrauchsverdachts hatte die Mutter den Vater-Tochter-Kontakt verhindert. Wegen dieser fehlenden Bindungsakzeptanz sei der Vater wesentlich geeigneter für das Sorgerecht (OLG Celle, 12.6.1995 – 10 UF 195/94), insbesondere weil nur über ihn gewährleistet wird, dass das der Mutter verbleibende Besuchsrecht auch zugestanden wird, was umgekehrt eben nicht der Fall war.

In einem weiteren Fall des OLG München (12.4.1991 – 26 UF 1464/89) bestätigt das OLG die erstinstanzliche Entscheidung, dem Vater das Sorgerecht zu übertragen, nachdem die Mutter nahezu zwei Jahre lang systematisch jeglichen Kontakt des Kindes zum Vater unterbunden und die Untersuchung durch den beauftragten Sachverständigen verhindert hatte. Damit habe sie ihre Erziehungsfähigkeit in einem für das Kind äußerst wichtigen Bereich in Frage gestellt. Wer den anderen Elternteil durch gezielte Bemerkungen abwertet und dessen Post an das Kind zensiert, lässt in hohem Maße die erforderliche Bindungstoleranz vermissen. In einem ähnlichen Fall sprach das OLG Nürnberg (15. 6. 1998 – 10 UF 441/98) die elterliche Sorge dem Vater zu, weil die Mutter den Umgang vereitelte und auf einem unbegründeten Vorwurf des sexuellen Kindesmissbrauchs beharrte.

Während früher bei Sorgerechtsentscheidungen ganz maßgeblich das Kontinuitätsprinzip im Vordergrund stand (am besten alles so belassen, wie es ist), gewinnt mehr und mehr der Begriff der Bindungstoleranz an Gewicht. Dieser Begriff berücksichtigt das seit Juli 1998 geltende Kindschaftsrecht, wonach nun in Paragraph 1684 BGB das Recht des Kindes auf Umgang mit jedem Elternteil festgeschrieben ist. Statuiert wurde dort auch eine so genannte Wohlverhaltenspflicht gegenüber dem Kind in Bezug auf den anderen Elternteil, weil es weiterhin heißt, dass die Eltern alles zu unterlassen haben, was das Verhältnis des Kindes zum jeweils anderen Elternteil beeinträchtigt oder die Erziehung erschwert.

Mit Bindungstoleranz ist hiernach die Fähigkeit der Eltern gemeint, nicht nur den persönlichen Umgang des Kindes mit dem anderen Elternteil angst- und spannungsfrei zuzulassen, sondern das Kind hierzu – wenn nötig – auch in einer pädagogisch geeigneten Form zu motivieren. Diese Bindungstoleranz ist damit ein wesentliches Beurteilungskriterium für die Frage, wem das Sorgerecht oder Aufenthaltsbestimmungsrecht zuzuweisen ist. Nach dem Handbuch des Fachanwalts für Familienrecht kann in Fällen mit geringer Bindungstoleranz das Sorgerecht einem Elternteil übertragen werden, der ansonsten ungünstigere Rahmenbedingungen aufzuweisen hat, wenn dadurch gewährleistet erscheint, dass das Kind die Beziehung zum anderen Elternteil bewahren und weiterentwickeln kann.

KAPITEL 3

Sie wollen sich scheiden lassen

Das Ja vor dem Standesamt ist einfach ausgesprochen. Kaum jemand aber macht sich bewusst, in welch einschneidendem Umfang er damit auch ein Ja zu einer Fülle gesetzlicher Folgen abgegeben hat, die von erheblicher praktischer und finanzieller Bedeutung sind:

- Güterrecht und damit Teilung oder Ausgleich des gemeinsamen Vermögenszuwachses
- Gemeinsamer Hausstand und damit möglicherweise Verfügung des Partners über die gemeinsame Wohnung und das Auto
- Im Extremfall lebenslange Unterhaltspflichten, auch wenn gar keine Kinder geboren wurden
- Übernahme von Schulden
- Erbrechtliche Konsequenzen
- Pflichten und Rechte gegenüber gemeinsamen Kindern.

Falls Sie am Ende Ihrer Ehe derjenige sind, der verlassen wird, müssen Sie den Zeitpunkt erkennen, wenn der Kampf um Ihre Frau keinen Sinn mehr hat. Sie müssen es schaffen, die Trauer aufzugeben. Nach einer Beziehung bedeutet auch immer vor einer Beziehung. Egal, ob Sie den Entschluss zur Trennung selbst getroffen haben oder das Opfer dieser Entscheidung sind, eines ist klar: Es besteht für Sie nun Handlungsbedarf. Im Dickicht der vielen praktischen wie rechtlichen Entscheidungen, die nun anstehen, geht es darum, die eigenen Interessen zu wahren.

Die rechtliche Bedeutung von Trennung und Scheidung

Vor 1977 galt das Schuldprinzip im Scheidungsverfahren. In einer Schlammschlacht musste bis dahin geklärt werden, wer dafür die Verantwortung trägt, dass die Ehe nicht mehr funktioniert. Heute ist diese Auseinandersetzung nicht mehr notwendig, es gilt das so genannte Zerrüttungsprinzip nach Paragraph 1565 BGB. Es muss lediglich vorgetragen und im Streitfall bewiesen werden, dass die Ehe gescheitert ist, was dann der Fall ist, wenn die Lebensgemeinschaft nicht mehr besteht und auch nicht erwartet werden kann, dass diese wiederhergestellt wird. Das Scheitern wird gesetzlich unwiderlegbar vermutet, wenn das Paar schon ein Jahr voneinander getrennt lebt und der Scheidungsgegner der Scheidung zustimmt oder diese in gleicher Weise beantragt.

Dies bedeutet jedoch nicht, dass zwangsläufig einer der Ehegatten aus der gemeinsamen Wohnung ausgezogen sein muss. Es reicht eine »Trennung von Tisch und Bett«. Ob eine Trennung vorliegt, bleibt einer Einzelfallwürdigung vorbehalten. Es gibt dafür Indizien, etwa dann, wenn jeder seine Wäsche getrennt wäscht und jeder seine Mahlzeiten für sich selbst zubereitet und vor allem getrennt geschlafen wird. Sind Kinder im Haushalt, dürfen auch gelegentlich Hilfsleistungen im Haushalt erfolgen, ohne dass die Trennung verneint werden müsste.

Ein kurzes Zusammenleben oder ein gemeinsamer Urlaub muss die Trennungszeit nicht zwangsläufig unterbrechen. Versöhnungsversuche von acht bis zehn Wochen sind für das erforderliche Einhalten des Trennungsjahres unschädlich.

Damit es im späteren Scheidungsprozess keine Auseinandersetzungen darüber gibt, wann denn nun der Trennungszeitpunkt war, bietet es sich an, den Beginn des vorgeschriebenen Trennungsjahres schriftlich festzuhalten oder dem Ehepartner mitzuteilen. Eine Zustimmung des Partners ist hierzu nicht notwendig.

Die Ehe kann nur unter bestimmten Ausnahmen auch schon vor Ablauf des Trennungsjahres geschieden werden, etwa wenn die Fortsetzung der Ehe eine unzumutbare Härte für den anderen darstellen würde. Dies ist etwa der Fall, wenn es zu nachhaltigen gewalttätigen Auseinandersetzungen kam oder die Frau in provozierender Weise mit anderen Männern verkehrt.

Bereits in der Trennungszeit entstehen rechtliche Konsequenzen, ohne dass überhaupt die Scheidung beantragt wurde. So können Ehegatten in dem Kalenderjahr, das der Trennung folgt, steuerlich schon nicht mehr zusammen veranlagt werden. Bei dem Modell, in dem nur der Mann bis zur Trennung erwerbstätig war, führt dies schon zu einer erheblichen Reduzierung des Nettogehalts, weil grundsätzlich der Mann von Steuerklasse III zu I wechseln muss. Dies kann man aber vermeiden, wenn die Ehegatten zum Zwecke der Versöhnung wieder zusammengelebt haben. Und selbst dann, wenn dieser Versuch auch nur einige Tage gedauert hat. Auch wenn dies wohl nicht immer rechtstreu erfolgt, kann man sich zur zeitlich begrenzten Ersparung finanzieller Engpässe darauf »einigen«.

Aufgefangen werden kann diese Einkommensreduzierung in erheblichem Maße dann, wenn der Mann Unterhalt zahlt und die Frau zustimmt, dass dieser seine Leistungen als Sonderausgaben steuerlich geltend machen kann. Dieses so genannte begrenzte Realsplitting in der Anlage U der Steuererklärung hat dann aber zur Folge, dass die Frau den Unterhalt ihrerseits als Einkommen versteuern muss. Eventuelle dadurch entstehende Nachteile (mitunter sogar das Herausfallen aus der Familienmitversicherung) muss der Mann ersetzen. Wenn die Frau nicht arbeitet, wird es meist nicht zu solchen Nachteilen kommen. Hier ist aber stets der Rat eines Steuerberaters oder eines familienrechtlich versierten Anwaltes gefragt.

Wenn sich die Ehepartner nicht außergerichtlich über die Höhe des Kindes- und Trennungsunterhaltes einigen können, werden meist gerichtlich Anträge auf Zahlung von Unterhalt für Ehegatten und Kinder gestellt. Auch können Anträge bei Gericht gestellt werden, dass schon in der Trennungszeit, also vor dem Scheidungsantrag, einem Ehegatten die Wohnung zugewiesen oder der Hausrat vorab geteilt wird. Insgesamt werden in vielen Fällen durch die juristische Auseinandersetzung in der Trennungszeit schon diejenigen Fakten geschaffen, die dann mit der formalen Scheidung meist nur noch bestätigt oder übernommen werden.

Nach einem Jahr Trennungszeit kann dann einer der Partner die Scheidung beantragen. Anerkannt ist hierzu, dass ein entsprechender Antrag bereits vier bis sechs Wochen vor Ablauf des Trennungsjahres gestellt werden kann, weil die Voraussetzungen der Scheidung bis zum Scheidungstermin vorliegen dürften.

Derjenige, der selbst einen Scheidungsantrag stellt, braucht hierzu einen Anwalt, der Scheidungsgegner dann nicht, wenn er lediglich dem Scheidungsbegehren zustimmen will. Für die Regelungen der unter Juristen so genannten Folgesachen (beispielsweise Unterhalt, Hausrat, Zugewinn, Umgangs- und Besuchsrecht) benötigt der Antragsgegner gleichfalls keinen Anwalt. Sie können diese Angelegenheiten auch außergerichtlich unter sich ausmachen und sollten getroffene Regelungen schriftlich festhalten, falls nötig, unter Mitwirkung oder nach Beratung durch einen Rechtsanwalt.

Falls einer der Partner dem Scheidungsantrag widerspricht, wird erst nach dreijähriger Trennung das Scheitern der Ehe unwiderlegbar vermutet (siehe § 1565 Abs. 2 BGB). Das bedeutet aber nicht, dass erst dann die Scheidung durchgesetzt werden kann. Allerdings kann die Scheidung auch vor Ablauf dieser drei Jahre nicht verhindert werden. Notfalls muss über die Tatsache der Zerrüttung eben vom Gericht Beweis erhoben werden, etwa durch Vernehmung von Zeugen. Der scheidungswillige Partner müsste dann also im Einzelnen nachweisen, dass die Ehe gescheitert ist, auch wenn der andere dem widerspricht.

Für denjenigen, der – aus welchen Gründen auch immer – eine Scheidung hinauszögern will, stehen einige Mittel zur Verfügung: Die beliebteste Variante ist die Weigerung beim grundsätzlich durchzuführenden Versorgungsausgleich mitzuwirken, also beim Feststellen der Rentenanwartschaften. Eine Verzögerung tritt ebenfalls immer dann ein, wenn ein Ehegatte die Entscheidung über bestimmte Folgesachen für den Fall der Scheidung beantragt. Häufig wird erst im eigentlichen Scheidungstermin ein Antrag auf Erteilung von Auskunft über das Einkommen oder Vermögen des Scheidungsgegners vorgelegt, um so bewusst das Verfahren zu verzögern. Insbesondere zählen aber zäh umstrittene Sorgerechtsverfahren zu den Zeitfressern, weil dabei oftmals die Bestellung von (überlasteten und daher langsamen) Sachverständigen erforderlich ist.

Was sind jedoch überhaupt die Gründe, warum einer die Scheidung hinauszögert, wenn der andere doch offensichtlich nicht mehr will? Zunächst muss man zur Kenntnis nehmen, dass es zu über 60 Prozent die Frauen sind, die den Scheidungsantrag stellen. Vielleicht verzögern manche Männer die Scheidung, weil sie hoffen, dass man doch noch irgendwie zusammenfindet. Durch die frauenfreundliche Gesetzgebung genießen jedoch meistens Frauen Vorteile, einerseits die Scheidung aufzuhalten, andererseits aber die materiellen Früchte der Trennungszeit auszukosten: So bleibt während der Trennung grundsätzlich die kostenlose Mitversicherung im Rahmen der Krankenversicherung bestehen.

Außerdem ist der Unterhalt in der Trennungszeit, der von den Frauen eingeklagt werden kann, häufig höher als der so genannte nacheheliche Unterhalt nach der Scheidung. Das liegt nicht zuletzt auch an der freien Krankenmitversicherung, womit vom Einkommen des Mannes mehr für den Barunterhalt verbleibt. Wenn nicht ohnehin wegen der Kindererziehung für die Mutter keine Verpflichtung besteht, selbst Geld zu verdienen, muss sie sich auch erst nach Ablauf des Trennungsjahres um einen eigenen Arbeitsplatz bemühen. Tut sie dies vorher oder müsste sie eigentlich – eben wegen der Kinder – noch nicht arbeiten, wird grundsätzlich auch nur ein Teil ihres Einkommens angerechnet. Vielfach hat also die Frau nach der Trennung mehr an Bargeld zur Verfügung als der Mann – wohlgemerkt, ohne arbeiten zu müssen.

Für den Gesetzgeber spielt es leider keine Rolle, ob das zu verteilende Geld weniger geworden ist: Das Nettogehalt sinkt durch die schlechtere Steuerklasse und meist müssen davon dann zwei Wohnungen und Haushalte finanziert werden. Beim nachehelichen Unterhalt sind die Anforderungen an die Frauen etwas höher, auch finanziell selbst Verantwortung für ihr Leben zu tragen. Daher ist es für Männer, welche die Rollenteilung nach dem üblichen Lebensmodell der Vergangenheit hatten (Mann arbeitet, Frau versorgt Kinder und Haushalt) eher von Vorteil, zu einer schnellen Scheidung zu kommen.

Scheidungsindex – die wichtigsten Zahlen für Väter und Männer in Trennung und Scheidung

Prozentsatz der Väter, die in Deutschland das Sorgerecht erhalten (Laut Bundesstatistik Sondererhebung 1994–1995, Gemeinsame elterliche Sorge nach der Ehescheidung):
➛ **8,3 Prozent**

Anzahl der jährlichen Eheschließungen (laut Statistisches Bundesamt):
➛ **389 594**

Anzahl der jährlichen Scheidungen (laut Statistisches Bundesamt):
➛ **fast 214 000**

Anzahl der Kinder, die neu zu Scheidungswaisen werden, Zahlen für 2001 (laut Statistisches Bundesamt):
➛ **161 742**

Prozentsatz der Väter, die bei der Scheidung angeben, ein gemeinsames Sorgerecht haben zu wollen (nach Gerhard Amendt, *Väter nach Trennung oder Scheidung – Studie Universität Bremen, Institut für Geschlechter- und Generationenforschung*, 2004):
➛ **85 Prozent**

Prozentsatz der Kinder, die nach der Scheidung keinen Kontakt mehr zum Vater haben (4):
➛ **Etwa 50 Prozent**

Summe, die einer Familie mit einem gut verdienenden Vater (5000 Euro brutto monatlich) netto zur Verfügung steht (60 000 Euro Jahresgehalt, nach Tab. 2002, Steuerklasse III = Steuern 12 180 Euro, Lohnnebenkosten = 10 091 Euro = 37 729 Euro geteilt durch 12 = 3144 Euro plus zwei mal 154 Euro Kindergeld = 3452 Euro):
➛ **3452 Euro**

Summe in Euro, die dem gleichen gut verdienenden angestellten Vater (5000 Euro brutto monatlich) bei zwei Kindern nach der Scheidung noch verbleiben (60 000 Euro Jahresgehalt, nach Tab. 2002, Steuerklasse I = Steuern 19 908 Euro, Lohnnebenkosten = 10 091 Euro = 30 001 Euro geteilt durch 12 = etwa 2500 Euro minus Kindesunterhalt nach Abzug des hälftigen Kindergeldes für zwei Kinder zwischen sechs und elf Jahren nach der Düsseldorfer Tabelle 494 Euro (2 × 247 Euro) = 2006 Euro, minus Ehegattenunterhalt (drei Siebtel von 1852 Euro =) 794 Euro für die Frau; verbleiben 1212 Euro):
➛ **1212 Euro**

Summe in Euro, die der geschiedenen Frau desselben Vaters nun monatlich zur Verfügung steht (2 × 247 Euro Kindesunterhalt, 794 Euro Ehegattenunterhalt, 2 × 154 Euro Kindergeld):
➛ **1596 Euro**

Betrag in Euro, den Väter steuerlich für die Zusatzaufwendungen geltend machen können, die sie für die jetzt bestehende gesetzliche Pflicht aufwenden müssen, ihre Kinder zu sehen (Fahrtkosten, doppelte Anschaffungen):
➛ **0 Euro**

Neben der eigentlichen Scheidung sind es meistens die so genannten Folgesachen, die Streit verursachen und welche dann die Scheidung auch noch über Jahre hinaus verzögern können. Dazu gehört nach der Kindschaftsrechtsreform nicht mehr zwingend die Frage des Sorgerechts, sie gehört also nicht mehr zum so genannten notwendigen Scheidungsverbund. Hier geht der Gesetzgeber als Regeltatbestand jetzt davon aus, dass die Eltern in der Trennungszeit und auch nach der Scheidung gemeinsam die Verantwortung übernehmen sollen. Die gemeinsame Sorge ist daher zunächst die Regel, von der ausgegangen wird. Freilich kann einer der Elternteile von sich aus die alleinige Sorge beantragen und wird sie auch zugesprochen bekommen, wenn er nachweisen kann, dass die Aufhebung der gemeinsamen Sorge dem Wohl des Kindes am besten entspricht (siehe § 1671 Abs. 2 BGB).

Zu den Folgesachen, über die am häufigsten im Rahmen des Scheidungsverfahrens gestritten wird, gehört der Unterhalt für Kinder und Ehegatten. Selbst wenn vor der Scheidung bereits eine gerichtliche Entscheidung oder eine bindende Vereinbarung über den Trennungsunterhalt herbeigeführt wurde, muss der nacheheliche Unterhalt nochmals eingeklagt werden, wenn man sich nicht einigen konnte. Trennungs- und Nachehelichenunterhalt müssen nämlich rechtlich gesondert behandelt werden.

Wenn der nacheheliche Unterhalt nach der Scheidung nicht erneut angemahnt wird, muss er bis dahin auch nicht gezahlt werden. Grundsätzlich kann rückständiger Unterhalt, auch wenn er eigentlich geschuldet wird, erst ab dem Monat für die Vergangenheit geltend gemacht werden, in welchem dem Unterhaltsschuldner nachweisbar die Aufforderung zur Zahlung oder ein Auskunftsersuchen zuging.

Der Kindesunterhalt ist wiederum rechtlich ein besonderer Tatbestand. Wurde dieser rechtsverbindlich festgelegt, gilt die Verpflichtung zur Zahlung auch über den Zeitpunkt der Scheidung hinfort. Verbrieft wird die rechtsverbindliche Zahlungsverpflichtung von Unterhalt in so genannten Titeln. Das sind Urkunden, mit denen die Vollstreckung betrieben werden kann, beispielsweise Urteile, gerichtliche Vergleiche oder auch – kostenfrei zu erstellende – Urkunden von Jugendamt oder Notar.

Um die Ehewohnung und den Hausrat wird in Scheidungsverfahren eher selten gestritten. Der Ausgleich des Zugewinns muss dagegen schon häufiger gerichtlich geklärt werden. Immer dann, wenn keine andere notarielle Vereinbarung getroffen wurde (wie bei einer Gütertrennung), gilt der gesetzliche Güterstand der Zugewinngemeinschaft (siehe § 1363 Abs. 1 BGB). Wenn hier Ansprüche geltend gemacht werden, das heißt, wenn einer der Ehegatten vermutet, der andere stünde sich nach der Scheidung finanziell ungerechtfertigt gut, müssen beide Ehegatten zunächst wechselseitig Auskunft über den Vermögensaufbau während der Ehe erteilen. Dies geschieht durch Vorlage eines Verzeichnisses ihrer Schulden und ihres Vermögens zum maßgeblichen Stichtag, dem Tag der Zustellung des Scheidungsantrages. Das so ermittelte Endvermögen wird dem Anfangsvermögen bei der Eheschließung gegenübergestellt. Zum Vermögen in diesem Sinne zählt nicht der Hausrat (beispielsweise auch nicht das von der Frau rein privat benutzte Auto). Übersteigt das jeweilige Endvermögen das Anfangsvermögen, ergibt das den erzielten Zugewinn. Hat einer der Ehegatten einen höheren Zugewinn erzielt, muss er die Hälfte des übersteigenden Betrages an den anderen zahlen.

Beamte, Arbeiter und Angestellte erwerben Versorgungsanwartschaften, ihr Konto bei den Rentenversicherungsträgern wächst und ist dann später die Basis zur Ermittlung der eigenen Rente oder Pension. Einbezogen werden gleichfalls Betriebsrenten und – auch bei Selbstständigen – Lebensversicherungen auf Rentenbasis. Diese Anwartschaften werden – bezogen auf die Ehezeit – zunächst berechnet. Mit Rechtskraft der Scheidung wird sodann der Wertunterschied hälftig ausgeglichen. Einfach gesprochen, werden Beträge vom Konto des einen Ehegatten auf dasjenige des anderen überwiesen, womit dann die jeweilige spätere Rente steigt oder sinkt. Der Sinn dieser Regelung liegt darin, dass der Ehegatte, der aufgrund der Ehe, insbesondere wegen der Kindererziehung, keine oder nur geringere

Rentenansprüche erzielt hat, deswegen nicht schlechter gestellt werden soll als er ohne Eheschließung stünde.

Der Versorgungsausgleich muss durch das Familiengericht von Amts wegen, also ohne einen gesonderten Antrag bearbeitet werden. Die Eheleute müssen eine Unmenge von Formularen ausfüllen. Das Gericht holt dann von den Rentenversicherungsträgern, den Betrieben und den Lebensversicherungen entsprechende Auskünfte ein. Die durchschnittliche Bearbeitungszeit beträgt etwa fünf Monate. Dies hält auf und kann durch mangelhafte oder unterlassene Mitwirkung der Eheleute zu erheblichen Verzögerungen führen.

Die psychologische Bedeutung von Trennung und Scheidung

Trennung und Scheidung sind für alle Männer eine absolute Extremsituation im Leben. In einer Bremer Internet-Studie hat der Soziologe Gerhard Amendt hierzu 3800 Männer in der Trennungssituation befragt. 71 Prozent davon gaben an, dass die Trennungs-Situation zu Beeinträchtigungen in ihrem Berufsleben geführt habe. Viele Väter sind sogar dadurch von einer Kündigung bedroht. Noch mehr, nämlich 76 Prozent der Männer, gaben Auswirkungen auf ihre Gesundheit an, darunter insbesondere psychische (41 Prozent) und körperliche (12 Prozent) Beschwerden. Dabei hat sich gezeigt, dass ein Zusammenhang zwischen der beruflichen Leistungsfähigkeit der erwerbstätigen Väter und ihrer privat erlebten Belastung besteht: Männer, die von ständigen emotionalen Belastungen berichteten, neigen zu Desinteresse am Beruf. Gerade wenn der Umgang mit den Kindern boykottiert wird oder die Ex-Frauen in anderer Form Psychoterror betreiben, wird es schwierig. Bei vielen Männern wird das Gefühl zerstört, in einem Familiengefüge emotional eingebettet und als Vater anerkannt zu sein.

Wir möchten zur psychologischen Seite auch ein Tabuthema ansprechen: Die Wut und Aggression, die viele Männer auf ihre Ex-Frauen haben. Männliche Wut und Aggression ist negativ besetzt. Sie sollten aber dazu stehen, dass eben ein Teil Ihrer Gemütsverfassung in dieser Situation Hass und Ablehnung ist. Lassen Sie sich jedoch nicht einreden, dass dies Ihre Persönlichkeit ist; es ist vielmehr nur ein Teilaspekt davon.

Die wissenschaftliche Psychologie hat in den vergangenen Jahren anerkannt, dass wir viele Seelen in unserer Brust haben. Der Kommunikationspsychologe Prof. Dr. Friedemann Schulz von Thun spricht von unserem inneren Team an unterschiedlichen Stimmen und Strömungen in uns. Bei diesem Ansatz möchten wir einen Moment bleiben, weil er sich in unserer Beratung von Scheidungsmännern als sehr effektiv erwiesen hat.

Wenn Sie an Ihre Trennung denken, welche innere Stimme meldet sich da bei Ihnen? Das wehleidige Opfer, das aggressive Tier, der einsame Traurige, der Macher und Problemlöser? Geben Sie Ihrer inneren Stimme einen Namen! Welche Stimmen melden sich noch? Der Misstrauische, der liebende Vater, der einsame Wolf? Wie heißen die drei, vier oder fünf Stimmen, die auf Ihrer inneren Bühne Ihrer Persönlichkeit spielen? Nehmen Sie sich ein Blatt Papier und schreiben Sie diese auf. Geben Sie einer nach der anderen dieser Stimmen Raum und fragen Sie nach ihrer Botschaft. Was sagt der Macher, was will der einsame Traurige oder der liebende Vater? Dies ist laut Prof. Dr. Friedemann Schulz von Thun unser inneres Team. Wer dieser unserer Mitspieler ist vielleicht bisher zu kurz gekommen, hat beispielsweise das wehleidige Opfer alle anderen Einzelstimmen dominiert?

Sie sind ein ganzes Stück weiter, wenn Sie sich auf diesen Reflexionsprozess einlassen und sich darüber bewusst werden, was im Hinblick auf Ihre Trennungssituation Ihre inneren Stimmen sind, die Teilaspekte Ihrer Persönlichkeit. Wenn wir nach außen hin schon mal »austicken«, dann bedeutet dies, dass sich eine bei uns bisher unterdrückte Stimme lautstark zu Wort meldet, um dann wieder schnell in die Schranken verwiesen zu werden. Dies macht uns jedoch angreifbar und unsympathisch. Die Alternative liegt darin, sich einmal hinzusetzen und diesen inneren Stimmen vorher ein angemessenes Gewicht zu geben. Dies bedeutet, dass wir unsere Aggressivität und unsere Energie genau so einsetzen, wie wir es auch wollen und nicht Opfer von Einzelstimmen unseres inneren Teams werden, die unkontrolliert durchbrechen.

Als Männer sind wir gewohnt, aufzustehen und zu kämpfen. Dies ist gerade in der Trennungsphase auch notwendig. Wir sollten jedoch auch den Mut haben, Schwäche, Trauer und Verletzung zu spüren und daraus Kraft für Neues zu gewinnen. In der Bremer Internet-Befragung von 3800 Scheidungsmännern gaben 71 Prozent der Befragten an, dass ihre Erfahrungen in der Trennungssituation so überwältigend waren, dass sie sich sowohl im beruflichen wie im privaten Bereich nach Hilfsangeboten umgesehen haben. Bei der Wahl der Hilfeform sticht in der Befragung ins Auge, dass immerhin 29,3 Prozent einen Psychotherapeuten oder Psychologen aufsuchen. Damit rangiert die psychologische Unterstützung noch vor der juristischen durch einen Rechtsanwalt mit 25 Prozent. Ein weiteres interessantes Detailergebnis der Studie ist, dass 18 Prozent der Männer in einen Väterverein eingetreten sind, um dort Hilfe zu suchen. Wer über den einen oder anderen dieser Schritte nachdenkt, ist damit nicht alleine.

Die Kinderseele in der Trennung

Kinder machen sich wilde Fantasien über die Hintergründe von Trennung und Scheidung. Häufig fragen sie sich selbst, ob sie Schuld tragen oder wie sie Verantwortung übernehmen können. Wenn kein Gespräch mit den Kindern erfolgt oder dieses ungeschickt geführt wird, dann führt dies zu mehr solcher Fantasien. Eine Langzeitstudie zu Scheidungskindern aus dem

Jahr 2002 hat ergeben, dass nur wenige Eltern solche Gespräche mit ihren Kindern führen: »Die meisten Kinder hören nichts von ihren Eltern über deren Nöte und nichts über die Gründe, die hinter der Scheidungsabsicht stehen – kein Wort über die inneren Kämpfe, kein Wort darüber, dass sie gezögert haben, dass es ihnen Leid tut, dass sie es aber einfach nicht mehr aushalten können. Es ist, als ob die Scheidung aus heiterem Himmel käme.«

Sagen Sie es den Kindern als Erstes, dass Sie beschlossen haben, sich zu trennen, sagen Sie ihnen, was das bedeutet, schildern Sie Ihre eigenen Nöte dabei und erklären Sie, was nun geschehen soll. Denken Sie dabei immer daran, dass sich Ihre Kinder lebenslang an Ihre Worte erinnern werden. Das Schlimmste für Ihre Kinder wäre es, wenn Sie einfach Ihre Sachen gepackt haben und nicht mehr da sind oder sie allein der Version Ihrer Frau vertrauen müssen. Sprechen Sie über Ihre Gefühle und Wahrnehmungen. Machen Sie nicht Ihre Frau schlecht, Ihre Kinder werden sich insgeheim nur mit ihr solidarisieren. Am wichtigsten für die Kinder ist die Gewissheit, dass sich zwar Trauriges ereignet hat, dass Sie aber nicht einfach verschwinden und dass Sie weiterhin berechenbar bleiben.

Viele Scheidungseltern glauben auch, dass die Kinder die gleichen Gefühle wie sie selbst haben. Für die Kinder ist die Frage des Aufenthalts bei Mutter oder Vater häufig gar nicht die wichtigste.

Für die Kinder entsteht bei Trennung und Scheidung zunächst die Situation, dass ihre gewohnte stabile Umgebung zerbricht, dass sie nicht mehr auf die gleiche Routine zählen können. Wenn die Eltern wütend miteinander umgehen, lassen die Kinder eine unstete Bindung an beide erkennen, was anzeigt, dass sie weder der Mutter noch den Vater als Fels in der Brandung haben. Sie müssen plötzlich erwachsener sein und zu den Meinungen und dem Werben der Eltern Position beziehen. Scheidungskinder werden sich als Erwachsene – nicht zwangsläufig, aber im Durchschnitt – viel weniger auf neue Bindungen einlassen können und werden stets Angst vor Konflikten haben.

Erste Schritte nach der Trennung

Einvernehmliche Regelung

Besprechen Sie mit Ihrer Frau, ob Sie gemeinsam die anstehenden Dinge einvernehmlich regeln wollen und können. In den meisten Fällen geht dies jedoch nicht ohne professionelle Hilfe. Bei vielen Kommunen gibt es Familienberatungsstellen, die eine so genannte Trennungsberatung anbieten. Eine Alternative bietet ein gemeinsamer Anwalt. Diesen sollten Sie tatsächlich gemeinsam aussuchen. Allerdings müssen Sie wissen, dass der beauftragte Anwalt nach den gesetzlichen Regelungen nur einen der Eheleute beraten darf.

Zunehmend an Bedeutung gewinnt die so genannte Mediation, bei der ein fachlich ausgebildeter Psychologe oder Anwalt mit beiden Ehegatten eine einvernehmliche Gesamtregelung erarbeitet. Erfahrungsgemäß werden hierfür acht bis zehn Stunden benötigt, welche sich der Mediator mit Stundensätzen in Höhe von 100 bis 200 Euro bezahlen lässt. Falls Streit dadurch vermieden werden kann, dürfte diese Vorgehensweise in der Regel dennoch stets günstiger sein als die ansonsten anfallenden Kosten für ein gerichtliches Verfahren. Der Mediator darf Sie im Scheidungsverfahren aber nicht vertreten.

Bedenken Sie, dass es möglicherweise billiger ist, im Rahmen einer gemeinsamen Beratung Kompromisse zu machen als sich später zu streiten. Allein an Anwalts- und Gerichtsgebühren kann dies leicht mehr als 10 000 Euro kosten und hat schon viele Paare an die Grenzen ihrer wirtschaftlichen Existenz getrieben.

Vertrag über die Scheidungsfolgen abschließen

Das Ergebnis einer gemeinsamen Beratung, sei es mit Hilfe eines Anwaltes, Mediators oder auch selbst erarbeitet, kann ein Scheidungsvertrag sein. Verträge über Zugewinn und Versorgungsausgleich müssen allerdings vor dem Notar beurkundet werden. Alle anderen Dinge (wie der Aufenthalt der Kinder, Hausrat oder Unterhalt) können Sie auch gemeinsam selbst regeln und vertraglich niederschreiben. Wenn Sie noch in der Trennungssituation und nicht geschieden sind, sollte der Vertrag auch gleich die Regelungen für die Zeit nach der Scheidung umfassen. Solche Vereinbarungen können dann im Scheidungstermin auch als Vergleich protokolliert werden.

Bei dem Modell »Mann arbeitet, Frau betreut die Kinder« müssen Sie beachten, dass die finanziellen Forderungen der Frau in der Trennungszeit meist höher ausfallen als nach der Scheidung. Vorsicht ist auch beim Notar geboten: Er ist entgegen landläufiger Vorstellungen nicht verpflichtet, das Interesse beider Parteien zu wahren, er schuldet lediglich eine objektive Beratung, welche aber durchaus subjektiv beeinflusst sein kann. Seien Sie daher vorsichtig, wenn Ihnen Ihre Frau großzügig anbietet, den Notar selbst zu bezahlen.

Keine verbale Eskalation

Versuchen Sie, Ihre weiteren Schritte mit Ihrer Frau abzustimmen oder diese zumindest zu erklären. Keine Eskalation heißt nicht etwa, dass man nicht entschlossen handeln sollte und im Zweifel auch den Konflikt sucht. Wer jedoch eine Auseinandersetzung eskalieren lässt und mit Anwalt oder Gericht droht, der hat meist verloren. Denn dann ist Ihre Frau auf der Hut und trifft Maßnahmen, die Sie schädigen können. Leider müssen wir akzeptieren, dass die Rechtsprechung insbesondere beim Unterhalt und in Sorgerechtsfragen tendenziell zu Gunsten der Frauen ausfällt. Teilweise gilt es zu entscheiden, ob man den anderen vor vollendete Tatsachen setzt (Konten sperrt oder Hausrat aus der Wohnung mitnimmt). Damit aber wird eine einvernehmliche Regelung erschwert, wenn nicht gar verhindert, andererseits ist dies jedoch manchmal notwendig, um seine Rechte zu wahren. Auch in diesen Fällen können wir nur raten, sich unter Kontrolle zu halten, Ihrer Frau die Situation zu erklären und um Verständnis zu werben. Ein verbales Entgleisen wird nur den Preis erhöhen, den Sie später an Ihre Frau zahlen müssen, wenn es eigentlich doch gilt, bei einer Sorgerechtsregelung für die Kinder oder beim Hausrat Kompromisse zu schließen.

Sperren von Konten

Sie sollten abwägen, ob Sie entweder auf eine gemeinsame Regelung hoffen oder andererseits befürchten, von Ihrer Frau über den Tisch gezogen zu werden. Überlegen Sie deshalb gut, ob Sie die gemeinsame Zugriffsberechtigung auf Girokonten oder Kreditkarten per Fax aufheben. Möglicherweise eskaliert hierdurch die angeheizte Atmosphäre in der Trennungszeit. Andererseits werden viele Ehemänner jedoch damit konfrontiert, dass ihre Frauen ausziehen, die Konten abräumen oder überziehen, um dann in der nächsten Zeit davon zu leben. Da es sich formal ja um gemeinsames Geld der Partner handelt, werden Sie dieses nie wiedersehen. Widerrufen Sie entsprechende Vollmachten. Gemeinsame Girokonten von Eheleuten sind regelmäßig so genannte »Oder-Konten«, bei denen Mann oder Frau jeweils die volle Verfügungsberechtigung besitzen. Der Nachteil besteht darin, dass diese Konten auch nur gemeinsam gekündigt werden können. Ein Missbrauch kann aber dadurch vermieden werden, dass durch einfache Erklärung gegenüber dem Bankinstitut das eheliche Konto in ein so genanntes »Und-Konto« umgewandelt wird; Verfügungen über das Konto sind ab Zugang der Erklärung bei der Bank nur noch von beiden Ehepartnern gemeinsam möglich.

Niemals spontan ohne Kinder ausziehen

Prüfen Sie, wo Sie weiter wohnen möchten. Ziehen Sie keinesfalls einer spontanen Emotion wegen aus der gemeinsamen Wohnung aus. Dies hat erhebliche Konsequenzen und zwar meist für den, der ausgezogen ist. Sich später wieder einzuklagen ist schwer, weil der Richter dann zu Recht nachfragen wird, wo Sie sich denn zwischenzeitlich eingenistet haben. Wenn Sie spontan ausziehen, wird es schwieriger, später seine Sachen zu erhalten oder eine gerechte Verteilung zu realisieren.

Den gesamten persönlichen Hausrat sofort mitnehmen

Wenn Sie aus der gemeinsamen Wohnung ausziehen, sollten Sie alles mitnehmen, von dem Sie glauben, dass es Ihnen gehört: Ihre persönlichen Sachen und Ihren Anteil am Hausrat. Über das Gericht später an die Sachen heranzukommen ist zwar möglich, nach den Erfahrungen in der Praxis aber nur unter größten Mühen, also kaum zu realisieren. Ihre Frau wird immer sagen können, die Sachen seien abhanden gekommen. Im Extremfall gestalten Sie den Auszug in einer Nacht-und-Nebel-Aktion. Falls Sie erst einmal mit dem Koffer ausziehen und vereinbaren, den Rest bald abzuholen, eskaliert die Situation vielleicht weiter und Ihre Frau verweigert Ihnen erst einmal den Zutritt zur Wohnung.

Natürlich ist es besser, wenn Sie es schaffen, sich mit Ihrer Frau über eine Aufteilung einig zu werden. In diesem Fall gehen Sie durch die einzelnen Zimmer und legen fest, wer was bekommen soll. Die Liste sollte dann von beiden unterschrieben werden. Hierauf sollte auch vermerkt werden, ob dies eine vorläufige Aufteilung etwa bis zu einem Gerichtstermin ist oder schon eine endgültige. Haben Sie von dem Hausrat das meiste angeschafft, kann solch eine Liste von Vorteil für Sie sein. Wenn in einer gerichtlichen Auseinandersetzung Ihre Frau betonen wird, was sie alles zur Haushaltsführung braucht, spielt es keine Rolle mehr, wer dies einmal angeschafft hat.

Wohnung fotografieren

Wenn die Erstellung einer gemeinsamen Liste nicht möglich ist, notieren Sie dennoch alle Gegenstände und versuchen Sie, die Räume und die Hausratsgegenstände zu fotografieren, damit später eine Beweisführung einfacher ist und Dinge nicht einfach verschwinden. Bedenken Sie, dass es schnell um sehr viel werthaltigere Dinge gehen wird als um ein Teegeschirr oder einen Fernseher.

Der Hausrat gehört dem, der ihn am meisten braucht

Unabhängig von Eigentumsfragen hat eine Verteilung »nach billigem Ermessen« zu erfolgen und notwendige Gegenstände, die im Alleineigentum eines Ehegatten stehen, kann der Richter dem anderen Ehegatten zuweisen, wenn dieser auf die Weiterbenutzung angewiesen ist. Juristisch gesehen bekommt später also nicht jeder den Anteil an dem Hausrat, der ihm gehört oder den er angeschafft hat, sondern nur den Teil, den er nach der Trennung benötigt. Hier unterscheidet sich die Rechtslage wahrscheinlich von dem Rechtsgefühl, das die meisten haben. Das entsprechende Gesetz kommt aus dem Jahre 1944 und spiegelt sozusagen die Notlage in Kriegszeiten wider. Wer nun in heutiger Zeit dringender den Fernseher, das Sofa oder die Stereoanlage benötigt, das wird später schwer zu klären sein. Es läuft dann darauf hinaus, dass derjenige, der über das Gericht die Herausgabe bestimmter Gegenstände begehrt, gleichwohl eine vollständige Hausratsliste erstellen und jeden Gegenstand genau beschreiben muss. Da dies mühsam und kompliziert ist, verlaufen diese Auseinandersetzungen im gerichtlichen Vorfeld meist im Sande.

Wer zahlt die Miete der Ehewohnung weiter?

In der Regel werden Sie und Ihre Frau gemeinsam den Mietvertrag unterschrieben haben. Formal haften Sie daher beide für die Mietschulden, unabhängig davon, wer nun weiter in der Wohnung bleibt. So kann es schnell passieren, dass Sie ausziehen, aber Ihre Frau nicht für die Miete aufkommen will und der Vermieter an Sie herantritt. Kündigen Sie den Dauerauftrag und kümmern Sie sich darum, dass der Vermieter Sie aus dem Vertrag entlässt. Setzen Sie daher ein Schreiben an den Vermieter auf. Teilen Sie mit, dass Sie sich von Ihrer Frau getrennt haben und ausgezogen sind. Bitten Sie daher, aus dem Mietvertrag entlassen zu werden und fordern Sie eine schriftliche Bestätigung an. Ein Recht hierauf besteht nicht, die Mühen lohnen aber meist.

Erste Schritte zu Geld und Unterhalt

Unterlagen vertraulich lagern

Wenn sich die Trennung abzeichnet, sollten Sie sich bemühen, sämtliche Unterlagen, die später im Rahmen der Vermögensauseinandersetzung oder zur Berechnung von Unterhalt gegen Sie verwendet werden können, unter sicherem Verschluss zu sich zu nehmen. Als erste Maßnahme bietet sich an, alle wichtigen Unterlagen aus der gemeinsamen Wohnung zu entfernen: Gehaltsabrechnungen, Schriftverkehr mit dem Finanzamt, Lebensversicherungen, Sparkonten und Wertpapierdepots. In Frauenratgebern zur Scheidung wird übrigens empfohlen, die Scheidung taktisch vorzubereiten und sich noch vor Bekanntgabe der Trennungsabsicht bereits Kopien dieser Unterlagen zu machen. Dies sollten Sie verhindern.

Falls sich eine strittige Auseinandersetzung mit Ihrer Frau abzeichnet, sollten Sie Ihrer Frau und deren Anwalt nicht alle Unterlagen über Ihre finanzielle Lage zuspielen. Wenn transparent ist, was Sie wann genau verdient haben und wo Sie genau was gespart haben, dann hat Ihre Frau darauf auch später einfach Zugriff. Was später nicht geltend gemacht wird, muss auch nicht bezahlt werden.

Anders als beim Unterhalt kann beim Zugewinnausgleich grundsätzlich nicht die Vorlage von Belegen verlangt werden. Wie Sie dann mit Ihren »Geheimnissen« umgehen, bleibt Ihnen überlassen oder kann Ihnen von einem versierten Anwalt erläutert werden.

Unterhaltszahlungen prüfen

Prüfen Sie, wie Ihre finanzielle Situation nach Trennung und Scheidung aussehen wird. Wenn Sie der Hauptverdiener waren, müssen Sie sich darauf einstellen, Unterhalt für Ihre Frau und für Ihre Kinder zu zahlen. Informieren Sie sich im Kapitel Unterhalt über die konkreten Zahlungen, die auf Sie zukommen. Meist funktioniert dies nach folgendem Schema: Wenn die Kinder von Ihrer Frau betreut werden und Sie arbeiten, schulden Sie Kindesunterhalt in bar. Hierbei wird die so genannte Düsseldorfer Tabelle zu Grunde gelegt. Je nach Ihrem Einkommen und dem Alter der Kinder sind hier monatlich Beträge von 177 Euro und bis zu über 550 Euro von Ihnen zu zahlen. Das Nettoeinkommen, das dann noch nach Berücksichtigung des Kindesunterhalts übrig bleibt, wird nach überwiegender Gerichtspraxis im Verhältnis von drei Siebtel zu vier Siebtel zu Ihren Gunsten aufgeteilt. Falls sich Ihr Einkommen durch den Steuerklassenwechsel verringert, müssen Sie auch weniger zahlen. Bei der Berechnung des konkreten Unterhalts gibt es natürlich viele Detailregelungen, die auf die individuelle Situation abstellen. Informieren Sie sich darüber bitte im entsprechenden Kapitel in diesem Buch und holen Sie sich Rat von Ihrem Anwalt.

Lebensplanung mit viel weniger Geld in der Tasche

Die Berechnung von Unterhaltszahlungen wird Ihnen wahrscheinlich einen Schock versetzen. Unsere Gesetzgebung ist – wie Sie feststellen werden – nicht freundlich gegenüber denen, die die ganze finanzielle Last der Familie tragen. Nutzen Sie allerdings die in dem Kapitel dieses Buches beschriebenen Hinweise, Ihre Situation aktiv so zu gestalten, dass Sie bei den Unterhaltszahlungen nicht übervorteilt werden! Das wahrscheinliche Ergebnis dieser Berechnungen wird sein, dass Ihnen wesentlich weniger Geld zur Verfügung stehen wird als während der Ehe. Ob Sie wollen oder nicht, Sie werden finanziell den Gürtel erheblich enger schnallen und auf vieles Gewohnte in Zukunft verzichten müssen: Wo möchten Sie wohnen? Was ist Ihnen finanziell gesehen noch wichtig? Dies sind Fragen, die es zu klären gilt.

Steuertipps beachten

Vielfach werden die erheblichen steuerlichen Auswirkungen bei Trennung und Scheidung zu wenig beachtet. Berücksichtigen Sie, dass im Jahr nach der Trennung jeder der Ex-Partner steuerlich einzeln veranlagt wird, auch wenn sie noch verheiratet sind. Dadurch sinkt das zur Verfügung stehende Nettoeinkommen erheblich, während gleichzeitig die Kosten durch häufig zwei Haushalte steigen. Beachten Sie die im Kapitel »Steuerliche Auswirkungen« festgehaltenen Tipps zur vorteilhaften Gestaltung der steuerlichen Situation.

Prüfung der Vermögens- und Schuldenfrage

Nach der Trennung ändert sich bis zur rechtskräftigen Scheidung erst einmal nichts an dem gesetzlichen Güterstand der Zugewinngemeinschaft. In dieser Zeit, die Jahre dauern kann, passiert bei beiden Partnern viel. Manche machen zusätzliche

Schulden oder geben ein Teil ihrer Ersparnisse aus. Nutzen Sie die Gestaltungsmöglichkeiten (siehe Tipps im Kapitel Zugewinnausgleich), damit Sie neben den Unterhaltszahlungen nicht auch noch den Großteil des sauer ersparten Geldes bei Ihrer Ex abliefern müssen. Rechnen Sie zunächst aus, was das Prinzip des Zugewinnausgleiches für Sie bedeutet.

Erste Schritte zu Kindern und Sorgerecht

Kinder aus dem Stress heraushalten

Für Kinder ist eine Trennung der beiden am meisten geliebten Menschen noch schlimmer als für Sie. Seien Sie gegenüber Ihren Kindern offen. Sie können auch kleinen Kindern sagen, dass Papa und Mama sich streiten, aber beide dennoch die Kinder genauso lieb haben. Die Versuchung wird sehr groß sein, den Kindern »die Meinung« über den Ex-Partner zu sagen. Bedenken Sie, dass Sie die Kinder damit in ungeheure Loyalitätskonflikte führen: Zu wem soll ich halten? Und doch werden die Kinder beide Elternteile lieb haben, wenn auch in verschiedener Qualität. Reagieren Sie auch nicht auf dieser Ebene, wenn Sie von Ihren Kindern hören, was Ihre Frau angeblich über Sie gesagt hat. Glauben Sie, dass Ihre Kinder Sie lieber haben, wenn Sie deren Mutter schlecht machen? Wenn es schlechte Eigenschaften gibt, dann werden die Kinder dies schon selbst feststellen. Dennoch werden sie immer die Kinder dieser Mutter bleiben, ganz gleich was auch immer passiert.

Wie möchten Sie sich für Ihre Kinder engagieren?

Wenn Sie Kinder haben, müssen Sie sich mit Ihrer Frau einigen, wer welchen Anteil an der Kinderbetreuung haben soll. Hier gibt es heute sehr viel mehr Gestaltungsmöglichkeiten als früher: Wollen Sie Ihre Arbeitszeit reduzieren und gemeinsam die

Kinder betreuen? Soll Ihre Frau die Kinder betreuen und Sie sehen die Kinder beispielsweise am Wochenende? Hierüber müssen Sie zunächst für sich selbst Klarheit schaffen. Dabei muss natürlich berücksichtigt werden, was für Ihre Kinder wichtig ist.

Lassen Sie sich nicht von dem Angebot eines gemeinsamen Sorgerechts blenden. Dies ist seit dem 1.7.1998 sowieso der Normalfall. Das gemeinsame Sorgerecht nützt jedoch wenig, wenn Ihre Frau mit den Kindern in eine andere Stadt zieht und Sie praktisch keine Möglichkeit haben, am alltäglichen Leben teilzunehmen. So wird der Kontakt allmählich verflachen, bis Ihre Kinder zu dem neuen Freund Ihrer Ex-Frau »Papa« sagen.

Rechtlich entscheidend für den Lebensalltag Ihrer Kinder ist die Frage, wer das so genannte Aufenthaltsbestimmungsrecht hat, dies ist der entscheidende Teilaspekt beim gemeinsamen Sorgerecht. Dieses Recht kann Ihre Frau im Streitfall beantragen, Sie können es beanspruchen oder aber der Aufenthalt der Kinder wird konkret festgelegt, beispielsweise Bestimmung der bisherigen Stadt und Festlegung der Zeiten, wann sich die Kinder bei welchem Elternteil aufhalten.

Niemals ausziehen und die Kinder alleine lassen

Wenn Sie eine aktive Rolle in der Kindererziehung einnehmen wollen, sollten Sie auf keinen Fall aus der gemeinsamen Wohnung ausziehen. Akzeptieren Sie auch auf keinen Fall, dass Ihre Frau mit den Kindern auszieht! Wenn das Sorgerecht strittig ist und erst einmal Jugendamt, Gericht oder Sachverständige eingeschaltet werden, wird alles zäh und zieht sich hin. In der Zwischenzeit sind jedoch möglicherweise schon Fakten geschaffen worden. Ihre Frau wohnt mit den Kindern woanders oder in der vormals gemeinsamen Wohnung. In diesen Fällen entscheiden die Richter erfahrungsgemäß immer nach dem Motto: »Na, es läuft doch alles mehr oder weniger, dann mal weiter so.« Die Familienrechtler nennen das Kontinuitätsprinzip. Sie als Mann werden dann nahezu keine Chance mehr haben, das Aufenthaltsbestimmungsrecht zu bekommen.

Recht auf Besuch der Kinder

Wenn Sie sich entschlossen haben auszuziehen oder Ihre Frau Sie vor vollendete Tatsachen gestellt hat, haben Sie und noch mehr Ihre Kinder ein Recht auf Umgang und Besuch. Dabei ist es generell gleich, ob Ihre Frau das Sorgerecht hat oder nicht. In der Praxis setzen jedoch leider viele Frauen ihre Kinder als Waffe in der Auseinandersetzung ein und verhindern dieses Recht auf Umgang. Das geht leider einfach, indem sie beispielsweise in eine andere Stadt ziehen, in ein Frauenhaus gehen und einfach behaupten, sie seien misshandelt worden. Dort interessiert es keinen, ob diese Story stimmt oder nicht. Und die Adressen der Frauenhäuser sind geheim. Wenn Ihre Frau zur Täterin im Umgangsboykott wird, müssen Sie schnell handeln: Folgen Sie einfach den Tipps im Kapitel »Wo bleiben die Kinder?«. Wenn Sie die Situation zunächst akzeptieren und auf ein Einsehen Ihrer Frau oder auf die Mühlen der Justiz hoffen, hat Ihre Frau inzwischen vielleicht bereits Fakten geschaffen. Sie kann dann argumentieren, dass die Kinder mittlerweile Angst vor dem Vater hätten oder dieser sowieso keinen Kontakt mehr zu den Kindern habe. In vielen Fällen haben Kinder auf diese Weise ihre Väter nie mehr wiedergesehen. Falls Sie eine solche Situation verhindern wollen und Ihre Frau die Kinder durch einen Umgangsboykott misshandelt, benötigen Sie einen kühlen Kopf und viel Zeit. Sie müssen sich Urlaub nehmen und all Ihre Kräfte einsetzen.

Sie sind nicht alleine. Jährlich werden fast 214 000 Ehen in Deutschland geschieden. In der Mehrzahl der Fälle werden Männer durch die frauenfreundliche Gesetzgebung finanziell geschädigt und oft ruiniert. Holen Sie sich Unterstützung und gehen Sie davon aus, dass es vielen anderen auch so geht wie Ihnen. Im Internet finden sich mittlerweile viele Seiten für Väter und Männer. Und in jeder großen Stadt gibt es entsprechende Väter- und Selbsthilfegruppen (Adressen im Anhang).

Die neun wichtigsten Tipps in der Trennungsauseinandersetzung

1. *Gestalten Sie die Scheidung aktiv, sonst werden Sie ein Opfer der Justiz*

Wenn sich eine Trennung abzeichnet, sollten Sie nicht abwarten, sondern diese vorbereiten. Wenn Sie den überwiegenden oder einen gewichtigen Beitrag zur Betreuung der Kinder nach der Trennung übernehmen wollen und können, sollten Sie schon vorher Ihre Arbeit einschränken. Ihre Frau sollte auch nicht einfach an Ihr Erspartes herankommen können. Reduzieren Sie eventuell auch schon vorher Ihr Einkommen so, wie Sie nachher Unterhalt zahlen wollen und können. Eine Einkommensreduzierung nach der Trennung ist unterhaltsrechtlich grundsätzlich unbeachtlich.

2. *Handeln Sie schnell oder mit Ihnen wird gehandelt*

Die meisten Männer glauben, sie werden in Bezug auf Umgang und Unterhalt – wenn es zum Prozess kommt – schon zu ihrem Recht kommen. Die Justiz vollzieht jedoch meist das, was ihr bereits als Fakten präsentiert wird. Die meisten Frauen haben hier den Männern etwas voraus, indem sie aus- und wegziehen und die Männer dann nur noch reagieren können. Handeln Sie schnell, wehren Sie sich sofort gegen den Umgangsboykott und hoffen Sie nicht nur auf die Justiz, die oftmals erst nach Monaten reagiert!

3. *Suchen Sie sich Verbündete*

Manche Freunde werden sich von Ihnen abwenden, denn Ihre Frau wird versuchen, Bekannte und Verwandte zu beeinflussen. Seien Sie mutig und bringen Sie Ihre Meinung vor. Knüpfen Sie Kontakte zu den vielen Männern in jeder Stadt, die genau die gleichen Sorgen haben. In Deutschland gibt es jedes Jahr weit über 200 000 Scheidungen – und immer ist ein Mann dabei!

4. *Versuchen Sie es mit einem gemeinsamen Anwalt*

In Trennungsauseinandersetzungen ist eine Eskalation gewissermaßen vorprogrammiert. Häufig geht dies von den Frauen aus. Besonders schlimm wird es, wenn das scheinbar letzte Mittel in der verzweifelten Auseinandersetzung hervorgeholt wird: Der Missbrauchsvorwurf. Der langjährig erfahrene Familienrichter und Vorsitzende des Deutschen Familiengerichtstages, Prof. Siegfried Willutzki, hat einmal öffentlich vermutet, dass das Ausmaß der Fälle, in denen der Vorwurf eines sexuellen Missbrauchs erhoben wird, mittlerweile bei etwa 40 Prozent liege. Natürlich ist dies nicht restlos überprüfbar, es ist eine Schätzung, ebenso wie die Meinung eines bekannten Strafrechtlers, der der Überzeugung ist, dass in 90 bis 95 Prozent dieser Fälle die Vorwürfe haltlos sind. Solch ein Vorwurf lässt sich wohl nur dann vermeiden, wenn sich mindestens einer, später dann beide um eine einvernehmliche Lösung bemühen. Leider neigen jedoch viele Anwälte dazu, die Position ihrer Partei zu übertreiben. Schnell kann man dann gar nicht mehr miteinander sprechen. Versuchen Sie es daher zuerst mit einem gemeinsamen Anwalt oder über einen Mediator.

5. *Koalitionen aufbauen*

Wenn Sie Kinder aus dieser Ehe haben, können Sie davon ausgehen, dass niemand das Grundgesetz – alle Menschen sind gleich – auch auf Mütter und Väter anwendet. In der Justiz und in Sozialstellen wird meist nach der Devise gedacht: Die Kinder gehören zu den Müttern. Wenn Sie dies anders sehen, sollten Sie aktiv bleiben. Nehmen Sie Kontakte auf: zum Kindergarten, zur Schule oder zum Kinderarzt. Ganz wichtig ist der frühzeitige Kontakt zum Jugendamt. Geben Sie dort ein freundliches, souveränes Bild ab und stellen Sie heraus, dass es Ihnen vornehmlich, wenn nicht gar allein um das Wohl ihrer Kinder geht. Denn ein dort ausgelebter Streit mit der Frau kann Ihnen nur zum Nachteil gereichen. Vor einer gerichtlichen Entscheidung über Sorge- oder Umgangsrecht muss unbedingt eine Stellungnahme des Jugendamtes eingeholt werden. Der Wert dieser Stellungnahme sowie deren Wirkung vor Gericht können nicht hoch genug eingeschätzt werden. Einem entsprechenden Votum kommt oftmals schon eine nicht rechtliche, aber faktische Bindungswirkung zu. Dort arbeiten Menschen, deren Arbeitsergebnisse naturgemäß auch durch Sympathie beeinflusst werden können. Also sollten Sie auch hier aktiv werden.

6. *Kein Missbrauch der Kinder!*

Es ist nur eine kurzfristige Genugtuung, den Kindern zu erzählen, wie die Mutter wirklich ist. Schon bei Jugendlichen funktioniert das nicht mehr. Erzählen Sie den Kindern offen, was passiert ist, aber hetzen Sie nicht gegen die Mutter Ihrer Kinder. Sie bestätigen nur die Vorhaltungen Ihrer Frau gegenüber Ihren Kindern, wenn Sie auf gleicher Ebene zurückschlagen.

7. *Lassen Sie sich nicht von dem gemeinsamen Sorgerecht blenden*

Das gemeinsame Sorgerecht ist nach der Kindschaftsrechtsreform der Normalzustand. Es sagt jedoch gar nichts darüber aus, wo sich Ihre Kinder aufhalten sollen oder welche Besuchsmöglichkeiten Sie konkret haben.

8. *Nehmen Sie professionelle Hilfe bei der Trennungsberatung in Anspruch*

Kaum einer ist so stark, eine Trennung einfach zu verkraften und ohne Emotionen die ganzen Themen auszuhandeln, die jetzt anstehen: Sorgerecht, Unterhalt, Hausrat, Wohnung und so weiter. Gehen Sie zu einer neutralen und professionellen Person, es gibt speziell ausgebildete Familien-Mediatoren, die Trennungsberatung der Kommunen oder entsprechend ausgebildete Psychologen.

9. *Sagen Sie Ihrer Ex Danke für eine neue Chance, für ein neues Leben*

Das Schöne der Vergangenheit kann Ihnen niemand mehr nehmen. Der Stress der Trennungsauseinandersetzung führt Sie jedoch mit ganz neuen Menschen zusammen. Das Wichtigste: Ihnen wird ein neues Leben geschenkt, eine Chance für neue Kontakte, eine Chance, die Dinge zu tun, die Sie bis dahin verpasst haben. Und: *Nach einer Beziehung ist immer vor einer Beziehung!*

KAPITEL 4

Wo bleiben die Kinder?

Zu den wichtigsten Entscheidungen im Zusammenhang mit Trennung und Scheidung gehört es, welches Engagement Sie für Ihre Kinder leisten können, um ein bisschen von dem auszugleichen, was die Kinder schließlich in der von Ihnen und Ihrer Frau verursachten Trennungssituation mitmachen.

Auch nach der Reform des Kindschaftsrechtes sind Väter bei diesen Fragen den Müttern gegenüber noch nicht gleichgestellt. Bei den nichtehelichen Kindern ist die Benachteiligung sogar fest im Gesetz verankert. Bevor Sie sich bezogen auf die rechtliche Situation sachkundig machen, sollten Sie sich genau überlegen, was Sie möchten und wie Ihre Rolle bei der Kindererziehung aussehen soll. Welchen Kontakt möchten Sie zu Ihren Kindern weiterhin haben? Wenn Sie bisher der Ernährer der Familie waren und Ihre Kinder nur abends und am Wochenende gesehen haben, wie wollen Sie eine Entfremdung verhindern, wenn Ihre Kinder nun woanders wohnen? *Haben* Sie auch die Zeit, sich in der Woche für Ihre Kinder einzusetzen? Sind Sie bereit, sich diese Zeit zu nehmen? Könnten Sie es akzeptieren, wenn Ihre Frau Ihnen mitteilen sollte, dass sie mit den Kindern eventuell zu einem anderen Partner oder in eine andere Stadt zieht? Wollen Sie Ihren Kindern zuliebe das Berufliche reduzieren oder sich sogar ganz um Ihre Kinder kümmern? Beraten Sie sich hierzu mit Ihren Freunden! Wenn Sie sich allerdings nicht auf die Rolle des geknechteten Zahlvaters reduzieren wollen, der pünktlich Gebühren zahlt und devot auftritt, damit er alle zwei Wochen am Wochenende seine Kinder sehen kann, dann heißt es, in eine lange Auseinandersetzung zu gehen, die Kraft kosten wird. Frauen können sich heute ihre Rolle aussuchen: Sie entscheiden selbst, ob sie sich um die Familie kümmern und sich finanziell versorgen lassen oder einen Beruf wählen. Die arbeitende Alleinerziehende ist die Heldin unserer Zeit. Käme hingegen ein Vater auf die Idee, seinen Beruf zu reduzieren, sich um die Kinder zu kümmern und damit die Frau zu bitten, jetzt voll arbeiten zu gehen und immer pünktlich den Scheck abzuliefern – jeder würde sagen, dieser Mann sei unverschämt.

Die rechtliche Seite: Worum geht es beim Sorgerecht grundsätzlich?

Die rechtliche Situation gegenüber den Kindern in der Ehe

Vor einer Scheidung ist es sozusagen der gesetzliche Normalzustand, dass die Eltern gemeinsam die Pflicht und das Recht haben, für die minderjährigen Kinder zu sorgen. 1980 wurde der Begriff der elterlichen Gewalt im Gesetz in elterliche Sorge geändert. Mit der Kindschaftsrechtsreform zum 1. 7. 1998 wurde die Reihenfolge der Wörter ›Pflicht‹ und ›Recht‹ im Gesetz getauscht – bisher stand ›Recht‹ an erster Stelle. Damit sollte deutlich gemacht werden, dass es sich im Alltag eben eher um eine Pflicht als um ein Recht handelt (siehe § 1626 BGB).

Formaljuristisch besteht dieses Sorgerecht aus der Personensorge und aus der Vermögenssorge. Die Personensorge besteht in der Pflicht und in dem Recht, das Kind zu erziehen, zu pflegen und den Aufenthalt zu bestimmen. Die Vermögenssorge betrifft die Pflicht und das Recht zur Verwaltung des Vermögens des Kindes. Hierzu gibt es relativ viele Paragraphen im BGB, die das Vorgehen in den wenigen Fällen regeln, in dem etwa ein Kind durch Erbschaft über ein großes Vermögen verfügt.

Neben der allgemeinen Pflicht zur elterlichen Sorge gibt es im BGB für verheiratete Eltern nur wenige Normen, die das Verhältnis zu den Kindern von der rechtlichen Seite her regeln. So schreibt das Gesetz etwa vor, dass entwürdigende Erziehungsmaßnahmen unzulässig sind. Zum 1. 7. 2000 wurde dies von der rot-grünen Bundesregierung in einer Reform der Reform weiter verschärft. Danach sind körperliche Züchtigungsmaßnahmen explizit verboten. Den Eltern ist weiterhin aufgegeben, dass sie die elterliche Sorge im gegenseitigen Einvernehmen zum Wohle des Kindes ausüben sollen. Das Gesetz liefert ferner den umwerfenden Vorschlag, dass die Eltern bei Meinungsverschiedenheiten versuchen sollen, sich zu einigen. Theoretisch bietet das Gesetz verheirateten Eltern auch die Möglichkeit, vor Gericht zu ziehen und die Zustimmung zu einer bestimmten strittigen Entscheidung einzuklagen.

Die rechtliche Situation nach der Trennung

Nach der Trennung und sogar nach der Scheidung hat sich an der rechtlichen Situation gegenüber den Kindern formal nichts geändert. Auch wenn einer ausgezogen ist, sind beide Elternteile weiterhin Inhaber des Sorgerechts. Dies ist eine Neuerung der Reform zum Kindschaftsrecht. Bis dahin sah das Gesetz vor, dass bei einer Scheidung automatisch über das Sorgerecht zu entscheiden war. Schon 1982, zwei Jahre nachdem die letzte Fassung des Kindschaftsrechts geändert wurde, erklärte das Bundesverfassungsgericht die neu eingeführte Regelung, die bestimmte, dass die elterliche Sorge nach der Scheidung einem Elternteil allein zu übertragen sei, für verfassungswidrig. Ein ausnahmsloses Verbot des gemeinsamen nachehelichen Sorgerechts verstoße gegen das Elternrecht im Grundgesetz.

Seit der Kindschaftsrechtsreform aus dem Jahr 1998 gehört die Entscheidung über das Sorgerecht nicht mehr zum so genannten Scheidungsverbund. Diese entscheidende Neuerung ist jedenfalls mittelbar ein kleiner Fortschritt für die Väter, weil dadurch der Wille des Gesetzgebers zum Ausdruck kommt, die gemeinsame Sorge auch nach Trennung und Scheidung als Normalfall anzusehen.

Theoretisch können sich die Eltern nun scheiden lassen, ohne dass zum Sorgerecht ein Urteil gefällt werden muss. Der Gesetzgeber sieht formal auch dann kein Regelungsbedürfnis, wenn beide Eltern in unterschiedliche Wohnungen ziehen und nichts mehr miteinander zu tun haben wollen. Die praktische Beibehaltung der gemeinsamen Sorge dürfte jedoch nur etwas für Eltern sein, die es tatsächlich schaffen, sich über alle wesentlichen Fragen zu den Kindern gütlich zu einigen.

Beantragung des Sorgerechts durch einen Elternteil

Nach dem neuen Kindschaftsrecht kann – muss aber nicht – das Sorgerecht durch ein Elternteil beantragt werden. Das Gesetz (§ 1671 BGB) benennt hierzu zwei Voraussetzungen: Eine Möglichkeit ist, dass ein Elternteil zustimmt, dass der andere die Alleinsorge übertragen bekommt. Die zweite Möglichkeit sieht das Gesetz dann vor, wenn die Aufhebung der gemeinsamen Sorge und die Übertragung auf ein Elternteil dem Wohl des Kindes am besten entspricht und dies vor Gericht geregelt wird. In dem Antrag der Anwälte an das Gericht muss also deutlich gemacht werden, dass eine alleinige Sorge für das Kindeswohl besser ist. Damit ist gegenüber der früheren Regelung psychologisch die Hürde deutlich höher geworden, das Sorgerecht alleine zu erhalten. Ihre Frau wird deutlich machen müssen, dass Sie aufgrund Ihres Verhaltens nicht geeignet sind, eine kindeswohlorientierte Erziehung zu gewährleisten oder es so starke Differenzen gibt, dass für alle wesentlichen Angelegenheiten, die die Kinder betreffen, einvernehmliche Lösungen praktisch ausgeschlossen sind.

Im Regelfall geht der Gesetzgeber jedoch davon aus, dass es für das Kindeswohl am besten ist, wenn sich trotz Trennung und Scheidung der Eltern die rechtliche Situation der Kinder gegenüber den Eltern möglichst wenig ändert. Im Juristendeutsch bedeutet dies also, dass der Vortrag des Anwalts Ihrer Frau sehr viel mehr Substanz gegen Sie und für Ihre Frau liefern muss, als dies bei der alten Regelung notwendig war. Ihre Frau muss also, wenn sie das Sorgerecht für sich alleine beantragt, nicht nur darlegen, dass die Beziehung zur Mutter intensiver ist, sondern dass es eine regelrechte Schädigung des Kindes bedeuten würde, wenn das Sorgerecht bei beiden Eltern verbleibt. Dies hat die Rechtsprechung auch schon umgesetzt. Während das gemeinsame Sorgerecht vor 1998 eher ein Ausnahmefall war, so wird es heute in Köln beispielsweise in etwa zwei Drittel aller Fälle bei dem gesetzlich vorgesehenen gemeinsamen Sorgerecht belassen.

Die neue gesetzliche Regelung macht es auch schwieriger, per einstweiliger Anordnung das Sorgerecht auf einen Elternteil zu übertragen. Es wird in der Mehrzahl der Fälle wohl schwer nachzuweisen sein, dass auf das Kind unmittelbare Gefahren lauern, wenn es bei einem gemeinsamen Sorgerecht bleibt.

Wenn es zu einem Verfahren zur Regelung der elterlichen Sorge kommt, das heißt, wenn das Sorgerecht vor Gericht verhandelt wird, so werden auf jeden Fall Jugendamt und oft auch psychologische Sachverständige eingeschaltet. Der Richter wird Ihre Kinder grundsätzlich auch persönlich anhören. Nach Paragraph 50b Abs. 1 FGG muss das Familiengericht in einem Verfahren, das die Personensorge oder Vermögenssorge betrifft, das Kind persönlich anhören, wenn die Neigungen, Bindungen oder der Wille des Kindes für die Entscheidung von Bedeutung sind oder wenn es zur Feststellung des Sachverhalts notwendig erscheint, dass sich das Gericht vom Kind einen unmittelbaren Eindruck verschafft. Nur aus schwerwiegenden Gründen darf das Gericht von der Anhörung absehen (Abs. 3 Satz 1). Die Rechtsprechung ist uneinheitlich, jedoch dürfte bis zu einem Alter von sechs Jahren eine Kindesanhörung kaum in Betracht kommen. Je älter das Kind ist, umso mehr muss man davon ausgehen, dass eine Anhörung wichtig ist. Wenn das Kind acht Jahre oder älter ist, dürfte es zwingend sein. Allein das Unterlassen der Anhörung kann aus formalen Gründen zur Aufhebung einer Sorgerechtsentscheidung durch das Oberlandesgericht führen!

Der Richter muss in jedem Falle auch das Jugendamt einschalten. Meistens haben jedoch die Mütter und Väter schon selbst die Initiative ergriffen und den Kontakt zu einem Jugendamtsmitarbeiter hergestellt. In der Mehrzahl der Fälle werden sich die Richter sehr stark an die Berichte anlehnen, welche die Jugendamtsmitarbeiter erstellt haben. Sie selbst können den Inhalt dieser Berichte aber mit beeinflussen, indem Sie intensiven Kontakt zu dem Jugendamt pflegen und Ihre Situation ausführlich besprechen (siehe auch die entsprechenden Hinweise in Kapitel 5 »Umgang mit dem Jugendamt«).

Teilübertragung des Sorgerechts

Diejenigen Väter, die sich vorstellen, dass sie durch die Neuregelung des Kindschaftsrechts in der Praxis nun tatsächlich die gleichen Rechte und Pflichten haben, irren leider. So verbleibt tatsächlich zwar jetzt bei einer Mehrzahl der Scheidungen dem Vater das gemeinsame Sorgerecht, allerdings hat der Gesetzgeber sich neue Regelungen ausgedacht, die auch beim gemeinsamen Sorgerecht faktisch dazu führen, dass Mütter mit dem Entzug der Kinder gegenüber den Vätern drohen und sich durchsetzen können. Es besteht nämlich die Möglichkeit, nicht nur das ganze Sorgerecht für sich zu beantragen, sondern auch verschiedene Teilrechte (siehe § 1671 BGB). Theoretisch könnte dies beispielsweise die Vermögenssorge sein; also einer der beiden Eltern kümmert sich ausschließlich um das Vermögen des Kindes.

In der Praxis ist jedoch ein anderes Teilrecht relevant, nämlich das Aufenthaltsbestimmungsrecht. Dieses Wortungetüm betrifft das Recht zu bestimmen, wo das Kind seinen regelmäßigen Aufenthalt hat. Das bedeutet beispielsweise, dass Ihre Frau mit den Kindern überall hin umziehen kann, sofern sie das Aufenthaltsbestimmungsrecht hat. Im günstigen Fall ist dies eine Wohnung zwei Straßen weiter, im ungünstigen Fall aber legt Ihre Frau ein halbes Jahr später den Aufenthalt bei ihrem neuen Freund 200 Kilometer entfernt fest.

In sehr vielen Fällen beantragen die Mütter dieses Aufenthaltsbestimmungsrecht, häufig auch per einstweiliger Anordnung. Die juristische Hürde, die hier genommen werden muss, fällt weniger hoch aus als beim Sorgerechtsantrag. Bei dem Antrag auf Übertragung des Sorgerechts muss schon deutlich gemacht werden, dass es für die Kinder geradezu schädlich ist, wenn der Vater gemeinsam mit der Mutter das Sorgerecht innehat. Bei der Beantragung des Aufenthaltsbestimmungsrechts genügt es jedoch darzulegen, dass Vater und Mutter sich nicht einig werden, wo die Kinder sich aufhalten sollen und dies daher vom Gericht zu regeln ist. Was nutzt Ihnen jedoch das gemeinsame Sorgerecht, wenn Ihr Kind in einer fremden Stadt lebt? Für ein Zusammenleben innerhalb der Woche können Sie es vergessen, wenn Sie gleichzeitig arbeiten müssen und Ihre Frau Sie auch noch zu Unterhaltszahlungen zwingt. Stellen Sie sich vor, Sie müssen sich jedes Mal in einer fremden Stadt in einem Hotel einmieten, um Ihre Kinder besuchen zu können, weil Sie in dieser Stadt sonst niemanden kennen. Stellen Sie sich vor, Sie möchten Ihre Tochter besuchen, fahren zwei Stunden mit dem Auto und Ihre Ex-Frau teilt Ihnen dann mit, dass die Tochter gerade heute leider krank ist und Sie müssen unverrichteter Dinge wieder abfahren. Solche Dramen spielen sich jedes Wochenende tausendfach ab. Überprüfen können Sie die Angaben Ihrer Frau nämlich letztendlich nicht. Und helfen kann Ihnen dann auch niemand. Das Jugendamt ist ab Freitagmittag geschlossen. Ihr Anwalt kann dann auch nichts ausrichten. Sie sollten sich also keinen Sand in die Augen streuen lassen, wenn Ihnen Ihre juristisch beratene Frau die großzügige Geste anbietet, dass Sie das Sorgerecht gemeinsam ausüben, sie dafür jedoch das Aufenthaltsbestimmungsrecht bekommt. In der Praxis wird Ihnen dies kaum weiterhelfen.

Worin besteht eigentlich der Unterschied zwischen der Übertragung des alleinigen Sorgerechts auf die Mutter einerseits und andererseits dem gemeinsamen Sorgerecht, wenn die Mutter das Aufenthaltsbestimmungsrecht hat? Die Unterschiede sind in der Tat minimal. In beiden Fällen darf Ihre Frau mit den Kindern in eine andere Stadt umziehen. Sie werden es auch in beiden Fällen schwer haben, zu verhindern, dass sich die Kinder mehr und mehr von Ihnen entfremden. Schließlich haben Sie keine Gelegenheit, im alltäglichen Leben gemeinsame Dinge zu unternehmen. Sie werden der Besuchsvater werden. Lediglich bei einigen grundsätzlichen Fragen haben Sie beim gemeinsamen Sorgerecht Mitsprachemöglichkeiten: Welche Schulform soll das Kind besuchen? Ist eine bestimmte schwere Operation notwendig, ja oder nein? Hier spricht das Gesetz von Entscheidungen in Angelegenheiten, deren Regelung für das Kind von erheblicher Bedeutung sind (siehe § 1687 BGB). Wenn das Kind jedoch die ganze Woche über mit der Mutter zusammen ist und dort die täglichen Dinge bespricht, dann haben Sie als der entfernte Besuchsvater faktisch auch bei den Dingen von erheblicher Bedeutung kaum Möglichkeiten, Ihre Meinung zum Wohle des Kindes mit einzubringen. Haben Sie nicht mehr das gemeinsame Sorgerecht, so bedeutet dies in vielen Fällen auch Gesichtsverlust. Sie sind damit in der Schule nicht mehr der Erziehungsberechtigte. Stellen Sie sich vor, Ihre Frau kommt mit ihrem neuen Freund zum Elternabend und hebt die Hand zur Abstimmung. In diesem Fall sind Sie ein Niemand, der lediglich geduldet ist und kein Abstimmungsrecht hat. Im Kern ist der Unterschied zwischen alleinigem Sorgerecht einerseits und dem gemeinsamen Sorgerecht andererseits unter der Bedingung, dass Ihre Frau das Aufenthaltsbestimmungsrecht hat, eigentlich nur ein gefühlsmäßiger.

Wenn Sie Ihr Kind lieben und auch nach der Trennung im Alltag noch eine Rolle spielen wollen, sollten Sie sich nicht das gemeinsame Sorgerecht nehmen lassen. Viel wichtiger ist jedoch, sich bei dem gemeinsamen Sorgerecht nicht auch noch das Aufenthaltsbestimmungsrecht nehmen zu lassen.

Regelungen im Eilverfahren

Das Aufenthaltsbestimmungsrecht für ein Elternteil kann auch per einstweiliger Anordnung beantragt werden. Wenn dies geschieht, ist Gefahr im Verzug! Sie müssen sich darauf einstellen, dass es schnell zum großen Knall kommen kann. So könnte Ihre Frau mit den Kindern ausziehen, zur Anwältin laufen, sich mit den Kindern versteckt halten und einen entsprechenden Antrag stellen, per einstweiliger Anordnung das Aufenthaltsbestimmungsrecht zugesprochen zu bekommen.

Neben der Zuordnung des Aufenthaltsbestimmungsrechts auf einen der Elternteile gibt es viele Gestaltungsmöglichkeiten. So kann in einem Gerichtsbeschluss oder per Antrag festgelegt werden, an welchen Tagen sich die Kinder bei Mutter *und* Vater aufhalten. Das Gesetz bietet hier die Möglichkeit zu einer ganz neuen Kreativität, damit sich Väter in ihre Elternrolle einbringen können. Dies sollte jedenfalls mehr sein, als der klassische Typ des Besuchsvaters, der die Kinder alle zwei Wochen abholt und dann häufig aufwändige und teure Vergnügungen unternimmt. Mehr von solchen möglichen Regelungen im Kapitel »Sie wollen sich zusammen mit Ihrer Frau um die Kinder kümmern«.

Entscheidungsrecht in alltäglichen Angelegenheiten

Wie kann elterliche Sorge gemeinsam funktionieren, wenn sich die Eltern getrennt haben? Wie kann hier eine Regelung geschaffen werden, wenn ein Elternteil im täglichen Leben nicht mehr anwesend ist? Hierzu hat sich der Gesetzgeber im Zusammenhang mit dem gemeinsamen Sorgerecht als Normalfall eine Neuerung ausgedacht. Der Gesetzgeber geht nämlich davon aus, dass der Elternteil, bei dem das Kind jeweils gerade ist, die alleinige Entscheidungskompetenz für »Angelegenheiten des täglichen Lebens« hat. Nur für »Angelegenheiten von erheblicher Bedeutung« müssen sich die Eltern einigen.

Hier stellt sich natürlich die Frage, welche Entscheidungen nun von alltäglicher und welche von erheblicher Bedeutung sind. Aber auch dies hat der Gesetzgeber (siehe § 1687 BGB) selbst festgelegt: Entscheidungen des täglichen Lebens sind nach dem Gesetzestext solche, die häufig vorkommen und die keine schwer abzuändernden Auswirkungen auf die Entwicklung des Kindes haben. Der Gesetzgeber versteht hierunter die »praktischen, im Vordergrund stehenden Fragen der täglichen Betreuung des Kindes, aber auch Fragen, die im schulischen Leben und in der Berufsausbildung des Kindes vorkommen«. Wie dies nun genau abzugrenzen ist, darüber werden die Juristen in der Zukunft sicherlich noch genügend Mitstreitmöglichkeiten haben. Angelegenheiten von erheblicher Bedeutung dürften jedoch Operationen sein oder die Frage, ob das Kind in den Kindergarten gehen soll oder die Frage nach der Schulart. Schon die Frage, welcher Kindergarten oder welche Schule es im Detail ist, stellt einen Grenzfall dahingehend dar, ob dies tatsächlich eine Angelegenheit von erheblicher Bedeutung ist. Jedenfalls können Entscheidungen über Angelegenheiten von erheblicher Bedeutung nicht von dem Elternteil allein getroffen werden, bei dem das Kind sich jetzt gerade oder regelmäßig aufhält.

Gelingt es den Eltern nicht, sich darüber zu einigen, ob nun eine Angelegenheit von erheblicher Bedeutung vorliegt oder nicht, können sie das Familiengericht anrufen. Sie als Vater könnten dann begründen, warum aus Ihrer Sicht eine bestimmte Schule nicht positiv für das Kindeswohl ist oder etwa ein regelmäßiger Nachhilfeunterricht durchgeführt oder nicht abgebrochen werden darf. Das Familiengericht überträgt dann die entsprechende Angelegenheit auf einen Elternteil, wenn es der Auffassung ist, dass es tatsächlich eine Frage von erheblicher Bedeutung ist.

Umgangsrecht

Der Elternteil, der bei gemeinsamer Sorge das Kind nicht gewöhnlich betreut oder derjenige, der die elterliche Sorge nicht mehr ausübt, hat immer noch ein so genanntes Umgangsrecht mit dem Kind. Das Umgangsrecht ist mit der Kindschaftsrechtsreform 1998 in einigen wesentlichen Punkten geändert worden: Neu ist zunächst ein eigenständiges Recht des Kindes auf den Umgang mit beiden Eltern. Hierzu gehört auch die Neuerung, dass die Eltern beide nicht nur ein Umgangsrecht haben, sondern auch zum Umgang mit dem Kind verpflichtet sind.

Nach der neuen gesetzlichen Regelung (siehe § 1684 BGB) kann das Familiengericht das Umgangsrecht nur einschränken oder ausschließen, wenn dies zum Wohl des Kindes erforderlich ist. In einem weiteren Satz wird hier noch nachgelegt: »Eine Entscheidung, die das Umgangsrecht für längere Zeit oder auf Dauer einschränkt oder ausschließt, ist nur zulässig, wenn ansonsten das Wohl des Kindes gefährdet wäre.« Mit dieser Regelung ist vom Gesetzgeber wiederum die Hürde höher gelegt worden, damit Mütter nicht wie in der Vergangenheit ihren Kindern die Väter vorenthalten können, indem sie die Väter einfach schlecht machen.

Die Ausgestaltung des Umgangsrechtes richtet sich einzig danach, was dem Wohl des Kindes förderlich ist. Gelingt den Eltern hierüber keine Einigung, so muss das Familiengericht auf Antrag eines Elternteils die notwendige Regelung treffen. Auch hier wird in der Regel das Jugendamt mit eingeschaltet. Was das Umgangsrecht angeht, glauben viele immer noch an die alten, unsinnigen Regelungen, dass die Kinder alle zwei Wochen am Wochenende beim Vater sind und ansonsten die Hälfte der großen Ferien mit ihm verbringen dürfen. Diese langen Abstände können für das Kindeswohl nicht vorteilhaft sein, denn Kinder und Väter müssen sich immer wieder von neuem aneinander gewöhnen. Besser sind kürzere, dafür aber regelmäßigere Kontakte, was vom Gesetzgeber ja auch unterstützt wird.

Mit dem neuen Kindschaftsrecht ist auch ein besonderes gerichtliches Vermittlungsverfahren neu eingeführt worden, für den Fall, dass es Probleme in der Praxis des Umgangsrechtes gibt. Wenn die Mutter den per Gerichtsbeschluss definierten Umgang verhindert, können beide Eltern auf Antrag zu einem Vermittlungstermin geladen werden. Das Gericht prüft dann, ob gegebenenfalls Zwangsmittel ergriffen werden müssen. Leider ist zu befürchten, dass diese neue Regelung zum Papiertiger wird. Denn wenn die Mütter den Umgang mit immer wieder neuen Ausflüchten, wie einer kurzfristigen Erkrankung der Kinder, vereiteln, hilft dieses Vermittlungsverfahren auch wenig.

Allerdings übt es zumindest einen psychologischen Druck aus, wenn sich die Mutter vor dem Richter verteidigen muss.

Wenn Sie sich mit Ihrer Frau zusammen um die Kinder kümmern wollen

Der Grundgedanke für die neue Regelung des Kindschaftsrechts entstammte den Vorgaben, die das Bundesverfassungsgericht 1982 gemacht hatte, als es die ursprüngliche Regelung zu Gunsten des Sorgerechts für ein Elternteil als verfassungswidrig bezeichnete. Damals legte das Bundesverfassungsgericht außerdem fest, unter welchen Voraussetzungen eine gemeinsame Sorge nach der Scheidung möglich sein sollte: Wenn beide Eltern gewillt sind, die gemeinsame Verantwortung für ihr Kind nach der Ehescheidung weiter zu tragen; wenn beide Eltern voll erziehungsfähig sind und auch keine Gründe vorliegen, die im Interesse des Kindeswohls einem gemeinsamen Sorgerecht entgegenstehen. Trotz dieses klaren Urteils des Bundesverfassungsgerichts war das gemeinsame Sorgerecht vor der Kindschaftsrechtsreform 1998 jedoch eher die Ausnahme. Im Jahr 1995 kam es laut einer bundesstatistischen Sondererhebung lediglich in 19,2 Prozent aller Scheidungsfälle in den alten Bundesländern zu einem gemeinsamen Sorgerecht. Es ist jedoch schon deutlich geworden, dass die gemeinsame Sorge ein politisch gewolltes, juristisches Anliegen ist, das in der Praxis nur schwer umzusetzen ist. Ad absurdum geführt wird die Idee der gemeinsamen Sorge insbesondere dann, wenn die Mutter das Aufenthaltsbestimmungsrecht erhält und damit dem Vater praktisch alle Möglichkeit genommen wird, auch im Alltag diese gemeinsame Verantwortung zu leben.

Doch selbst diese im alltäglichen Leben dann wenig bedeutungsvolle Hülle des gemeinsamen Sorgerechts wird trotzdem von vielen Müttern durch einen neuen juristischen Winkelzug torpediert. So wird einfach behauptet, dass zwischen den Eltern großer Streit und unüberbrückbare Differenzen bestehen, weshalb die Ausübung der gemeinsamen Sorge nicht möglich sei. Daher beantragen sie nach Paragraph 1671 BGB im Sinne des Kindeswohls eine Übertragung des alleinigen Sorgerechts auf sich. Mit diesem Argument haben die streitsüchtigen Mütter ein neues Machtmittel gegen die Kinder und ihre Väter in der Hand. Denn Stress und Ärger gibt es nach einer Trennung allemal. Und wenn die Aussicht auf ein alleiniges Sorgerecht winkt, kann man im Zweifel auch selbst dafür sorgen, dass der Streit noch weiter eskaliert.

Der springende Punkt der neuen Gesetzeslage zum gemeinsamen Sorgerecht ist nun der, ob das gemeinsame Sorgerecht auch trotz Widerstand eines Elternteils ausgesprochen werden kann. Hin und wieder vertritt das Oberlandesgericht leider die Rechtsauffassung, dass es bei erheblichen Auseinandersetzungen zwischen den Eltern für das Kind dann doch vorteilhaft wäre, wenn es zum alleinigen Sorgerecht für ein Elternteil kommt. Damit ist der Manipulation durch die Mütter natürlich Tür und Tor geöffnet. Die Väter, die auf dieses Symbol ihrer Beziehung zu den Kindern bestehen – mehr ist es ja nicht, wenn der Aufenthalt der Kinder zugunsten der Mutter entschieden ist –, müssen alles an Erniedrigungen schlucken und sich mit devotem Verhalten diese Gefälligkeit scheinbar verdienen.

Zum Glück gibt es zu der neuen Rechtslage mittlerweile aber auch zahlreiche anders lautende OLG-Urteile, bei denen das gemeinsame Sorgerecht trotz des Drucks der Mutter aufrechterhalten wird. In einem solchen Fall hat das Oberlandesgericht Hamm (siehe 2 UF 73/98, FamRZ 1999, S. 138 f.) die gemeinsame Sorge gegen den Antrag der Mutter beibehalten. Die Mutter hatte hier eingewendet, dass der Vater sich in alle Angelegenheiten einmischen würde. Das Gericht wies jedoch darauf hin, dass durch die neue Gesetzesregelung die gemeinsame elterliche Sorge ja so geregelt sei, dass in den alltäglichen Dingen der betreuende Elternteil allein entscheidungsbefugt sei. Ein einvernehmliches Handeln sei ja dann damit auf die Angelegenheiten von erheblicher Bedeutung beschränkt. Auch würde das Verhalten des Vaters in der bis dahin etwa zweijährigen Trennungszeit gegen die von der Mutter befürchteten Auseinandersetzungen in Erziehungs- und Betreuungsfragen sprechen.

Die Begründungen solcher Gerichtsurteile haben jedoch meist den negativen Beigeschmack, dass die Väter sich das gemeinsame Sorgerecht dadurch erkaufen müssen, dass sie das Aufenthaltsbestimmungsrecht der Mutter zubilligen. Wenn die Mutter dann mit den Kindern irgendwohin zieht, hat natürlich das gemeinsame Sorgerecht für die praktische Ausgestaltung der Beziehung zu den Kindern wenig Wirkung. Als traurig empfinden wir es auch, dass in den Begründungen jeweils das Wohlverhalten des Vaters betont werden muss.

Plädoyer für einen gemeinsamen Alltag mit den Kindern

Die deutlich am meisten gewählte Regelung zum Umgang sieht so aus, dass der Vater seine Kinder alle zwei Wochen am Wochenende sehen darf. Bei genauem Hinsehen erwartet man jedoch hier von Kindern etwas, was schon bei Erwachsenen meist schief geht: Welche Beziehung leidet nicht darunter, wenn man sich nur alle zwei Wochen sieht. Bei Kindern ist das nicht anders – im Gegenteil. Gerade bei sehr kleinen Kindern wäre eine solche Regelung dramatisch. Sie haben so gut wie kein Zeitgefühl, zwei Wochen sind unendlich. Letztlich müssen die Babys immer wieder mit dem Frust umgehen, dass der andere geliebte Elternteil nicht greifbar ist und sie verlassen hat. Da sind Angstneurosen für das weitere Leben schon vorprogrammiert. Die Freiburger Psychologin Ursula Kodjoe weist darauf hin, dass es bei jüngeren Kindern umso wichtiger ist, regelmäßige Kontakte zum anderen Elternteil zu haben. Bei der 14-Tage-Regelung bedeutet dies für das Kind Abwesenheit, Vertrauensverlust und dies führt wiederum zu Ängsten und Bindungsstörungen. Das Kind macht quasi immer wieder aufs Neue die Erfahrung, dass Vater es verlassen hat. Wie aber soll das Kind für den Aufbau neuer Beziehungen Vertrauen gewinnen? Gerade im Vorschulalter ist die 14-Tage-Regelung nicht tolerabel. Wichtiger sind viele kurze Kontakte, also mindestens zweimal pro Woche.

Leider urteilen viele Richter hier völlig praxisfremd und übersehen die Kinderseele. In einem Prozess zum Umgangsrecht des Vaters (siehe 7 UF 270/98) hatte das Oberlandesgericht Hamm in einem Beschwerdeverfahren entschieden, dass der Umgang mit dem sechsjährigen Sohn gerade einmal im Monat für eine Stunde stattfinden sollte. Und das Ganze sollte auch noch in Anwesenheit eines Mitarbeiters des Jugendamts geschehen. Wie soll ein Kind eine emotionale Nähe aufbauen, sich öffnen, mit dem Vater spielen und diesen dann einen Monat lang wieder vergessen?

Gerade Übernachtungen in einem regelmäßigen Rhythmus sind wichtig für die Vertrauensbildung des Kindes. Die gleichen Mütter, die mit diesem Argument den Vater ihrer Kinder als Fremden ausgrenzen, haben keinerlei Probleme, wenn die Kinder beim Babysitter oder bei den Großeltern übernachten. Beim Vater aber steht es dem Kindeswohl entgegen?

Unser Appell geht in die Richtung, dass Sie eine Aufenthaltsregelung anstreben, bei der Sie im Alltag der Kinder präsent sind. Bringen Sie sich bewusst in alltägliche Fragen ein (wie Einkaufen, Besorgungen tätigen, Elternabend wahrnehmen, Aufräumen). Nähe entsteht dadurch, dass man im Alltag gemeinsame Erlebnisse hat. Es kann nicht sein, dass Ihr Kind »zu Besuch« zu Ihnen kommt. Sie sind der Vater. Punkt.

Für die Kinder stellen gerade Unterschiede bei Auffassungen und Erziehungsstilen eine Qualität dar. Für die Kinder ist es eine wichtige Erfahrung, dass es nicht nur die eine Norm für alles gibt, sondern dass man mit Dingen unterschiedlich umgehen kann. Auch wenn die Eltern zusammenleben, gibt es sehr unterschiedliche Erziehungsstile. Der eine ist streng, der andere ist weniger streng. Der eine legt viel Wert auf Tischmanieren, der andere weniger. Deshalb besteht auch gar keine Notwendigkeit, sich in die Details der Kindererziehung oder die in dem anderen Haushalt geltenden Regeln einzumischen.

Alle jüngeren psychologischen Untersuchungen bringen es klar zu Tage: Nicht die Regelung, wann sich wo ein Kind aufhält, ist ausschließlich entscheidend, sondern die Qualität des Kontaktes zu beiden Elternteilen. In einer Langzeitstudie bei 269 Scheidungskindern in Norddeutschland war der – insgesamt nur geringere – Teil der Kinder, die ihr Leben nach der Scheidung der Eltern ohne Verhaltensauffälligkeiten in den Griff bekommen hatten, der Teil, wo es auch gute Kontakte zu den nichtsorgeberechtigten Eltern gab. In der größeren Anzahl von Fällen, in denen der Kontakt zu – meistens – dem Vater unterbunden wurde oder schlecht war, kam es bei den Scheidungskindern zu Verhaltensauffälligkeiten wie Fremdaggressivität, Hyperaktivität, Kontaktscheue, Bettnässen, Nägelkauen und stark schwankende Schulleistungen. Natürlich werden nicht alle Scheidungskinder, die ohne oder mit nur wenig Zeit mit dem Vater aufwachsen, automatisch verhaltensauffällig. Es gibt sicherlich auch viele Mütter, die (vielleicht auch mit einem neuen Partner) für einen vernünftigen und verantwortungsvollen Ausgleich sorgen. Im Schnitt zeigen jedoch diese Kinder viermal so viele Verhaltensauffälligkeiten wie Kinder aus intakten Familien.

Bei tatsächlicher gemeinsamer Sorge ist allerdings ein Minimum an Absprache und gemeinsamen Regeln notwendig. Dass das Kind bei dem einen Elternteil unbegrenzt fernsehen darf und bei dem anderen gar nicht, kann nicht ohne Folgen bleiben. Je weiter die Elternteile voneinander entfernt wohnen, umso schwieriger ist es, gemeinsame Routinen zu organisieren oder das Kind an den gleichen Sozialkontakten oder Sportaktivitäten teilhaben zu lassen. Daher sollte es unbedingt verhindert werden, dass ein Elternteil mit dem Kind fortzieht, wenn die Kinder wirklich gemeinsam betreut werden sollen.

Wie kann eine Regelung aussehen?

Es muss klar gesagt werden, dass die Kinder zukünftig eben Mitglied in zwei Haushalten sind und zwei Zuhause haben. Dies verstehen auch die Kinder. Natürlich sind die Eltern darauf angewiesen, sich zumindest nah beieinander liegende Wohnungen zu nehmen, damit der Schulweg zu einem Elternteil nicht unüberwindbar lange wird. Tatsächlich erfordert das gemeinsame Sorgerecht ein friedliches Nebeneinander von zwei Haushalten. Von der Unterschiedlichkeit der Elternteile profitieren die Kinder: Dann gibt es eben in dem einen Haushalt mehr oder weniger Fernsehen oder in einem Haushalt muss der Tisch mit gedeckt werden und in dem anderen nicht.

Für die psychische Gesundheit werden jedoch sicherlich keine klaren Verhältnisse geschaffen, wenn das Kind ausschließlich in einem Haushalt lebt, aber gleichzeitig in schwere Loyalitätskonflikte gerissen wird: Telefonate werden nicht weitergegeben, Vater oder Mutter dürfen die Wohnung des anderen nicht betreten, der andere wird schlecht gemacht. Klarheit für die Kinder entsteht erst dann, wenn es zwei Haushalte gibt, die emotional gleichwertig sind und Vater und Mutter die Rolle des anderen akzeptieren.

Juristisch bedeutet ein tatsächlich ausgeübtes gemeinsames Sorgerecht, dass nicht nur einer der Elternteile das volle Aufenthaltsbestimmungsrecht bekommt, den entscheidenden Teilaspekt des Sorgerechts. Darüber muss auch nicht entschieden werden, wenn die Eltern sich über den Aufenthalt der Kinder einigen können. Es gilt vielmehr, in einem entsprechenden Urteil oder Vergleich eine Regelung zu finden, die festlegt, wo und zu welchen Zeiten sich das Kind befinden soll.

Da ein juristischer Streit naturgemäß nicht damit beginnt, dass »eine bestmögliche Lösung« herbeigeführt wird, sondern vielmehr ein bestimmter Antrag gestellt werden muss und darüber hinaus immer die Gefahr besteht, dass der Streit eskaliert, wird es nur sehr schwer gelingen, eine im obigen Sinne beschriebene für beide Elternteile ausgewogene Umgangsregelung zu finden. Bessere Ergebnisse lassen sich mit einer Elternvereinbarung erzielen. Diese ist emotional allerdings besonders schwierig, weil beide Elternteile häufig mit mehr Zeit eben immer mehr auch

Qualität und Wertschätzung mit ihrer Rolle gleichsetzen. Daher halten wir in den meisten Fällen das Bemühen um eine solche Elternvereinbarung ohne einen neutralen Moderator für weniger Erfolg versprechend. Hier gibt es mehrere Institutionen, die man in Anspruch nehmen kann. So gibt es in vielen Städten gewerblich arbeitende Psychologen, die sich auf solche Elternvereinbarungen spezialisiert haben (beispielsweise Dialog e.V. in Düsseldorf und in anderen Städten). Auch haben mittlerweile einige Rechtsanwälte in Deutschland eine Fortbildung zum Familienmediator gemacht. Auskunft über solchermaßen qualifizierte Anwälte kann auch die zuständige Rechtsanwaltskammer geben.

Ein beachtenswerter Modellversuch wurde auch am Regensburger Amtsgericht durchgeführt. Hier standen an Verhandlungstagen des Familiengerichts in einem Zimmer gleich neben dem Sitzungssaal vier Psychologen, die sich insgesamt eine Planstelle teilen, unterstützend zur Verfügung. In strittigen Fällen standen die Berater direkt als Vermittler zur Verfügung, ohne dass umständlich Termine mit einer Beratungsstelle vereinbart werden mussten. In dem sechs Jahre dauernden Modellversuch nahmen 818 Familien in Regensburg an der Beratung teil – in den meisten Fällen offenbar mit Erfolg. Gut 80 Prozent der Eltern waren nach dem Abschluss ihrer Verfahren der Meinung, dass diese Art der Beratung und Vermittlung zur Pflicht werden müsse. Durch die Möglichkeit, fachliche Hilfe bei Trennungskonflikten ohne Zeitverlust und Umwege noch im Gerichtsgebäude anbieten zu können, ist sogar nach Meinung der zuständigen Richterin »fast eine Art Traum Wirklichkeit geworden«.

Außerhalb von Regensburg bleibt diese Beratungsmöglichkeit allerdings tatsächlich ein Traum. Eine erste Anlaufstelle ist jedoch auch immer das Jugendamt. Seit dem 1.7.1998 besteht für Trennungseltern sogar ein Rechtsanspruch auf eine kostenlose Beratung. Alle genannten Beratungsstellen sind zur Diskretion verpflichtet. Auch wenn man der Auffassung ist, dass man sich sowieso nicht einig wird, sollten es einem die Kinder wert sein, zumindest diesen Versuch zu unternehmen. Weigert sich die Mutter gegenüber einer solchen Beratung standhaft, sollten Sie dies schriftlich festhalten. In der weiteren juristischen Auseinandersetzung kann dies sicherlich nicht schädlich für Sie sein.

Worin können nun konkrete Regelungen bestehen, bei denen beide Eltern nicht nur Wochenende und Urlaub, sondern auch den Alltag gemeinsam mit den Kindern erleben? Hier gibt es viele Möglichkeiten:
Die Kinder wechseln beispielsweise alle 14 Tage oder wöchentlich von der Wohnung des einen Elternteils in die des anderen. Die Eltern teilen sich also zur Hälfte die Betreuungsaufgaben. Dieses setzt natürlich voraus, dass die Eltern räumlich nahe beieinander wohnen und dass beide ihre berufliche Tätigkeit entsprechend reduzieren können.
Ein anderes Modell besteht darin, dass die Kinder vorwiegend bei einem Elternteil wohnen, der andere Elternteil jedoch verlängerte Wochenenden hat. Zum Beispiel holt der Vater das Kind alle 14 Tage donnerstags von Schule oder Kindergarten ab und bringt es am darauf folgenden Montag zu Schule oder Kindergarten zurück. So besteht wenigstens eine kleine Teilhabe am Alltag.

Viele weitere Modellvarianten sind denkbar. So könnte auch der ansonsten berufstätige Vater neben den beiden Wochenenden ein- oder zweimal in der Woche den Nachmittag und den Abend mit den Kindern verbringen und die Kinder erst am nächsten Morgen zu Schule oder Kindergarten bringen. Es gibt viele Väter, die schon die doppelte Belastung aus Berufstätigkeit und Unterhaltszahlungen an Frauen und Kinder leisten. Diese halten bei solchen Vorschlägen oft entgegen, dass es mit den beruflichen Pflichten nicht zu vereinbaren sei, auch noch die dritte Aufgabe der Kinderbetreuung im Alltag mit zu übernehmen. Jedoch ist dort, wo ein Wille, meist auch ein Weg. Wenn man(n) will, ist mit dem Arbeitgeber immer eine Regelung denkbar, nicht zuletzt nach dem Teilzeitarbeitsgesetz.

Wenn Sie als Vater Ihre Kinder alleine betreuen wollen

Dies ist immer noch die absolute Minderheit in Deutschland: Väter, die ihre Kinder alleine betreuen. In einer Sondererhebung des Bundesministeriums kurz vor der Änderung des Kindschaftsrechts wurde bei den Sorgerechtsentscheidungen die genaue Zahl ermittelt: In nur 8,3 Prozent aller Fälle hat der Vater die Alleinsorge. Diese Zahl ist über die Jahre relativ konstant geblieben. Auch die Diskussion in den vergangenen Jahren, dass Väter eine stärkere Rolle in der Kindererziehung einnehmen sollen, bewirkte bei den Gerichten offenbar wenig. Vieles spricht dafür, dass Väter nur in den krassen Ausnahmefällen das Sorgerecht oder nach der neuen Rechtsprechung das Aufenthaltsbestimmungsrecht bekommen. Beispielsweise, wenn die Mutter sich nicht mehr für die Kinder interessiert oder hier erhebliche Probleme bestehen. In den normal streitigen Fällen, in denen sich sowohl Mutter wie Vater um ihre Kinder bemühen, wird offensichtlich in der Regel zu Gunsten der Mütter entschieden. Bis zu dem neuen Kindschaftsrecht war das sogar in etwa 70 Prozent der Scheidungen der Fall.

Als Vater sollten Sie natürlich immer selbstkritisch prüfen, was Ihre Kinder möchten und wo sie welche Förderung bekommen werden. Wenn Sie sich nur einreden, dass Sie bis zum Schluss für Ihre Kinder kämpfen, diese jedoch viel lieber bei der Mutter bleiben, dann wird dies wie ein Bumerang später auf Sie zurückkommen.

Wer sich ernsthaft darum bemühen möchte, dass er hauptverantwortlich seine Kinder erzieht, kann leider nur selten darauf hoffen, ein Extremfall zu sein, in dem die Mutter tatsächlich nichts mehr von ihren Kindern wissen will. Diese Väter brauchen langen Atem und müssen sich gut vorbereiten. Die Gerichte entscheiden im Sinne des so genannten Kindeswohls und ziehen zur Beurteilung bestimmte Prinzipien und Grundsätze heran.

Beim so genannten Förderungsprinzip geht es darum, welcher Elternteil für das Kind am besten sorgen kann und wo das Kind in seiner Entwicklung am besten gefördert wird. Ein weiterer wichtiger Punkt betrifft die Frage, wer in der Vergangenheit schon die Hauptbezugsperson war und sich hauptsächlich um die Kinder gekümmert hat. Die Familienrechtler verwenden hier den Begriff des Kontinuitätsprinzips. Im Kern bedeutet dies: Wer sich in der Vergangenheit und insbesondere auch in der Trennungssituation um die Kinder gekümmert hat, der soll das auch in Zukunft tun dürfen. Die Kinder sollen nach Möglichkeit nicht aus ihrer vertrauten Umgebung herausgerissen werden. Daher werden mit der Gestaltung der Trennungssituation die entscheidenden Weichen für die spätere Entscheidung über elterliche Sorge oder Aufenthalt gestellt. Wenn Väter und Mütter jeweils für sich reklamieren, dass sie sich in der Vergangenheit schon ähnlich intensiv um die Kinder gekümmert haben und dies in Zukunft auch tun wollen, so beauftragen die Richter in der Regel das zuständige Jugendamt, einen Hausbesuch zu machen und die konkreten Verhältnisse zu erforschen. In der Regel jedoch übernehmen die Richter mehr oder weniger direkt die Entscheidung des Jugendamts. Auch wenn diese Einschätzungen häufig subjektiv und aus dem Bauch heraus getroffen werden, lässt sich von juristischer Seite kaum etwas dagegen einwenden, da das Jugendamt im direkten Auftrag des Richters handelt.

Häufig kommt es jedoch vor, dass sich auch die Jugendämter um eine klare Meinung drücken, weil sie hinterher Streit mit den Elternteilen befürchten. Insbesondere wenn die Sachlage nicht ganz eindeutig für den einen oder anderen Elternteil spricht, bleibt auch die Einschätzung des Jugendamts oftmals vage. In diesem Fall wird häufig ein Psychologe beauftragt, ein entsprechendes Gutachten zu erstellen. Auch an dieser Stelle gibt es viele Punkte, auf die man einwirken muss, um seine Rechte als Vater geltend zu machen (siehe Kapitel 8 »Das psychologische Gutachten«).

Vernünftigerweise wird in letzter Zeit bei der Beurteilung des Kindeswohls der Begriff der »Bindungstoleranz« herangezogen und zwar als wichtiges Kriterium zur Beurteilung der Erziehungsfähigkeit. Hierunter wird die Fähigkeit verstanden, die Bindung des Kindes an den anderen Elternteil zu respektieren und diese aktiv zu fördern. Denn mit dieser Bindungstoleranz fördert ein Elternteil die psychische Gesundheit seines Kindes. In der wissenschaftlichen Literatur wird daher vorgeschlagen, das für das Kindeswohl teilweise schädliche Kontinuitätsprinzip zu ersetzen durch die Frage, wer über die größere Bindungstoleranz verfügt.

In einigen amerikanischen Bundesstaaten ist das Prinzip der Bindungstoleranz sogar explizit schon in Gesetzestexten enthalten (California Family Code Section 3040). Danach wird in folgender Reihenfolge entschieden, wer sich in erster Linie um die Kinder kümmern soll:

1. Beide mit gemeinsamer Sorge.
2. Der Elternteil, der am ehesten den konfliktfreien und häufigen Umgang garantiert.

Väter, die eigentlich ihre Kinder erziehen können und wollen, erleben häufig, dass ihre Frauen den Kontakt zu den Kindern unterbinden, um nach dem alten Kontinuitätsprinzip Punkte zu bekommen. Praktisch täglich passiert es in Deutschland, dass Mütter ihre Kinder entführen, sich mit diesen an einem unbekannten Ort aufhalten und hier versuchen, eine Kontinuität aufzubauen, um dann Unterhalt einzuklagen. Immer häufiger greifen verzweifelte Väter zu dem letzten Mittel, nämlich ihre

Kinder zurückzuentführen. Sicherlich ist diese Form von Selbstjustiz nicht zu begrüßen.

Es hat sich gezeigt, dass die Sorgerechtsübertragung auf den Vater oft nur gelingt, wenn der Trennungsprozess tatsächlich von langer Hand und wohlüberlegt vorbereitet wird. Auch gilt es, Verbündete zu schaffen. Am Ende werden das Jugendamt oder der psychologische Sachverständige Befragungen im sozialen Umfeld anstellen. Wenn man sich erst dann zum ersten Mal beim Kinderarzt blicken lässt oder beim Elternabend auftaucht, ist es schwierig, den Eindruck zu vermitteln, dass man sich schon immer vorrangig um die Kinder gekümmert hat.

Juristisch gesehen wäre der bloße Antrag bei Gericht auf Umgang mit den Kindern der Anfang vom Ende. Das Umgangsrecht bedeutet implizit schließlich immer die Bestätigung der bestehenden Situation, nämlich dass die Kinder ihren gewöhnlichen Aufenthalt beim anderen Elternteil haben.

Die Kinder sind bei der Mutter und Sie möchten regelmäßigen Kontakt

Als Vater haben Sie ein Recht auf Umgang, unabhängig davon, auf welcher Rechtsgrundlage sich die Kinder vorwiegend bei Ihrer Frau aufhalten. Also egal, ob Ihre Frau das alleinige Sorgerecht hat oder ob bei gemeinsamem Sorgerecht der regelmäßige Aufenthalt der Kinder bei der Mutter festgelegt oder vereinbart ist.

Jedes Kind hat großes Interesse daran, gerade in der schwierigen Zeit nach der Trennung die Bindung zu beiden Elternteilen aufrechtzuerhalten. Auch nach dem Scheitern der Beziehung bleiben die Eltern schließlich Vater und Mutter. Mit der Kindschaftsrechtsreform 1998 wurde auch das Umgangsrecht gestärkt. Das Gesetz sagt: »Zum Wohl des Kindes gehört in der Regel der Umgang mit beiden Elternteilen.« (Siehe § 1626 BGB.) Neu an dem Kindschaftsrecht ist, dass auch die Kinder selbst ein eigenständiges Recht auf Umgang mit beiden Eltern haben (siehe § 1684 Abs. 1 BGB). Dieses Kinderrecht kann formal sogar auf gerichtlichem Wege durchgesetzt werden. Die zwangsweise Herbeiführung erstrebter Kontakte (über Zwangsgeld bis hin zur Ordnungshaft) aber dürfte dem Kind wenig nützen, wenn es dann bei tatsächlichen Kontakten einem unwilligen und abweisenden Elternteil gegenübersitzt.

Auch das internationale Recht in Form der UN-Kinderkonvention stützt den Eltern-Kind-Kontakt. In Bezug auf die Eltern-Kind-Beziehung enthält die Konvention in Artikel 9 Absatz 3 ein Recht des Kindes auf persönlichen Kontakt zu beiden Elternteilen im Falle einer Trennung derselben. Dies gilt auch, wenn diese in verschiedenen Staaten leben (Artikel 10). Diese UN-Kinderrechtskonvention ist von der Bundesregierung am 6. 3. 1992 ratifiziert worden. Damit hat sich die Bundesrepublik verpflichtet, das Übereinkommen in innerstaatliches Recht umzusetzen. Mit der Kindschaftsrechtsreform von 1998 wurden speziell im Sorgerechtsbereich die meisten Bestandteile der Konvention auch umgesetzt. Somit ist es möglich, sich in juristischen Auseinandersetzungen auf die UN-Kinderrechtskonvention zu berufen.

Das Recht regelt natürlich nicht, wie dieser Umgang im Detail gestaltet werden kann. Ferienregelung, Telefonate, Treffen in der Woche oder am Wochenende, für all dies müssen individuelle Regelungen gefunden werden. Häufig erleben die Mütter, bei denen die Kinder leben, den Umgang als Bedrohung und Einmischung. Manche können nicht unterscheiden zwischen der Paarbeziehung und der lebenslang fortbestehenden Beziehung der Kinder zu ihren Vätern. Im Gesetzestext (§ 1684 Abs. 2 BGB) heißt es zwar, dass die Eltern alles zu unterlassen haben, was das Verhältnis des Kindes zum jeweils anderen Elternteil beeinträchtigt oder die Beziehung erschwert, dies hindert jedoch Hunderttausende von Müttern in Deutschland nicht daran, genau das zu tun, nämlich den Kontakt ihrer Kinder zum

Vater zu torpedieren. Nach Schätzungen haben etwa 50 Prozent der jährlich 150000 von neuem entstehenden Scheidungswaisen keinen Kontakt mehr zum Vater. Eine Scheidung ist eben nicht allein eine juristische Angelegenheit, sondern auch eine sehr emotionale.

Wenn Sie sich mit Ihrer Frau nicht darüber einig werden können, wie eine Umgangsregelung konkret ausgestaltet werden kann, so kann dies über einen entsprechenden Antrag Ihres Anwaltes bei Gericht eingeklagt werden. Der juristische Hebel, mit dem etliche Mütter versuchen, sich der Väter zu entledigen, besteht meist in der Argumentation, dass ein Umgang mit dem Vater für das Kind schädlich sei. Zum Glück hat der Gesetzgeber hier allerdings sehr hohe Hürden aufgestellt. In dem entsprechenden Gesetzestext (§ 1684 Abs. 4 BGB) heißt es: »Eine Entscheidung, die das Umgangsrecht oder seinen Vollzug für längere Zeit oder auf Dauer einschränkt oder ausschließt, kann nur ergehen, wenn andernfalls das Wohl des Kindes gefährdet wäre.« Diese bewusste Formulierung von »Gefahr« bedeutet, dass die Mutter schon sehr extreme Argumente vorweisen muss, um den eigentlich vom Gesetzgeber gewünschten Umgang zwischen Vater und Kind als sehr nachteilig und vor allem konkret gefährdend darzustellen. Ein psychologischer Gutachter hat uns bei der Auseinandersetzung über die Umgangsregelung bei einer Kölner Familie einmal gesagt, dass selbst Kontakte mit einem gewalttätigen Vater besser wären als gar keine Kontakte. Denn nur so hätte das Kind die Möglichkeit, sich mit dem Vater auseinander zu setzen.

So weit zur juristischen Seite. Die andere Seite ist die, dass es die Väter in einer geschiedenen Familie viel schwieriger haben als in einer intakten Familie. Wie viel Autorität besitzt ein Vater, den das Kind nur besucht? Setzt er Regeln, was den Alltag betrifft – wann Hausaufgaben, wie viel Fernsehen? Setzt er sich mit diesen Regeln über die der Mutter oder des neuen Partners der Mutter hinweg? Wird er überhaupt damit Akzeptanz bei den Kindern finden? Im Idealfall kann sich der Vater mit der Mutter dazu abstimmen oder muss er ohnehin die Regeln schlucken, die die Mutter für den Hauptteil der Zeit setzt?

Was ist, wenn der Nachwuchs an dem Besuchswochenende eigentlich lieber wie gewohnt mit Freunden spielen will? Was ist, wenn in das knappe Besuchswochenende ein Kindergeburtstag fällt? Soll der Vater darauf pochen, schließlich ist es ja ein Umgangs*recht*, das er besitzt? Soll er zum Ausgleich für die kurze gemeinsame Zeit ein besonderes Verwöhnprogramm fahren? Dies sind alles Themen, die Jahr um Jahr neu ausgehandelt werden wollen. Die normale Elternrolle ist schon schwierig, die des Besuchsvaters noch viel mehr.

Viele Eltern – ob geschieden oder nicht – glauben, dass sich ihre Kinder nach nichts mehr als mehr Kontakt mit ihren Eltern sehnen. Dies ist jedoch unser eigener Wunsch, den wir auf die Kinder projizieren. Kinder möchten ihre eigene Welt gestalten, mit eigenen Freunden und sie möchten die Sicherheit haben, dass sie sich immer auf ihre Eltern verlassen können. Dies wird gerade für Scheidungsväter dann schmerzlich spürbar, wenn die eigenen Kinder eigentlich viel lieber in ihrem gewohnten Umfeld bleiben wollen, als dem vorgegebenen, starren Besuchsplan zu folgen.

Sofern Ihre Kinder in der Nähe wohnen, sollten Sie jede Chance nutzen, um den Alltag mit den Kindern zu erleben und nicht zum Besuchsonkel zu werden. Generell gilt für die Besuchsväter das Prinzip der *quality time*. Die Qualität und die Intensität des Kontaktes sind am Ende wichtiger als die reine Zeit. Dabei sollte die gemeinsame Zeit nicht nur aus teuren Vergnügungen bestehen, denn dies setzt den Maßstab an erwarteter Unterhaltung bei den Kindern beim nächsten Mal nur höher. Vielleicht ist es möglich, dass die Kinder – auch trotz der kurzen Zeit – ein eigenes Zimmer bekommen und damit eine eigene kleine Heimat aufbauen können, auf die sie sich freuen. Auch sollten die Kinder in ihrer Umgebung nicht ständig 24 Stunden mit dem Vater zusammen sein. Als normaler Vater würden Sie am Wochenende auch nicht von morgens bis abends an Ihrem Kind kleben. Wenn Sie nicht am gleichen Ort wie Ihre Ex-Frau wohnen, sollten Sie unbedingt versuchen, die Kinder zu ermuntern, eigene Kontakte zu Kindern am Ort aufzubauen. Nichts wäre schlimmer, als wenn die Kinder nach einer gewissen Zeit das Gefühl bekommen, sie werden aus ihrer Umgebung mit Freunden und anderen Gewohnheiten herausgerissen, weil sie zu ihrem Vater *müssen.*

Das Vorgehen bei Umgangsboykott

Falls Sie mit einem Umgangsboykott konfrontiert werden, empfehlen wir Ihnen folgendermaßen vorzugehen:

1. *Rasch handeln*

Wenn Ihre Frau mit den Kindern plötzlich verschwunden ist oder Ihnen den Umgang verweigert, müssen Sie nun rasch handeln. Hofft man auf die Einsicht der Mutter nach dem Motto: »Irgendwann wird sie sich schon beruhigen«, und stellt dann viel später Anträge bei Gericht, die dann vielleicht noch einige Monate später in die Entscheidungsphase kommen, stehen Sie am Ende vielleicht vor vollendeten Tatsachen. Ihre Frau wird irgendwann behaupten können, dass die Kinder ja nur einen ganz schwachen und schlechten Kontakt zum Vater hätten. Wenn es zu einem Umgangsboykott kommt, müssen Sie Urlaub nehmen und all Ihre Zeit einsetzen. Die ersten Wochen werden Auswirkungen auf den gesamten weiteren Ablauf haben.

2. *Kontakt zu Ihrer Frau aufnehmen*

Wenn Sie wissen, wie Ihre Frau zu erreichen ist, müssen Sie zunächst persönlich, per Brief oder per Fax Kontakt mit ihr aufnehmen und darum bitten, dass Sie Ihre Kinder sehen möchten. Von entscheidender Bedeutung ist es, dass es hier keine Auseinandersetzungen gibt. Bleiben Sie äußerst freundlich, egal was vorher passiert ist, und lassen Sie sich nicht provozieren. Drohen Sie auch nicht mit Anwalt oder Gericht. All dies wird am Ende gegen Sie verwendet werden und Beleg dafür sein, dass Sie aggressiv und kein guter Vater sind.

Suchen Sie das Gespräch mit Ihrer Ex-Frau und nehmen Sie dazu am besten eine neutrale Person mit, die Sie einerseits beschwichtigt, wenn es zu Aggressionen kommt, und andererseits bezeugen kann, was im Einzelnen besprochen wurde. Vielleicht nehmen Sie eine weibliche Person mit, beispielsweise Ihre Mutter oder Schwester, dies hat später hohe Glaubwürdigkeit. Wenn es hier zu Zugeständnissen oder Absprachen kommt, sollten Sie diese in einem freundlichen Brief schriftlich bestätigen. Ist Ihre Frau nicht zugänglich, sollten Sie kurzfristig, etwa zwei Tage später, nochmals vorbeikommen, wiederum mit Zeugen. Wenn Ihre Frau weggezogen ist, müssen Sie das Ganze schriftlich festhalten, denn sonst stimmen Sie diesem Umzug indirekt zu, obwohl er praktisch ja eine Entführung Ihrer Kinder war.

3. *Kontakt zu Ihren Kindern suchen*

Treffen Sie sich mit Ihren Kindern, schaffen Sie Fakten, indem Sie sie etwa von der Schule abholen und wieder zurückbringen. In der späteren Gerichtsentscheidung wird viel davon abhängen, wer in der Trennungszeit welches Engagement gezeigt hat. Sie können natürlich Ihre Kinder nur dann von der Schule abholen, wenn Ihrer Frau *nicht* das Aufenthaltsbestimmungsrecht zugesprochen wurde und Sie auch formal die gleichen Rechte haben.

Wenn kein persönlicher Kontakt möglich ist, sollten Sie Briefe schreiben, Fotos von sich schicken, Bilder malen oder eine Kassette besprechen. Äußern Sie nie auch nur im Ansatz Vorwürfe gegenüber Ihrer Frau, denn das wird später nur gegen Sie verwendet. Dokumentieren Sie all Ihre Aktivitäten für eine mögliche spätere Auseinandersetzung.

4. *Das Jugendamt um Hilfe bitten*

Nehmen Sie noch in den ersten Tagen Kontakt mit dem zuständigen Mitarbeiter des Jugendamts oder des allgemeinen Sozialdienstes auf. Sie können hier nicht abgewiesen werden, weil das Jugendamt eine Beratungspflicht in Trennungs- und Scheidungsfällen hat. Der Kontakt zum Jugendamt ist auch wichtig, weil der zuständige Mitarbeiter bei einem späteren Gerichtsverfahren angehört wird. So können Sie in Ihrem Sinne schon vorbereitend Einfluss nehmen.

Äußern Sie vor dem Jugendamt keine Vorwürfe gegenüber Ihrer Frau. Sprechen Sie in ruhiger, gefasster und freundlicher Form, betonen Sie Ihre allein kindeswohlorientierte Einstellung (»Das Kind wird den Vater vermissen, wir sind sonst täglich zusammen, ich habe da ganz große Sorgen und Ängste.«). Weisen Sie auf die enge Bindung zwischen Ihnen und dem Kind hin und schildern Sie Ihre Befürchtungen, dass das plötzliche Verlassen einen traumatischen Schock für Ihr Kind bedeutet. Verlieren Sie nie ein schlechtes Wort über Ihre Frau. Äußern Sie maximal die Befürchtung, dass sie nun emotional überreagieren könnte und Sie davor Angst haben. Akzeptieren Sie, dass Sie als Mann beim Jugendamt in einer Minderheitsposition sind und Ihre Gesprächspartner im Zweifel viel eher geneigt sind, von dem Grundgedanken auszugehen: »Die Kinder gehören zur Mutter.«

Bitten Sie den Betreuer des Jugendamts um Hilfe, den Kontakt wieder herzustellen. Lassen Sie den Jugendamtsmitarbeiter mit der Mutter telefonieren. Schlagen Sie einen neuen Termin vor, zu dem Sie die Kinder abholen wollen. Behauptet die Mutter, Sie hätten die Kinder misshandelt, besteht auch die Möglichkeit des so genannten betreuten Umgangs. Dies bedeutet, dass ein Treffen mit den Kindern im Jugendamt oder über geeignete andere Stellen stattfinden und das Jugendamt sich eine eigene Meinung bilden kann, ob die Kinder Ihnen gegenüber tatsächlich mit Angst reagieren.

Bringen Sie schon beim ersten Besuchstermin eine glaubwürdige Person mit. Damit verhindern Sie, dass das Jugendamt das Gespräch später in völlig anderer Form wiedergibt. Dies ist nämlich durchaus möglich, wenn Ihre Frau schneller war und dem Jugendamtsvertreter eine eigene falsche Version aufgetischt und ihm erzählt hat, was passiert sein soll. Vermitteln Sie dem Jugendamt jedoch nicht den Eindruck, dass Sie dieses kontrollieren wollen. Am besten wäre eine Vertrauensperson mit hoher Glaubwürdigkeit, beispielsweise einen Pfarrer oder Lehrer. Das Recht auf einen Beistand haben Sie.

Kündigen Sie an, dass Sie das Gesprächsergebnis in einem kurzen Protokoll festhalten und tun Sie dies auch, etwa nach dem Motto »Ich bedanke mich für das Gespräch und möchte meinerseits festhalten ...«

Akzeptieren Sie nicht, wenn es sich Wochen hinzieht, bis es zu einem Termin mit der Mutter kommt. Das Jugendamt soll direkt die Mutter anrufen und einen Umgangstermin aushandeln. Sie sollten dann schon zwei oder drei Tage später wieder bei dem Jugendamt erscheinen. Vermitteln Sie aber nicht den Eindruck, dass Sie Druck machen und aggressiv sind, sondern stellen Sie sich als besorgten und verzweifelten Vater dar, indem Sie Ihre Sorgen und Ängste schildern. Nehmen Sie wieder einen Zeugen mit und versenden Sie entsprechende schriftliche Ersuchen am besten per Fax.

5. *Ummeldung verhindern*

Die größte Gefahr besteht darin, dass Ihre Frau umzieht und die ganze Auseinandersetzung damit an einen anderen Ort und an andere Zuständigkeiten verlegt. Das Jugendamt in der anderen Stadt wird im Zweifel immer auf der Seite der Mutter sein, weil sie am Ort ansässig ist. Juristisch wirksam kann die Ummeldung beim Einwohnermeldeamt nur erfolgen, wenn zuvor beide sorgeberechtigten Elternteile das Kind abgemeldet haben. Es ist gesetzlich nicht zulässig, dass nur ein Elternteil allein das Kind abmeldet. Durch die vielen Scheidungsfälle und Entführungen sind hier die Einwohnermeldeämter auch schon sensibilisiert. Fragen Sie im Zweifel bei Ihrem Einwohnermeldeamt nach, wo Ihr Kind gemeldet ist. Wenn es aber tatsächlich ohne

Ihr Einverständnis schon umgemeldet ist, haben Sie die Möglichkeit, zu verlangen, dass die Abmeldung von Amts wegen wieder rückgängig gemacht wird. Dies sollten Sie dann auch mit großem Nachdruck verfolgen. Schalten Sie im Zweifelsfall einen Anwalt ein.

6. *Kontakte pflegen*

In dieser schwierigen Situation darf man weder aufgeben noch sich einigeln. Sprechen Sie offen mit anderen Bezugspersonen Ihrer Kinder, wie den Großeltern oder Paten, über die Trennung. Schildern Sie ihnen ebenfalls Ihre Ängste dahingehend, dass Ihre Frau emotional überreagiert und dass sie den Kontakt zu den Kindern verhindern könnte. Wenn Sie wissen, dass die betreffenden Personen Kontakt zu Ihrer Frau haben, können Sie entsprechende Botschaften streuen. Auf diese Weise kann Ihre Frau ruhig erfahren, dass es sich hier formal um Kindesentzug handelt, der auch bestraft werden kann. Sprechen Sie mit Dritten, nehmen Sie mit Kindergarten oder Schule, Pfarrer oder Kinderarzt Kontakt auf und bringen Sie Ihre Sichtweise zum Ausdruck. In einem späteren psychologischen Gutachten können auch diese Bezugspersonen befragt werden. Deshalb dürfen diese nicht nur die Auffassung Ihrer Frau hören.

> Suchen Sie auch den Kontakt zu Vätergruppen vor Ort.
> Hier können nützliche lokale Informationen ausgetauscht werden, wie etwa Erfahrungen mit dem Jugendamt.

7. *Anwalt suchen und Schriftsatz verfassen*

Sie haben zwei- oder dreimal versucht, mit Ihrer Frau Kontakt aufzunehmen. Sie baten um den Besuch Ihrer Kinder, neutrale Zeugen begleiteten Sie und bestätigten dies schriftlich. Sie waren ebenfalls zwei- oder dreimal beim Jugendamt gewesen, haben um Beratung und Hilfe gebeten und dies ebenfalls protokolliert.

Wenn all diese freundlichen Gesten nicht geholfen haben und Ihre Frau Ihnen nach wie vor Ihre Kinder vorenthält, müssen Sie nun die Hilfe des Gerichtes in Anspruch nehmen, und zwar möglichst bald. Dazu sollten Sie aber schon zu Beginn der Auseinandersetzung einen Anwalt gefunden haben, dem Sie vertrauen. Wählen Sie einen auf dem Gebiet des Familienrechts erfahrenen Anwalt, welcher dann meist sowohl die Richter als auch die Jugendamtsmitarbeiter kennt. Bei einem Fachanwalt für Familienrecht können Sie von diesen Voraussetzungen ausgehen. Dieser Anwalt sollte nun einen »Antrag auf Erlass einer einstweiligen Anordnung für die angestrebte Umgangsregelung« stellen. Als Argumentationsmaterial haben Sie auch die Kopien und Protokolle der Besuche bei Ihrer Frau und beim Jugendamt. Der Antrag sollte ebenfalls natürlich keine Vorwürfe gegenüber Ihrer Frau enthalten, allenfalls solche, die sich unmittelbar auf das Kindeswohl beziehen. Weisen Sie auch auf die Dringlichkeit und die enge Bindung zu Ihren Kindern hin!

Wenn Sie glauben, dass Sie relativ gute Karten für eine Auseinandersetzung haben, sollten Sie offensiv argumentieren und nicht nur per einstweiliger Anordnung eine Umgangsregelung beantragen, sondern gleich das Aufenthaltsbestimmungsrecht oder die alleinige Übertragung des Sorgerechts. Aber gerade Letzteres will äußerst gut vorbereitet sein. Gelingen kann das nur, wenn Sie Ihre (bessere) Erziehungsfähigkeit darstellen können und insbesondere auch die zeitliche Möglichkeit für eine ideale Betreuung haben. Dies sollten Sie natürlich nur tun, wenn Sie wirklich bereit sind, Ihre Kinder allein zu erziehen, mit allen Konsequenzen.

Wenn Sie nämlich gleich nur eine Umgangsregelung für sich beantragen, sagen Sie damit indirekt, dass der regelmäßige Aufenthalt der Kinder bei Ihrer Frau liegen soll. Wenn Sie in den vorherigen Schritten sorgsam vorgegangen sind, wird es mit hoher Wahrscheinlichkeit gelingen, dass das Gericht zumindest eine vorläufige Umgangsregelung erlässt. Schließlich müssten die Anwälte Ihrer Frau im Gegenzug argumentieren, dass der Kontakt zu Ihnen sogar das Kindeswohl gefährden würde, wenn sie dies tatsächlich unterbinden wollten.

8. *Bei fortdauerndem Entzug: Antrag auf Umkehr des Sorgerechts*

Wenn Ihre Frau auch nach einer vom Gericht per einstweiliger Anordnung festgelegten Umgangsregelung weiterhin mauert, sollten Sie überprüfen, ob Sie mit härteren Bandagen kämpfen. Denn nach dem Gesetz betreibt die Mutter in diesen Fällen eine Gefährdung des Kindeswohls (siehe § 1666 BGB). In jedem Fall stellt sich die Frage, ob eine Mutter, die in so offensichtlicher Form gegen das Kindesinteresse handelt, indem sie nämlich den Kontakt zum Vater unterbindet, überhaupt erziehungsfähig ist. Hier hat die Mutter offensichtlich keine Bindungstoleranz. In der neueren Rechtsprechung stellt diese Bindungstoleranz gegenüber dem alten Kriterium der Kontinuität einen wichtigen Bestandteil bei der Frage dar, bei wem sich das Kind in erster Linie aufhalten soll.

Liste der sieben größten Killerphrasen von Juristen, um den Vätern ihre Kinder zu entziehen

1. *»Es geht Ihnen ja nur um die Rechtsposition.«*

Dies ist ein sehr platter Einwurf, mit dem der Vater herabgewürdigt werden soll. Der Vorwurf kommt meist von den Anwälten der Mütter bei der richterlichen Anhörung. Schließlich geht es der Mutter genauso um ihre Rechtsposition.

Gegenargument: *Natürlich geht es um die Rechtsposition. Aber nicht nur um Ihre, sondern auch um die des Kindes. Das Kind hat ein eigenständiges Recht auf einen intensiven Kontakt zu beiden Eltern. Sie befürchten schlimme Konsequenzen für die psychische Gesundheit Ihres Kindes, wenn der bisher so intensive Kontakt zum Vater eingeschränkt wird.*

2. *»Das Kind braucht erst einmal Ruhe, der Kontakt zum Vater kann später wieder beginnen.«*

Das ist das widerlichste Argument von allen und wird von Jugendämtern häufig gebraucht. Oft wird noch gesagt: Wenn das Kind größer ist, kann irgendwann später der Umgang aufgenommen oder erweitert werden, bis das Kind besser die Trennung von der Mutter bei Besuchen verkraften kann. Das ist großer Unsinn.

Gegenargument: *Kind und Vater hatten bisher schon eine emotional sehr tiefe Beziehung. In dem für das Kind schwierigen Trennungsprozess ist ein intensiver Kontakt zum Vater umso wichtiger. Sonst wird dem Kind vermittelt, dass es verlassen wurde und keinen Rückhalt mehr hat. Dies führt langfristig zu Angstneurosen. Daher muss es sofort zu Umgang und Kontakt kommen. Bei längerem Unterbleiben des Kontakts ist zudem die Gefahr des PAS-Syndroms gegeben.*

3. *»Das Kind hat selbst gesagt, es will den Vater nicht mehr sehen.«*

Hier wird das Kind, wie so häufig, vorgeschoben für den eigenen Wunsch der Mutter, den Vater ihrer Kinder am liebsten für immer loszuwerden.

Gegenargument: *Sie können das gar nicht verstehen, bisher war das herzliche Verhältnis zwischen Ihnen beiden für das Kind sehr wichtig. Sie schlagen einen Termin beim Jugendamt vor, in dem kurzfristig der Kontakt zwischen Vater und Kind beob-*

achtet werden könnte. Und gerade unter Beachtung der Ausführungen zum PAS-Syndrom dürfte deutlich sein, dass solche Aussagen des Kindes, wenn sie denn überhaupt erfolgten, nicht dem wirklichen Willen des Kindes entsprechen, sondern auf subtile bis offen ausgesprochene Beeinflussungen der Mutter zurückgehen.

4. *»Die Eltern streiten sich und das hat negative Auswirkungen auf das Kind.«*

Dies ist die größte Manipulation, mit der versucht wird, die Kontakte zwischen Vater und Kind zu unterbinden und am Ende den Vater in seiner Rolle zu behindern. Natürlich legt die Frau das Streitpotenzial direkt selbst fest.

Gegenargument: *Es sollte sauber zwischen Partner- und Elternebene getrennt werden. Dass sich die getrennten Ehepartner streiten, liegt in der Natur der Trennung. Unabhängig davon ist die Beziehung der Eltern zum Kind. Sie empfehlen eine Trennungsberatung, damit sich die Eltern noch besser ihrer Verantwortung bewusst werden und Streit gegenüber den Kindern möglichst verhindern. Damit zeigen Sie sich einsichtig. Im Übrigen lassen sich ohne weiteres die Besuchskontakte in der Weise ausgestalten, dass es eben nicht zum Streit kommen kann.*

5. *»Es ist für das Kind zunächst am besten, den Vater nur alle 14 Tage zu sehen, damit es sich daran gewöhnt.«*

Ein weiteres gemeines Argument, mit der die Mutter das Kindeswohl für ihre eigenen Machtgefühle vorschiebt.

Gegenargument: *Jede normale Paarbeziehung ist zum Scheitern verurteilt, wenn man sich nur alle 14 Tage sehen würde. Das gilt noch mehr für Kinder, die ein anderes Zeitgefühl haben. Damit sie sich nicht vom Vater verlassen fühlen, sind kurze Ab-*

stände des Kontaktes ungemein wichtig. Das wird in der gerichtlichen Praxis gerade für jüngere Kinder auch zunehmend anerkannt.

6. *»Übernachtungen beim Vater überfordern das Kind, deswegen sollte dies erst einmal unterbleiben.«*

Das Kind wird wieder für die Ängste der Mutter benutzt, weil diese Angst davor hat, das Kind könne einen zu intensiven Kontakt zum Vater aufbauen.

Gegenargument: *Übernachtungen fördern das Gefühl des Kindes, dass es sich nicht um einen Fremden handelt, bei dem es stundenweise zu Besuch ist, sondern um den Vater. Übernachtungen bei den Großeltern oder bei Freunden sind ja schließlich auch kein Problem.*

7. *»Die Kontakte sollten zunächst unter der Aufsicht der Mutter in deren Wohnung mit dem Vater stattfinden.«*

Damit sind die Väter auf Gedeih und Verderb dem Wohlgefallen der Mütter ausgeliefert und müssen sich immer devot verhalten.

Gegenargument: *Dies wäre für das Kind zu stressig und nicht natürlich, wenn beide Eltern um den Kontakt buhlen. Einen liebevollen Kontakt kann das Kind nur zum Vater aufrechterhalten, wenn es sich nicht beobachtet fühlt und damit rechnen muss, sich später bei einem zu lieben Verhalten Kommentare gegen den Vater anhören zu müssen. Außerdem ist nur bei Kontakten ohne die Nähe der Mutter gewährleistet, dass Konflikte im Beisein des Kindes gar nicht erst entstehen. Zudem darf die »Antenne« auch junger Kinder nicht unterschätzt werden, wonach selbst die nicht deutlich hervortretenden Spannungen wahrgenommen und als belastend empfunden werden. Wenn die Frau dem Mann unüberwachte Besuche schon nicht zugesteht, wird ihre Bereitschaft zum harmonischen bis neutralen Miteinander nicht gerade ausgeprägt sein.*

Entführung der Kinder ins Ausland

Dies ist eine besonders brutale Form des Kindesmissbrauchs und in Zeiten von multikulturellen Ehen leider immer häufiger. Bei Fragen der Kindesrückführung spielt das Haager Übereinkommen eine große Rolle. Kinder unter 16 Jahren müssen danach auf Antrag möglichst schnell an den Ort zurückgebracht werden, an dem sie sich »gewöhnlich aufhalten«. Wer seine Kinder rückführen lassen will, muss heute die Bundesanwaltschaft in Karlsruhe einschalten, die hierfür zentral zuständig ist. Diese hat in der Tat von Jahr zu Jahr mehr zu tun. 1996 verzeichnete sie noch 86 Fälle, im Jahr 2000 schon 250.

Trennung und Scheidung mit nichtehelichen gemeinsamen Kindern

Die Anzahl der nichtehelichen Kinder nimmt ständig zu. In den alten Bundesländern liegt die Quote noch bei einem Viertel, in den neuen Bundesländern ist jedoch mittlerweile mehr als die Hälfte der Kinder nichtehelich. Hier tickt für die Väter eine Art Zeitbombe. Auch nach dem neuen Kindschaftsrecht findet nämlich weiterhin eine sehr deutliche Bevorzugung der Mutter statt.

Die Ziele der Kindschaftsrechtsreform bestanden eigentlich gerade in dem Abbau der Unterschiede zwischen ehelichen und nichtehelichen Kindern. Der Reform des Kindschaftsrechts sind einige Urteile des Bundesverfassungsgerichts vorausgegangen, in denen einzelne Bestandteile der bisherigen Gesetzeslage als nicht verfassungskonform bewertet wurden. So wurde in einem Urteil von 1991 auch die Möglichkeit des gemeinsamen Sorgerechts für nicht miteinander verheiratete Eltern eingeräumt. Das Gericht befand, dass auch dies im Sinne des Kindeswohls möglich sein müsse, wenn Vater, Mutter und Kind zusammenwohnen und beide Elternteile gemeinsam die Verantwortung übernehmen wollen.

Dennoch gilt auch nach neuem Recht: Gegen den Willen der Mutter gibt es weder ein gemeinsames Sorgerecht noch ein Alleinsorgerecht des Vaters. Das schale Argument, die Mutter weiterhin zu bevorzugen, war, dass eine erzwungene Gemeinschaft von Mutter und Vater für Eltern, die gar nicht zusammenleben wollen, für das Kind eher schädlich sei. Für Kinder aus One-Night-Stands mag dies zutreffen. Aber es gibt schließlich einen immer höheren Anteil von Beziehungen ohne Trauschein, die sich ansonsten nicht von normalen Ehen unterscheiden. Als verfassungsrechtlich bedenklich wird dies speziell bei Vätern betrachtet, die lange mit der Mutter zusammengelebt haben und in der Praxis einen gleichgewichtigen Anteil für ihre Kinder haben. Wenn die Mutter nicht mehr will, kann sie auf Basis der neuen Rechtslage den Vater entsorgen, so wie es ihr gefällt. Da sitzen viele Väter auf einem Pulverfass.

Gleichwohl bietet die gesetzliche Lage unverheirateten Eltern mehr als bisher: Nämlich die Möglichkeit der gemeinsamen Sorge, wobei eben vorausgesetzt wird, dass die Mutter zustimmt. Dies geschieht dadurch, dass Mutter und Vater gemeinsam in öffentlich beurkundeter Form eine Sorgeerklärung abgeben. Dies kann kostenfrei beim Jugendamt oder auch bei einem Notar geschehen.

Wenn diese Form nicht eingehalten wird, sind die Erklärungen unwirksam. Die Jugendämter haben vorgefertigte Formulare bzw. sind bei der Erstellung einer solchen Erklärung behilflich. Eine einmal abgegebene Sorgeerklärung kann übrigens nicht widerrufen werden.

Nach Abgabe beiderseitiger, formgerechter Erklärungen ist der Vater in Bezug auf das Kind einem verheirateten Vater gegenüber rechtlich gleichgestellt. Mutter und Vater haben dann – zumindest gesetzlich – auch die gleichen Rechte und Pflichten. Es kann sogar die Situation eintreten, dass nach Abgabe der

Sorgeerklärung der nicht mit der Mutter verheiratete Vater nach einer Trennung das Alleinsorgerecht für das Kind zugesprochen bekommt.

Die Sorgeerklärung setzt allerdings voraus, dass der Vater auch gesetzlich als solcher gilt. Bei nicht miteinander verheirateten Eltern bedarf es hierzu einer – auch öffentlich zu beurkundenden – Anerkennung der Vaterschaft oder aber einer vorangegangenen gerichtlichen Feststellung (siehe § 1592 BGB). Ebenso wie bei der Sorgeerklärung wird die Vaterschaftsanerkennung aber auch nur dann wirksam, wenn die Mutter dieser zustimmt.

Die Anerkennung der Vaterschaft und die gemeinsame Sorgeerklärung können auch schon vor der Geburt des erwarteten Kindes abgegeben werden. Dies ist sicherlich zu empfehlen, damit es nachher keinen Ärger gibt. Denn immer wieder muss betont werden: Alles hängt von der Zustimmung der Mutter ab! Wenn die Mutter nicht will, erhält der biologische und mit der Mutter nicht verheiratete Vater unter keinen Umständen das Sorgerecht, auch nicht auf gerichtlichem Wege. Die Mutter ist per Gesetz automatisch allein sorgeberechtigt.

Ohne die Zustimmung der Mutter steht der Vater als der Gekniffene da. Ob dies mit unserer Verfassung oder der Kinderschutzkonvention der UN in Einklang steht, ist eine andere Frage. Schließlich besagt Artikel 9 dieser Konvention, dass bei getrennt lebenden Eltern die Kinder das Recht haben sollen, regelmäßige persönliche Beziehungen und unmittelbare Kontakte zu beiden Elternteilen zu pflegen. Auch unser Grundgesetz sagt, dass Pflege und Erziehung der Kinder das natürliche Grundrecht beider Eltern und auch deren Pflicht sind.

Die deutsche Gesetzgebung hat sich hierzu im Oktober 2001 einen Rüffel vom Europäischen Gerichtshof für Menschenrechte eingeholt. Der stärkte jetzt die Rechte der unehelichen Väter. In zwei Fällen stellte er fest, dass es sich deutsche Gerichte zu einfach gemacht hatten, als sie den Vätern den Umgang mit ihren Kindern verweigerten. Konkret ging es um den Klassiker, dass die Mutter dem unehelichen Vater den Kontakt zum Kind verweigert. Der Europäische Gerichtshof für Menschenrechte hatte nun deutlich gemacht, dass es hier nicht nur um eine Besuchsregelung gehe, sondern das Verhältnis von Vater und Kind überhaupt auf dem Spiel stehe. Erforderlich sei deshalb, dass das Kind vom Gericht angehört werde und seine Aussage nicht nur über andere Personen ins Verfahren eingebracht werde. Auch müsse das Kind vollständig über seine Beziehung zu dem antragstellenden Vater aufgeklärt werden. Der deutsche Staat musste den beiden Vätern jeweils rund 50 000 Mark Schadensersatz zahlen.

Welchen Namen tragen die Kinder nach der Scheidung?

Wenn die Ehescheidung rechtskräftig wird, entsteht auch die Frage, wessen Namen das Kind nun tragen soll. Diese Frage wird dann regelmäßig relevant, wenn Sie als gemeinsamen Ehenamen Ihren Namen genommen hatten und die Mutter wieder ihren Geburtsnamen annimmt. In dieser Frage ist das Gesetz relativ klar (siehe § 1616 BGB): Das Kind erhält den Ehenamen der Eltern als Geburtsnamen. Auch wenn Sie sich kaum mehr erinnern, so wurden Sie bei der Heirat gefragt, ob Sie einen gemeinsamen Ehenamen wählen wollen. Häufig ist der Fall, dass Herr Schmidt Frau Müller geheiratet hat und Frau Müller führt dann vielleicht den Doppelnamen Müller-Schmidt. Als Ehename wird dann häufig der Name des Mannes geführt, in diesem Fall Schmidt. Dies heißt, dass auch alle Kinder aus der Ehe Schmidt heißen werden, auch wenn sich Frau Müller-Schmidt nach der Scheidung nur noch Frau Müller nennt. Ist also Ihr Name der Familienname und ist das Kind nach Ihrem Namen benannt, wird sich daran auch nach einer Scheidung nichts ändern. Dies trifft selbst dann zu, wenn Ihre Ex-Frau das alleinige Sorgerecht erhält.

Schwieriger wird es, wenn Sie zur Eheschließung keinen gemeinsamen Ehenamen gewählt haben. Hierfür gibt es einen umfangreichen Paragraphen: § 1617 BGB. In diesem Fall fordert der Standesbeamte die Eltern nach der Geburt auf, sich entsprechend festzulegen. Im Zweifel kann das Gericht einfach einen Elternteil bestimmen, der festlegen soll, wie der Familienname zu lauten hat.

Fall Sie nicht geheiratet haben, erhält das Kind automatisch den Namen der Mutter. Wenn Sie jedoch gemeinsam eine Sorgeerklärung abgeben, kann der Name noch maximal drei Monate später wieder geändert werden.

Obwohl das Kind eigentlich auch nach der Scheidung den Familiennamen behalten soll, ärgern sich viele Mütter, die ihren Mädchennamen nach der Scheidung wieder angenommen haben, wenn sie einen anderen Nachnamen haben als das Kind. Sie versuchen daher, über das Gericht zu einer Namensänderung für das Kind zu kommen. Hierzu liegen nun auch unter Berücksichtigung des neuen Kindschaftsrechts erste Urteile von Oberlandesgerichten vor. Diese gingen allerdings mit unterschiedlichen Vorzeichen aus. In einem Fall hob das Oberlandesgericht Köln die Namensumbenennung eines Amtsgerichts wieder auf (OLG Köln Beschluss vom 13. 1. 99 14 UF 220/98).

Anders hat dagegen das Oberlandesgericht Koblenz (Az. 13 UF 414/99) in einem weiteren Fall entschieden. Hier wurde argumentiert, wenn das Kind bei der Mutter lebe, aber in der Schule und bei Freunden nicht unter dem ursprünglichen Familiennamen bekannt sei, dann bestünde eben doch die Möglichkeit, dass das Kind den Namen der Mutter annimmt.

Häufig strebt die Mutter die Namensänderung des Kindes im Falle einer Neuverheiratung an, wenn sie dann den Nachnahmen des neuen Mannes führt. Eine so genannte Einbenennung des Kindes geht ohne weiteres, wenn der geschiedene Vater zustimmt. Ist das Kind über fünf Jahre alt, muss es ebenfalls selbst zustimmen. Falls der Vater nicht zustimmt, dass der Name seines Kindes geändert wird, kann das Familiengericht seine Zustimmung für den Fall ersetzen, wenn die angestrebte Namensänderung zum Wohl des Kindes erforderlich ist (siehe § 1618 BGB). Ersetzungen der Zustimmung sollen allerdings nur in Ausnahmefällen erfolgen. Die Anforderungen an die Erforderlichkeit der Namensangleichung sind wesentlich höher als bei der Einbenennung von nichtehelichen Kindern nach früherem Recht; seinerzeit hatte es ausgereicht, wenn die Einbenennung dem Kindeswohl »dienlich« war, heute muss sie »erforderlich« sein.

Laut Bundesgerichtshof muss die Einbenennung dem Kind solche erheblichen Vorteile bringen, dass die Aufrechterhaltung des Namensbandes zu dem nicht sorgeberechtigten Elternteil nicht zumutbar erscheint; in der Regel dürften das kaum zu erfüllende Anforderungen sein.

KAPITEL 5

Der Umgang mit dem Jugendamt

Die Begegnung mit dem Jugendamt

Bei Auseinandersetzungen zu Fragen des Sorgerechts, Aufenthalts oder Umgangs ist das Gericht nach § 49a des Gesetzes über die Angelegenheiten der Freiwilligen Gerichtsbarkeit verpflichtet, das zuständige Jugendamt mit einzubeziehen, zumindest bevor eine endgültige Entscheidung gefällt wird. Die Sachbearbeiter können ausführlichere Gespräche mit den beiden Parteien oder den Kindern führen und machen sich in der Regel vor Ort direkt ein Bild von den Lebensverhältnissen.

Ein zügiger und sofortiger, am besten von Ihnen selbst herbeigeführter Kontakt mit dem für Sie zuständigen Jugendamt ist absolut entscheidend in der Auseinandersetzung um das Sorgerecht oder in Bezug auf Umgangsfragen. Es hängt viel davon ab, welchen Eindruck Sie auf die zuständige Person machen, denn wesentlich für spätere Gerichtsentscheidungen sind die von den Jugendämtern angeforderten schriftlichen Stellungnahmen. Je nach Entscheidungsfreudigkeit des Richters können diese Berichte häufig sehr wichtig sein. Wenn Sie hier frühzeitig einen guten und glaubwürdigen Eindruck hinterlassen, haben Sie auch gute Chancen, mit Ihrer Position durchzudringen.

Versuchen Sie, wenn irgend möglich, mit Ihren Kindern dort zu erscheinen, insbesondere dann, wenn Sie darauf abzielen, dass deren regelmäßiger Aufenthalt bei Ihnen sein soll. Es soll selbstverständlich aussehen, dass Sie und Ihre Kinder zusammen sind.

Die Jugendamtsmitarbeiter sind für die Kinder da und fühlen sich auch nur dafür zuständig. Berichten Sie nicht von Konflikten mit der Mutter, die keine Auswirkungen auf die Kinder haben. Die Jugendämter sind es zwar gewohnt, dass der Partner regelmäßig schlecht gemacht wird, einen Nutzen aber kann ein solches, fast immer destruktives Verhalten aber nicht bringen. Das Jugendamt ist letztlich verpflichtet, die Perspektive des Kindes einzunehmen. Dies wurde durch das neue Kindschaftsrecht vom 1. 7. 1998 noch verstärkt. Danach gibt es mit § 1697a BGB eine neue Generalklausel für alle Entscheidungen im Rahmen der elterlichen Sorge und des Umgangs. Das Gericht trifft »diejenige Entscheidung, die unter Berücksichtigung der tatsächlichen Gegebenheiten und Möglichkeiten sowie der berechtigten Interessen der Beteiligten dem Wohle des Kindes am besten entspricht«.

Auch wenn Sie gegenüber dem Jugendamt zunächst noch kein konkretes Anliegen haben, sollten Sie dennoch den Kontakt mit dem entsprechenden Mitarbeiter suchen und diesen in Ihre Situation mit einbeziehen. Hier können Sie Fragen stellen, beispielsweise zu Beratungsangeboten, Ratschlägen in der Trennungsphase oder Tipps zu Anwälten.

Wie findet man den zuständigen Jugendamtsmitarbeiter heraus? Im Telefon stehen die Nummern des für Ihre Stadt oder Ihren Stadtteil zuständigen Jugendamts oder allgemeinen sozialen Dienstes. Die einzelnen Stadtteile und Gemeinden sind auf die verschiedenen Mitarbeiter aufgeteilt. Ausschlaggebend ist der Wohnort des Kindes. Wenn Sie hier die Straße nennen, erfahren Sie den Namen des zuständigen Mitarbeiters.

Sind Väter beim Jugendamt rechtlose Objekte?

Die Erfahrungen, die Väter mit Jugendämtern machen, sind sehr unterschiedlich. Fest stehen dürfte aber, dass Jugendämter in der Regel nicht gerade väterfreundlich sind. Letztlich sind die Stellungnahmen der Jugendämter an die Gerichte nicht formal überprüfbar. Entkräftet werden können tendenzielle und damit objektiv falsche Berichte auch mit selbst eingeholten psychologischen »Gegengutachten«. Diese sind zwar in ihrem Beweiswert geringer einzuschätzende so genannte Parteigutachten, sie tragen aber zur Meinungsbildung in Ihrem Sinne bei und können vielleicht sogar das Zünglein an der Waage darstellen. Wenn Sie die mitunter erheblichen Kosten nicht tragen können oder wollen, muss sich Ihr Anwalt bemühen, den Jugendamtsbericht zu zerpflücken und intensiv darauf drängen, dass ein psychologisches Sachverständigengutachten eingeholt wird. Das kann dann für Sie nur besser ausfallen. Es werden grundsätzlich nur erfahrene Sachverständige beauftragt, die zwar nicht leicht zu beeinflussen sind, aber viel eher dafür stehen, dass eine gerechte Beurteilung erfolgt.

Wenn Sie nach dem ersten Gespräch den Eindruck haben, dass der Jugendamtsvertreter auf den tradierten Geschlechterrollen sitzt und Sie zum Zahlvater degradieren will, empfehlen wir Ihnen, zu einem kurzfristig anberaumten zweiten Gespräch auf jeden Fall einen Vertrauten mitzunehmen, am besten Ihren Anwalt. Protokollieren Sie die Ergebnisse und Empfehlungen aus den Gesprächen und schicken dies an das Jugendamt.

Welche Rolle spielt das Jugendamt in der Scheidungsauseinandersetzung?

Im Rahmen des jetzt geltenden Kindschaftsrechtes ist auch die Rolle des Jugendamts in der Beratung gestärkt worden. Während früher lediglich ein Beratungsangebot des Jugendamts bestand, gibt es heute einen Anspruch von Müttern und Vätern auf diese Beratung (siehe § 17 SGB VIII). Das Beratungsangebot im Falle einer Trennung oder Scheidung soll auch eine angemessene Beteiligung der betroffenen Kinder oder Jugendlichen enthalten. Um sicherzustellen, dass das Beratungsangebot auch den Eltern bekannt wird, wurde sogar geregelt, dass das Familiengericht die Jugendämter unterrichten muss, wenn ein Scheidungsverfahren, bei dem minderjährige Kinder betroffen sind, bevorsteht. Die Jugendämter sollen daraufhin die Eltern anschreiben und über das Beratungsangebot informieren. Insofern haben Sie auch einen Rechtsanspruch auf Beratung und Kontakt mit dem Jugendamt. Die eigentliche Bedeutung des Jugendamtes ergibt sich jedoch jetzt daraus, dass die Familienrichter regelmäßig Stellungnahmen der Jugendamtsmitarbeiter im Zusammenhang mit der Scheidung über die elterliche Sorge und das Aufenthalts- oder Umgangsrecht einholen müssen.

Der Haken ist der, dass sich die Arbeit der Jugendämter kaum unabhängig kontrollieren lässt. Bei den Stellungnahmen an die Gerichte bilden die Jugendämter keine unabhängige Rechtsinstanz, über die man an bestimmter Stelle Beschwerde einlegen kann oder zu der es eine Berufungsinstanz gibt. Die Jugendämter geben lediglich Stellungnahmen ab, an die sich die Richter formal nicht halten brauchen, wenngleich sie dies in der Regel aber tatsächlich tun. Ein Einschreiten gegen parteiergreifende Stellungnahmen der Jugendämter ist nur dann möglich, wenn diese so krass ausfallen, dass sie strafrechtlich relevant sind. In diesen Fällen sind aber möglicherweise die Hauptfragen zu Sorgerecht und Umgang schon längst entschieden.

Daher bleibt Ihnen nichts anderes übrig, als schnell einen guten und regelmäßigen Kontakt zum Jugendamt aufzubauen. Wenn Sie das Gefühl haben, dass Ihr Jugendamt Vätern gegenüber negativ eingestellt ist, sollten Sie das Gespräch protokollieren und einen Vertrauten mitnehmen.

Besuch vom Jugendamt bei Ihnen zu Hause

In Fragen zum Sorgerecht oder Umgang wird das Jugendamt manchmal auch gebeten, die örtlichen Verhältnisse zu überprüfen. Nach unserer Erfahrung ist dies für die Jugendamtsmitarbeiter eher unangenehm.

Wenn sich das Kind regelmäßig bei Ihrer Frau aufhält, sollten Sie sicherstellen, dass Ihr Kind zum Zeitpunkt des Jugendamtbesuches auch bei Ihnen ist. Das Argument, dass die Voraussetzungen gleichberechtigt sein sollen, wird auf jeden Fall ziehen. Stellen Sie sich auch darauf ein, dass der Jugendamtsvertreter mit dem Kind alleine sprechen will.

KAPITEL 6

Der Anwalt

Der Anwalt ist nicht die erlösende Rettung

Gerade das Hinzuziehen von Anwälten führt oft dazu, dass dadurch Öl ins Feuer der Auseinandersetzung gegossen wird und die Situation eskaliert. Dann ist es für die Ehepartner umso schwerer, sich zusammenzusetzen und die notwendigen Dinge zu den Streitpunkten Kinder, Unterhalt, Vermögen oder Wohnung zu regeln.

Der jeweilige Anwalt darf immer nur einseitiger Parteivertreter sein und es liegt in der Natur der Sache, dass er die jeweilige für seine Partei günstige Position oftmals zur anschaulichen Darstellung auch aufbauscht. Möchte etwa die Anwältin der Frau ihrer Mandantin zum alleinigen Sorgerecht verhelfen, so liegt es nahe, dass sie die Frau als liebevoll und gegenüber den Kindern immer treusorgend darstellt, während vom Mann gesagt wird, er sei desinteressiert und nie anwesend. Möchte der Mann mögliche Unterhaltsansprüche abwehren, so wird er alles daransetzen, seine Einkünfte zu verschleiern. Er wird Auskünfte hierzu allenfalls auf direkte Anforderung geben und die berufliche Leistungsfähigkeit der Frau herausstellen. Jeder der Ehepartner kennt die Schwächen des anderen, möglicherweise waren dies auch die Trennungsgründe. So wird letztlich auch durch die anwaltlichen Schriftsätze eine Eskalation in Gang gesetzt. Fühlt sich einer der Partner erst einmal durch Aussagen in Schriftsätzen des gegnerischen Anwalts verletzt, so fallen die Schranken und es wird entsprechend dagegengehalten. Deshalb wird in so vielen Scheidungsschriftsätzen reichlich schmutzige Wäsche gewaschen.

Gerade gegenüber Vätern wird auch häufig mit einem Missbrauchsvorwurf gearbeitet. Dies lässt sich leicht andeuten und der Vater muss sich rechtfertigen. Besonders hier ist dann ein guter Anwalt wichtig, um zu helfen, den Paragraphendickicht zu verstehen und Unterstützung dafür zu bekommen, die eigenen Rechte durchzusetzen.

Gemeinsamer Anwalt

Die Gefahren und Konsequenzen einer möglichen Eskalation haben wir bereits beschrieben. Ein guter Anwalt weiß darum und wird Sie nicht zu einem Streit drängen, auch wenn er dann weniger verdient. Sie werden schnell merken, ob er an tragfähigen Ergebnissen oder vornehmlich an Honorar interessiert ist. Da Sie der Auftraggeber sind, bestimmen Sie, wann der Streit unumgänglich ist.

Falls Sie noch recht gut mit Ihrer Frau kommunizieren können, ist unsere Empfehlung, eine Eskalation – soweit möglich – gar nicht erst beginnen zu lassen. Es spricht zunächst nichts dagegen, dass Sie gemeinsam mit Ihrer Frau einen Anwalt konsultieren, der dann Lösungsvorschläge macht.

Es muss aber deutlich darauf hingewiesen werden, dass der sodann Ausgewählte nur die Interessen eines Ehegatten vertreten darf. Naturgemäß ergibt sich daraus, dass der Anwalt dann auch eher die Interessen seines Mandanten im Auge hat. Wenn Sie Zweifel an der Richtigkeit der juristischen Ausführungen haben, falls Ihre Frau den Anwalt ausgewählt hat, sollten Sie sich – notfalls ohne Wissen Ihrer Frau – von einem weiteren Anwalt beraten lassen. Für eine so genannte Erstberatung dürfen höchstens 190 Euro plus Umsatzsteuer verlangt werden. Grundsätzlich muss nach einer Trennung auch eine bestehende Rechtsschutzversicherung diese Beratungskosten übernehmen. Falls es dann später notwendig werden sollte, doch einen eigenen Anwalt beauftragen zu müssen, kann dieser Betrag angerechnet werden.

Ein guter Anwalt zeichnet sich auch dadurch aus, dass er Sie nicht in (vermeidbare) Prozesse drängt. Der weniger gute wird, jedenfalls, wenn der Mandant das erkannt hat, auch nicht mehr weiterempfohlen.

Unser Rat: Die Entscheidung, es bei einem Anwalt zu belassen, ist nur dann sinnvoll, wenn die Rahmenumstände eine einvernehmliche Lösung zulassen und keinesfalls die Gefahr besteht, dass Ihre Rechte »übersehen« werden.

Was ist Mediation?

Mediation ist eine Methode, die aus den USA kommt. Hierunter wird eine neutrale Gesprächsmoderation verstanden, die zwischen den beiden streitenden Parteien vermittelt und hilft, zu einer von beiden Seiten getragenen Gesamtvereinbarung zu kommen. In Deutschland gibt es nur relativ wenige Rechtsanwälte, die über eine Zusatzausbildung in Mediation verfügen. Dies ist in der Regel auf den Briefköpfen der jeweiligen Anwälte angegeben. Diese Anwälte bauen damit eine gewisse Konkurrenz zu Psychologen und Familienberatungsstellen auf, die in der Vergangenheit eine ähnliche Aufgabe wahrgenommen haben. Manche juristisch orientierten Mediatoren argumentieren, dass für die Mediation in Scheidungsverfahren Kenntnisse im Familienrecht notwendig sind. Dies ist richtig, wobei die auf Familienberatung spezialisierten Psychologen in der Regel auch über Kenntnisse im Familienrecht verfügen. Vor einer Mediation oder auch begleitend können sich die beiden Parteien auch von separaten Anwälten beraten lassen. Wirkliche Rechtsberatung dürfen allerdings nur Rechtsanwälte durchführen.

Formalrechtlich ist ein Anwalt lediglich bei der Einreichung des Scheidungsantrags und im Scheidungstermin notwendig. Zwischen Trennung und Scheidungsantrag wird jedoch mindestens ein Jahr vergangen sein, sodass bis dahin die kritischen Themen wie Kinder, Unterhalt oder Zugewinn auch schon ohne Auseinandersetzung über Schriftsätze an Gerichte oder mit den gegnerischen Anwälten erledigt werden können.

Insgesamt wird es auch wenig bringen, Ihre Frau über ihre Rechte im Unklaren zu lassen und sie zu übervorteilen. Beispielsweise bieten Männer oft ihren Frauen an, dass sie die Kinder betreuen sollen, dafür jedoch auf Zugewinn, Versorgungsausgleich und (gegenseitig) auf Unterhalt verzichten. Regelungen zum Unterhalt in einfacher Form werden vereinbart. Bei der Änderung des gesetzlichen Güterstandes (Zugewinn) und beim Versorgungsausgleich müssen Sie dies jedoch von einem Notar beurkunden lassen. Spätestens dieser wird Ihre Frau auf ihre Rechte hinweisen. Wenn Sie in einem solchen Vertrag zum Beispiel den Versorgungsausgleich ausschließen, kann diese Regelung auch im Nachhinein dadurch wieder ungültig werden, dass innerhalb eines Jahres Ihre Frau einen Antrag auf Ehescheidung stellt.

Bei einem neutralen bis guten Verhältnis zu Ihrer Frau ist die Mediation aber in jedem Fall die bessere Alternative zu einer langjährigen Auseinandersetzung vor Gericht.

Die Auswahl des richtigen Anwalts

Derjenige Ehegatte, der selbst den Scheidungsantrag stellt, kann das nur mit einem Rechtsanwalt machen. Ganz ohne Anwalt geht es also nicht. Wenn die zu regelnden Bereiche erst einmal auf eine juristische Ebene gebracht wurden und keine Aussicht besteht, sie außergerichtlich zu klären, sollten Sie sich einen Anwalt suchen. Denn neben den materiellen und inhaltlichen Fragen gilt es ja auch, die vielen Fragen zur Prozessordnung zu berücksichtigen, die ein juristischer Laie nicht kennen kann.

Durch die Vielzahl der Scheidungen einerseits und die in der Presse oft dargestellte Anwaltsschwemme andererseits ist das Familienrecht gerade für jüngere Anwälte ein interessantes Betätigungsfeld. Im Zweifel werden daher fast alle Anwälte, die Sie ansprechen, sagen: »Ja, wir sind auf Familienrecht spezialisiert.« Der Druck des Juristen-Nachwuchses ist groß. Seit 1990 hat sich die Zahl der niedergelassenen Rechtsanwälte auf über 132 000 verdoppelt. Allerdings ist das Familienrecht bei vielen Anwälten nicht besonders beliebt. Es ist recht umfangreich und es lässt sich damit nicht so viel Geld verdienen wie mit der Beratung von Unternehmen. Bei bestimmten Themen, die für Väter und Mütter enorm wichtig sind, wie die Umgangs- oder Sorgerechtsregelung, sind die Streitwerte, die das Anwaltshonorar festlegen, recht gering und andererseits das Streitpotenzial und damit der Aufwand sehr hoch.

Die Auswahl ist nicht ganz einfach, weil es das etwas antiquierte deutsche Standesrecht den Anwälten nur in sehr begrenztem Maße erlaubt, ihre spezifischen Erfahrungen werblich herauszustellen. Ein guter Anhaltspunkt für eine von Ihnen ohnehin kaum zu erkennende besondere Befähigung ist der seit 1997 existierende Titel »Fachanwalt für Familienrecht«. Anwälte, die sich mit Erlaubnis der Rechtsanwaltskammer so nennen dürfen, mussten im Rahmen einer über 100 Zeitstunden dauernden Zusatzausbildung drei fünfstündige Klausuren bestehen und dazu mehr als 120 bearbeitete Fälle aus den letzten drei Jahren nachweisen. Ein Anwalt, der nicht nachhaltig und mit deutlichem Schwerpunkt im Familienrecht tätig ist, kommt ohnehin nicht auf diese Anzahl. Ferner sind Fachanwälte gesetzlich verpflichtet, sich jährlich fortzubilden und sie müssen dies auch nachweisen.

Finden können Sie solche Anwälte beispielsweise im Branchenbuch oder über die Anwaltskammern. Wir empfehlen Ihnen daher mit mehreren, vielleicht drei Anwälten zu telefonieren und dann zwei zu einem ersten Beratungsgespräch aufzusuchen. Wenn nicht sofort ein Vertrauensgefühl entsteht, empfiehlt sich diese Vorgehensweise, obwohl dies mit Mehrkosten verbunden ist.

Leider ist es für einen juristischen Laien schwierig festzustellen, ob es sich um einen »guten« Anwalt im Familienrecht handelt oder nicht. Die Frage »gut« hängt natürlich wiederum mit subjektiven Kriterien zusammen. Bevorzugt man einen lauten und selbstbewussten oder eher einen ruhigen und diskreten Stil? Wie gelangen Sie an die Adressen der »guten Anwälte«? Ein Weg für dieses Thema ist auch immer mehr das Internet (siehe Anhang). Hier gibt es mehrere Marktplätze, die den Kontakt zu Anwälten ermöglichen. Dies verschafft einem zumindest ein paar Adressen.

Wenn Sie Kinder haben, sollten Sie auch den Vertreter des Jugendamts fragen und daher möglichst schon mit dem zuständigen Mitarbeiter Kontakt aufgenommen haben, bevor dies der Anwalt tut. Eigentlich darf das unabhängige Jugendamt formal keine Empfehlungen aussprechen. Aber erst einmal ist es vielleicht gut, wenn diese sich gefragt fühlen. Zum anderen werden sie Ihnen möglicherweise augenzwinkernd zwei oder drei Namen aufzählen, die sie kennen.

Eine Frage ist natürlich auch, ob Sie eine Frau oder einen Mann als Rechtsanwalt auswählen. Uns ist ein Fall bekannt, wo ein Vater mit einer Frau als Anwältin sehr gute Erfahrungen gemacht hat. So wurde ihm in der Verhandlung über sein Alleinsorgerecht durch den Gegenanwalt erklärt, dass Beruf und Kinder nicht zu vereinbaren seien und die Kinder zur Mutter gehörten. Die ihn vertretende Anwältin konterte sehr gut, indem sie darauf hinwies, dass sie auch drei Kinder großgezogen habe und dennoch immer erfolgreich im Beruf engagiert war. Damit war dieses Thema erledigt.

Wie aber finden Sie im Gespräch heraus, ob es der richtige Anwalt ist? Sympathie ist sicherlich eine gewisse Grundvoraus-

> Bei einem ersten telefonischen Kontakt mit einem Anwalt sollten Sie vorab klären, ob durch dieses Erstgespräch bereits Kosten anfallen. Seien Sie offen und erläutern ihm, dass Sie sich noch nicht entschieden haben, von wem Sie vertreten werden wollen, es Ihnen aber darauf ankommt, einen besonders versierten Vertreter der Zunft zu bekommen. In der Regel sollte dann das Vorgespräch kostenfrei sein. Erfolgt hiernach dann eine erste Beratung, darf der Anwalt – wie gesagt – höchstens eine Gebühr von maximal 190 Euro plus Umsatzsteuer verlangen.

setzung, kann aber nicht ausschlaggebend sein. Das Gefühl, vertrauen zu können, ist unabdingbar. Außer im Strafrecht gibt es keinen anderen juristischen Bereich, in welchem zwangsläufig eine derart offene, enge und vertrauensvolle Beziehung geschaffen werden muss. Fragen Sie, wie viele Mandanten er oder sie schon im Familienrecht betreut hat. Es sollten weit über hundert in den letzten beiden Jahren sein. Neben dem Fachwissen sollte ein guter Anwalt genau zuhören können und die jeweilige Thematik der Sache genau erfassen, um sie dann juristisch zuordnen zu können. Mehr als suspekt wäre aus unserer Sicht ein Anwalt, der nach einer kurzen Schilderung des Falles Ihrerseits und ein oder zwei Fragen schon die Lösung parat hat. Dafür sind die einzelnen Fälle zu unterschiedlich und die Rechtsmaterie zu komplex. Ein guter Anwalt ist sicherlich einer, der viele Fragen stellt und versucht, Ihre Situation, aber auch Ihre Ziele genau zu erfassen. Wenn der Anwalt anschließend deutlich macht, dass er auf die eine oder andere Spezialfrage momentan keine zwingende Antwort hat oder darüber nachdenken muss, dann ist dies sicherlich eher ein gutes als ein schlechtes Zeichen.

Achten Sie auch auf die Signale der Kundenorientierung. Wenn Ihr Anwalt später für Sie kaum erreichbar ist, nie zurückruft und sich nicht die Zeit nimmt, die Akten zu studieren, hilft das sehr wenig. Ist Ihr Anwalt schon zu dem Zeitpunkt, wo er Sie als neuen Mandanten werben kann, nicht genügend kundenorientiert, sollte Ihnen dies zu denken geben. Gibt es in der Kanzlei nur einen Anrufbeantworter? Sind die Damen im Büro und am Telefon unwillig oder hilfsbereit? Wird Ihnen direkt ein Rückruf angeboten? Geht die Vereinbarung eines Termins einigermaßen zügig oder müssen Sie zwei Wochen warten? Ist der Anwalt auch bereit, seine Handynummer für Notfälle herauszugeben?

Die Kosten von Trennung und Scheidung

Die Kosten setzen sich zusammen aus Gerichtsgebühren einschließlich möglicher Auslagen, beispielsweise für psychologische Gutachten und Zeugen, sowie dem Anwaltshonorar.

Um es vorwegzunehmen, für eine streitige Scheidung können ohne weiteres Kosten von 5000 bis 10 000 Euro zusammenkommen. Zum Glück sind die meisten dieser Kosten wenigstens nach einem gewissen Selbstbehalt von der Steuer absetzbar. Wer jedoch wenig verdient, der kann auch nur wenig von der Steuer absetzen.

Bei Anwälten bemisst sich das Honorar grundsätzlich nach dem Streitwert. Bei finanziellen Dingen, wie dem Unterhalt, kann dieser leicht berechnet werden. Bei immateriellen Dingen, wie beispielsweise der Unterstützung bei einem Antrag auf eine Umgangsregelung, sind die Streitwerte festgelegt. Je nach Streitwert ist dann im Rechtsanwaltsvergütungsgesetz, kurz RVG, eine bestimmte Gebühr festgelegt. Darüber hinaus gibt es noch eine Regelung, wann und wie oft diese Gebühren berechnet werden dürfen. In einem gerichtlichen Verfahren kommt es in der Regel zu zwei oder drei Gebührentatbeständen. Es gibt die Verfahrens-, die Termins- und manchmal die Einigungsgebühr, sofern ein Vergleich geschlossen wird. Zusätzlich können noch Gebühren für Auslagen berechnet werden. Alle diese Summen sind Nettowerte, überall wird die Umsatzsteuer noch hinzugerechnet.

Der Regelstreitwert in isolierten Umgangs- und Sorgerechtsverfahren liegt bei 3000 Euro. Wenn ein solches Verfahren ohne einstweilige Anordnung erledigt wird, kann der Rechtsanwalt etwa 571 Euro verlangen. Es müssen zahlreiche Gespräche geführt und Schriftsätze gefertigt werden, eventuell muss ein Gutachten studiert, besprochen und schriftsätzlich aufgearbeitet werden und dann folgt mindestens eine mündliche Gerichtsverhandlung. Nicht selten werden Gutachten in einem Umfang von deutlich über 100 Seiten erstellt. Bei diesem Aufwand kann der Anwalt kaum kostendeckend arbeiten, weshalb Fachleute – und das ist eher ein gutes Zeichen – dazu übergehen, mit dem Mandanten eine Honorarvereinbarung auf Stundenbasis zu treffen. Da Sie aber Einsatz und Qualität verlangen (dürfen), sollte es Ihnen das Geld wert sein. Wenn der Anwalt motiviert sein soll, können Sie kaum verlangen, dass er draufzahlt. Gerade in Umgangs- und Sorgerechtsverfahren muss viel, aber – und das ist entscheidend – gut gearbeitet werden.

Die Stundensätze liegen in solchen Angelegenheiten bei etwa 150 Euro netto, was je nach Einzelfall aber auch unter- oder überschritten werden kann. Wenn Sie hier jedoch auch keinen hohen Streitwert zu »bieten« haben, sollten Sie selbst eine Stundenberechnung anbieten.

Seit Juli 2004 gibt es eine völlig neue gesetzliche Grundlage für die Gebühren der Rechtsanwälte, das so genannte Rechtsanwaltsvergütungsgesetz (RVG). Davor begonnene Fälle müssen nach der Bundesrechtsanwaltsgebührenordnung (BRAGO) abgerechnet werden.

Das neue Vergütungsrecht führt im Schnitt zu einer deutlichen Anhebung der Anwaltsgebühren, was angesichts der letzten Gebührenerhöhung im Jahre 1994 auch höchste Zeit war. Nur derjenige Anwalt, der sich ausschließlich oder vorwiegend mit Familienrecht befasst, hat Einkommenseinbußen hinzunehmen. Wurden früher in einem Scheidungsverfahren noch drei volle Gebühren (auf der Basis des jeweiligen Streitwertes zuzüglich Auslagenpauschale und Mehrwertsteuer) verdient, kann der Rechtsanwalt heute nur noch 2,5 Gebühren abrechnen, eine 1,3-Verfahrensgebühr und eine 1,2-Terminsgebühr. Zu berücksichtigen ist natürlich, dass diese Gebühren für jede Partei gesondert anfallen. In Scheidungsverfahren muss jeder seinen Anwalt selbst bezahlen. Die Gerichtsgebühren werden dagegen grundsätzlich geteilt.

Auch schon bei einem durchschnittlichen Einkommen kann Prozesskostenhilfe (PKH) gewährt werden, was häufig der Fall ist, wenn bereits Unterhalt gezahlt wird und spätestens dann, wenn die Steuerklasse im Folgejahr der Trennung gewechselt wird. Über die Möglichkeit, Prozesskostenhilfe zu erhalten, muss der Anwalt aufklären, wenn sich dieser Anspruch gegen den Staat nach den Umständen aufdrängt. Unterlässt er dies, kann er sogar seinen Honoraranspruch verlieren oder Sie können das Gezahlte zurückverlangen, wenn Ihnen Prozesskostenhilfe hätte bewilligt werden müssen. Die Prozesskostenhilfe wird bei Gericht beantragt und zwar immer verbunden mit einer bestimmten Sachfrage (beispielsweise dem Antrag auf Umgangsrecht, der Abwehr von Unterhaltsforderungen). Die Antragstellung übernimmt für Sie Ihr Anwalt in seinem Schriftsatz.

Sie müssen auch bedenken, dass für jedes Element aus dem Scheidungsverbund (Hausrat, Unterhalt, Zugewinn, Sorgerecht und so weiter) und für die eigentliche Scheidung selbst immer separate Streitwerte zugrunde gelegt werden und sich der Gesamtstreitwert, damit auch die Gesamtgebühren, erhöhen. Daher hängt die Berechnung der individuellen Kosten sehr davon ab, welche strittigen Punkte Anwälte und Gericht klären müssen. Dies bedeutet, dass die ganze Scheidung immer teurer wird, wenn um mehr Dinge gestritten wird. Wenn möglichst viele der Folgesachen außergerichtlich vereinbart werden können, entstehen natürlich nicht so hohe Kosten.

Der Streitwert des bloßen Scheidungsverfahrens bemisst sich nach dem Dreifachen des zusammengerechneten monatlichen Nettoeinkommens beider Eheleute, er beträgt jedoch mindestens 2000 Euro. Hinzu kommen fünf Prozent des Vermögens beider Eheleute, wobei 50000 Euro als Freibetrag für jeden abgezogen werden.

Für den Versorgungsausgleich wurde früher das zwölffache der übertragenen Versorgungsanwartschaften als Streitwert angenommen, seit dem 1.7.2004 fallen pauschal 1000 Euro an, 2000 Euro, wenn auch eine Betriebsrente auszugleichen ist.

Wenn das Gericht im Scheidungsverbund über das Sorgerecht entscheiden muss, so ist der Streitwert auf 2000 Euro festgelegt, im isolierten Verfahren, also ohne laufendes Scheidungsverfahren, auf 3000 Euro. Gleiches gilt für Regelungen zum Umgangsrecht.

Ein Streit über den Unterhalt erhöht den Streitwert enorm. Hier wird der Jahresbetrag des geltend gemachten Unterhalts zugrunde gelegt. Daraus wird auch deutlich, dass die Anwälte sogar formal dafür belohnt werden, möglichst überzogene Forderungen zu stellen. Das Honorar bemisst sich ja nicht nach dem Betrag, den der Richter am Ende festlegt, sondern nach den Forderungen. Betragen diese beispielsweise 1500 Euro im Monat, so beträgt der Streitwert zum Unterhalt 12 × 1500 Euro = 18 000 Euro. Ein vor der Scheidung durchgeführter Prozess auf Zahlung von Kindes- und Trennungsunterhalt müsste von Ihnen danach mit einem Betrag an den Anwalt in Höhe von etwa 1780 Euro bezahlt werden. Eine Anrechnung auf die Kosten des Scheidungsverfahrens findet nicht statt. Bei einem gewonnenen Prozess muss die Gegenseite Ihnen alles erstatten, bei einem verlorenen müssen Sie dessen Kosten zusätzlich zum Honoraranspruch Ihres Anwaltes erstatten; dazu tragen Sie die Gerichtskosten. In der Praxis kommt es jedoch meist zu einem teilweisen Obsiegen oder Verlieren, sodass dann die Kosten im Verhältnis geteilt werden.

Gerichtskosten fallen auch dann an, wenn ein Gutachter bestellt wird, um Fragen zu Sorgerecht oder Umgang zu klären. Die Gutachter bestimmen im Wesentlichen selbst ihre Kosten, weil letztlich niemand eine Kontrolle darüber hat, wie viel Zeit sie ansetzen dürfen oder nicht. Hier sind Kosten von 1500 bis 3000 Euro durchaus üblich.

Ein Zugewinnausgleich wird von der Seite beantragt, die sich davon Geld erhofft. Das Gericht geht dies nicht automatisch an. Hier treiben ebenfalls überzogene Forderungen die Streitwerte und damit die Anwaltsgebühren nach oben. Beim Zugewinn bemisst sich der Streitwert nach dem Betrag, der als Zugewinnausgleich eingefordert wird. Verlangt die Frau beispielsweise 50 000 Euro, ist das auch der Streitwert. Die genaue Berechnung haben wir in Kapitel 11 »Der Zugewinnausgleich« aufgeschlüsselt.

Bei Streitigkeiten zum Hausrat für den Fall der Scheidung wird der Wert des gesamten Hausrates als Streitwert herangezogen, für Streitigkeiten hierüber während der Trennung nur ein deutlich geringerer Betrag, weil dabei nur das Interesse an der vorübergehenden Nutzung bewertet wird. Bei Streit über die Nutzung der Ehewohnung wird die Miete eines gesamten Jahres als Bemessungsgrundlage herangezogen.

Beispiel für ein umfangreiches Scheidungsverfahren

Monatliches Nettoeinkommen beider Partner × 3	12 000 Euro
5 Prozent des Vermögens, 200 000 Euro (Haus und Aktien) abzgl. 50 000 Euro je Partner	5000 Euro
Elterliche Sorge	2000 Euro
Versorgungsausgleich	1000 Euro
Umgangsrecht	2000 Euro
Unterhalt, 12 × 1500 Euro	18 000 Euro
Forderung Zugewinnausgleich	60 000 Euro
Summe	100 000 Euro

Für diesen Streitwert werden nun die beiden oben beschriebenen Gebühren berechnet; die Kostenrechnung sähe wie folgt aus:

Gegenstandswert: 100 000 Euro	
1,3 Verfahrensgebühr gemäß § 2 RVG (VV 3100)	1760,20 Euro
1,2 Terminsgebühr gemäß § 2 RVG (VV 3104)	1624,80 Euro
Pauschale gemäß § 2 RVG (VV 7002)	20,00 Euro
Zwischensumme	3405,00 Euro
Umsatzsteuer gemäß § 2 RVG (VV 7008)	544,80 Euro
Gesamt	**3949,80 Euro**

An Gerichtskosten fallen bei den Verbundsachen (Angelegenheiten, die mit der Scheidung zusammen verhandelt werden) nur zwei Gebühren an, diese belaufen sich auf 1712 Euro. Für Familiensachen, die außerhalb des Scheidungsverbundes gerichtlich geklärt werden (wie der Unterhalt für die Zeit bis zur Scheidung), fallen grundsätzlich drei Gerichtsgebühren zum jeweiligen Streitwert an.

Anwaltsgebühren fallen auch dann an, wenn die Hilfe des Rechtsanwalts für außergerichtliche Auseinandersetzungen in Anspruch genommen wird. Wenn Sie sich mit Ihrer Frau auf einen gemeinsamen Anwalt einigen, fällt die Gebühr zumindest nur einmal an. Im günstigsten Fall einer Scheidung einigen Sie sich mit Ihrer Frau bei allen Themen außergerichtlich ohne Anwalt und halten die Regelungen schriftlich fest. Hierzu können Sie auf Stundenbasis die Hilfe eines Anwalts in Anspruch nehmen. Für die Scheidung selbst besteht dann allerdings Anwaltszwang. Hier könnte ein Anwalt die Scheidung vor Gericht beantragen. Die andere Seite schließt sich dann den vorab besprochenen Regelungen an.

Im vorgenannten Beispiel beliefe sich der Streitwert für die isolierte Scheidung und für den vom Gericht veranlassten Versorgungsausgleich nur auf einen Betrag von 13 000 Euro. Hierfür fielen 2,5 Gebühren (aus Verfahrens- und Terminsgebühr zusammen) an; zuzüglich der Nebenkosten sowie der Umsatzsteuer

Frauen ohne eigenes oder mit geringem Einkommen können, bevor der Staat mit einer Prozesskostenhilfe einspringt, auch einen Prozesskostenvorschuss von ihren Ehemännern verlangen. Dies bedeutet: Die Frauen können klagen oder sich verklagen lassen, wenn sie beispielsweise die Kinder entführt hatten und dann das Sorgerecht beantragen. Ihre betrogenen Ehemänner müssen dies dann auch noch bezahlen. Wenn man die Rechnung nicht selbst bezahlen muss, fällt es natürlich leicht, streitsüchtig zu werden. Prüfen Sie also, ob Sie nicht bei Ihrer Frau noch von Erspartem wissen, das zunächst einmal dafür herangezogen werden muss.

käme man auf Anwaltsgebühren in Höhe von etwa 1548 Euro. Gerichtskosten entstünden in Höhe von 438 Euro. Da Sie ja nur einen Anwalt hätten, könnten Sie sich die Kosten hier teilen. Die halben Gerichts- und Anwaltskosten betragen bei dieser »Scheidung light« dann für jeden lediglich etwa 993 Euro.

KAPITEL 7

Wie läuft es vor Gericht ab?

Das Familiengericht: Mit wem habe ich es da zu tun?

Das Familiengericht gehört dem Amtsgericht an und beschäftigt sich mit allen Angelegenheiten, die mit Trennung und Scheidung zu tun haben. Es ist mit nur einem Richter oder einer Richterin besetzt. Will man sich gegen Urteile des Familiengerichts wehren, steht einem das Rechtsmittel der Berufung zu. Es geht dann in die zweite Instanz. Anders als in normalen Zivilrechtsfällen ist hiernach nicht das Landgericht zuständig, sondern man hat es gleich mit dem Oberlandesgericht zu tun. Dort entscheiden dann Senate, die mit drei Berufsrichtern oder -richterinnen besetzt sind.

Wer aber sind die Richter, mit denen Sie es zu tun haben? Wie sind diese qualifiziert? Seit Mitte der Neunzigerjahre wird in einigen OLG-Bezirken neben der Studiennote als weiteres Kriterium ein so genanntes Assessment Center durchgeführt. Die Richteraspiranten müssen hier an einem Auswahltag zusätzlich Interviews, Rollenspiele und Gruppendiskussionen bestehen und damit auch zeigen, dass sie über eine gewisse Sozialkompetenz verfügen, sich etwa sprachlich verständlich machen oder anderen Menschen zuhören können. Die Richter, die heute allerdings in Familiengerichten in Amt und Würden sind, haben dieses Verfahren in der Regel nicht durchlaufen.

Es soll natürlich nicht geleugnet werden, dass es viele erfahrene, menschlich handelnde und psychologisch versierte Familienrichter gibt, die kindeswohlorientiert, vermittelnd und mühevoll nach einvernehmlichen Lösungen suchen. Auch ist festzustellen, dass zum Familienrichter grundsätzlich keine jungen und damit eher unerfahrenen Richter bestellt werden und nur solche ernannt werden, die sich auch zutrauen, komplexe Trennungen zu bewältigen.

Wie läuft die Verhandlung ab?

Der Kontakt mit dem Familiengericht ist nur dann kurz, wenn Sie und Ihre Frau sich in allen Angelegenheiten einig sind. Solange die scheidungswilligen Eheleute nichts anderes wollen oder gesondert beantragen, muss das Gericht nur für die Bewältigung der Scheidung in Anspruch genommen werden.

In einem solchen Fall beschränkt sich die mündliche Verhandlung über die Scheidung auf einen etwa zehnminütigen Gerichtstermin, in dem beide Eheleute nach dem Zeitpunkt der Trennung sowie dazu befragt werden, ob eine Wiederherstellung der ehelichen Lebensgemeinschaft erwartet werden kann. Es wird kurz über die Berechnung oder den Ausgleich der Rentenanwartschaften geredet und wenn dann beide den Willen zur Scheidung bekunden, wird auch gleich das Urteil verkündet. Falls beide Eheleute einen Anwalt haben, wird häufig auch ein so genannter Rechtsmittelverzicht erklärt und das war es dann.

Manche, meist ältere Richter, wollen auch noch etwas über die Gründe der Zerrüttung wissen, obwohl das von Gesetzes wegen nicht erforderlich ist. Wenn die Eheleute über ein Jahr getrennt leben und beide die Scheidung wollen, wird das Scheitern der Ehe unwiderleglich vermutet (siehe § 1565 Abs. 1 BGB).

In der Mehrzahl der Fälle geht es jedoch leider nicht so schnell. Dies ist insbesondere dann der Fall, wenn sich die beiden Ex-Partner in den so genannten Folgesachen nicht einig

Wenn einer der beiden nicht will, gelingt es häufig, die Scheidung mehr als drei Jahre zu verzögern. Helfen kann hier nur ein Antrag auf Abtrennung der Folgesachen, was grundsätzlich möglich ist, wenn seit dem Zeitpunkt der Zustellung des Scheidungsantrages mehr als zwei Jahre vergangen sind. Aber auch das geht nur, so formuliert das Gesetz in § 628 Nr. 4 der Zivilprozessordnung, wenn der Aufschub der Scheidung auch unter Berücksichtigung der Bedeutung der Folgesache eine unzumutbare Härte darstellen würde.

sind: Hausrat, Unterhalt, Sorgerecht, Umgangsrecht oder Vermögensauseinandersetzung. Sie sollten davon ausgehen, dass Sie in diesen Fällen sehr viel Ausdauer benötigen.

Zunächst einmal dauert es häufig zu lange, bis es überhaupt zu einem Gerichtstermin kommt. Selbst bei Eilsachen wie einstweiligen Anordnungen kann es manchmal länger als drei Monate dauern, bis es zur Verhandlung kommt. Viele Richter begnügen sich damit, die wechselseitigen Schriftsätze jeweils an die andere Partei weiterzuleiten oder aber das Jugendamt zu verständigen, ohne auf rasche Bearbeitung zu drängen.

Vor einem Anhörungstermin zum Aufenthalt der Kinder, zu Sorgerecht oder Unterhalt stehen die Schriftsätze der jeweiligen Anwälte an das Gericht. Nur in ganz eng begrenzten Fällen entscheidet das Gericht, ohne der anderen Partei vorher Gelegenheit zur Stellungnahme zu geben, und zwar obwohl hierfür die rechtliche Möglichkeit – auch in Umgangssachen – besteht.

Vor Gericht wird gestritten. Das soll auch so sein und ist dann auch gut, wenn es konstruktiv geschieht, das heißt, in dem Bemühen um Herbeiführung einer bestmöglichen Lösung. Oftmals aber wird Streit mit Angriff gleichgesetzt. In diesen – sehr häufigen – Fällen setzt dann schnell eine Spirale der Eskalation ein. Im ersten Schriftsatz machen Mutter oder Vater den jeweils anderen ein bisschen schlecht, stellen die eigenen Vorzüge heraus und unterschlagen die Vorzüge des anderen. Der andere, der daraufhin diesen Schriftsatz liest, ist erbost und fühlt sich verletzt. Er will natürlich nicht als der Schlechte gegenüber dem Gericht dastehen und übertreibt noch mehr. So geht es immer weiter. Für die Familienrichter ist dies relativ normal und sie sind am wenigsten von den Schriftsätzen beeindruckt. Daher ist das Vorgehen der Richter auch durchaus verständlich, zunächst einmal abzuwarten, was die Anwälte jeweils Schlechtes über die Gegenseite zusammenstellen können.

In diesem Zusammenhang ist auch die so genannte eidesstattliche Versicherung interessant, die in allen Eilverfahren als Beweismittel benutzt werden kann. Eigentlich müsste man schon vom Wortlaut davon ausgehen, dass dies so etwas wie ein Schwur ist und man auf jeden Fall die Wahrheit sagen muss. Erstaunlich ist die Tatsache, dass fast immer sich widersprechende Aussagen eidesstattlich versichert werden. Und das bedeutet: Einer lügt.

Eine einstweilige Anordnung sollte immer dann angestrebt werden, wenn Eile geboten ist. Dies ist beispielsweise dann notwendig, wenn Ihre Frau Ihnen plötzlich den Kontakt zu Ihrem Kind verweigert oder Sie mitbekommen haben, dass Ihre Frau mit den Kindern umziehen möchte. Oftmals reichen die Schriftsätze schon aus, um einen Erlass einer einstweiligen Anordnung zu erreichen. In der Regel kommt es jedoch zu einer richterlichen Anhörung beider Parteien. Diese Anhörung ist sehr wichtig, weil hier meist für Aufenthalt, Sorgerecht oder Unterhalt Fakten geschaffen werden, die in der eigentlichen, sehr viel später stattfindenden Hauptverhandlung dann nicht mehr verändert werden.

Häufig sind auch bei diesen Verfahren die Frauen sehr schnell. Ein häufig gewählter und beliebter Weg ist mit den Kindern auszuziehen und gleichzeitig einen Antrag auf Erlass einer einstweiligen Anordnung zu stellen, damit Ihnen das Aufenthaltsbestimmungsrecht für ihre Kinder übertragen wird. Dies bedeutet dann im Klartext, dass die Mutter vorläufig entscheiden kann, wohin sie mit ihren Kindern zieht. Wenn sie dann erst einmal umgezogen ist, wird im Hauptverfahren, vielleicht ein Jahr später, niemand mehr diese Entscheidung rückgängig machen wollen. Hier müssen Sie als Vater darauf achten, dass Sie nicht übervorteilt werden und mit Ihren Anwälten entsprechende gegenläufige Anträge stellen.

In diesem Verfahren gibt es die Besonderheit, dass keine Gutachten eingeholt oder Zeugen geladen werden, so wie dies im Hauptverfahren üblich ist. Eine vollständige Aufklärung des fast immer komplexen Sachverhaltes kann deshalb gar nicht erfolgen. Bei Fragen zu Aufenthalt und Umgang bildet sich der Richter daher seine Meinung grundsätzlich über eine Befragung der Kinder und Eltern und bezieht allenfalls das Jugendamt mit ein. Je nach Sachlage empfiehlt es sich daher, Privatgutachten von anerkannten Kinderpsychologen erstellen zu lassen und diese dem Gericht frühzeitig vorzulegen. Auch wird sich häufig anbieten, im Anhörungstermin dem Gericht selbst mitgebrachte Zeugen zu präsentieren, die Ihre Sichtweise unterstützen können wie zum Beispiel Großeltern, Freunde, Nachbarn oder Lehrer.

Wenn Sie dann die Ladung zum Gerichtstermin ins Haus bekommen, haben viele ein mulmiges Gefühl. Das Gericht ist schließlich eine andere Welt, mit der die meisten bis dahin wenig zu tun hatten. Wenn es um das Umgangs-, Aufenthaltsbestimmungs- oder Sorgerecht geht, werden je nach Sachlage und ab einem Alter von etwa acht bis zehn Jahren auch die Kinder geladen. Sind die Kinder über 14 Jahre alt, sind die Richter sogar dazu verpflichtet, diese anzuhören. Häufig wollen die Richter aber sogar mit sehr viel jüngeren Kindern sprechen, um sich eine eigene Meinung bilden zu können.

Sie müssen auch damit rechnen, dass die Anhörung oder Verhandlung nicht pünktlich zum festgesetzten Termin beginnt. Meist haben die Richter zwei Verhandlungstage pro Woche und an den übrigen Tagen bereiten sie sich anhand der Akten darauf vor. An diesen beiden Verhandlungstagen werden dann

> Bis auf Unterhalts- oder Güterrechtssachen (Zugewinn), die nicht mit einer anderen Familiensache verhandelt werden, also beispielsweise im Rahmen der Scheidung, sind alle Verhandlungen vor dem Familiengericht nichtöffentlich.

dicht gedrängt Termine für verschiedene Verfahren angesetzt. Insbesondere wenn Ihr Termin am späten Vormittag anberaumt ist, kann man damit rechnen, dass sich der Beginn verschiebt. Hier kommt es dann zu der für viele unangenehmen Situation, dass Sie Ihre Frau zusammen mit dem Anwalt auf dem Gang vor dem Richterzimmer treffen und möglicherweise länger zusammen dort warten müssen. Eventuell sehen Sie hier auch nach längerer Zeit zum ersten Mal Ihre Kinder wieder.

In dieser grotesken Wartesituation vor dem Gerichtssaal sind schon manche Verhandlungen entschieden worden. In einem jüngeren Kölner Fall hatten Großeltern auf ein eigenständiges Umgangsrecht mit dem Kind geklagt, nachdem ihr Sohn, der Vater des nichtehelichen Kindes, mittlerweile verstorben war. Die Mutter weigerte sich, den Kontakt zu den Großeltern väterlicherseits zuzulassen. Nach dem neuen Kindschaftsrecht aus 1998 haben nicht nur die Eltern, sondern auch andere Bezugspersonen wie Geschwister und Großeltern ein eigenständiges Umgangsrecht, sofern dies im Interesse des Kindes liegt. In dem Kölner Fall sind die Großeltern mit ihrem berechtigten Wunsch gescheitert und haben verloren. Was war passiert? Die Großeltern und ihre Anwältin hatten den Fehler begangen, in der Wartezeit nicht mit dem Kind Kontakt aufzunehmen. Die Mutter hatte den fünfjährigen Jungen über ein Jahr hinweg seinen Großeltern entzogen. So kannte der Junge seine Großeltern kaum mehr. Als dann alle in den Gerichtssaal gebeten wurden, wiederholte der Anwalt der Mutter die Rechtsposition, nämlich dass zwischen Kind und Großeltern ja gar kein Kontakt mehr bestünde – welch Wunder, dies hatte die Mutter ja auch ein Jahr lang erfolgreich verhindert. Der Richter konnte jedoch nicht anders, als ebenfalls festzustellen, dass zwischen Kind und Großeltern die erforderliche Bindung verloren gegangen war. Hätten sich die Großeltern in der langen Wartezeit dem fünfjährigen Jungen genähert, sich vorgestellt, von sich berichtet, wäre die Sache möglicherweise anders ausgegangen.

Das Beispiel zeigt, dass es auch viel auf die Taktik im Gerichtstermin ankommt, um seine Rechte wirkungsvoll zu vertreten. Für die Richter sind die kurzen Beobachtungsmöglichkeiten zum Kind während des Gerichtstermins viel interessanter als lange Seiten von Schriftsätzen mit gegenseitigen Beschimpfungen. Ein erfahrener Richter wird auf vieles achten, was zwischen den Zeilen liegt. Hierauf sollten Sie sich aktiv vorbereiten.

In einem Fall vor dem Kölner Amtsgericht wurde das Sorgerecht letztlich anhand eines Papiertaschentuchs entschieden. Dem sechsjährigen Jungen lief während des Gerichtstermins die Nase. Die Mutter, die bis dahin den Vater als zur Erziehung ungeeignet dargestellt hatte, übersah dies. Der Vater dagegen zog ein Papiertaschentuch und putzte ohne viel Aufhebens dem Jungen die Nase. Für den Jungen schien dies ganz normal zu sein. Diese kleine Szene blieb der Richterin natürlich nicht verborgen und das Kartenhaus des Schlechtmachens durch die Mutter fiel in sich zusammen.

In der Regel werden die Richter die Kinder alleine befragen. Hier sind jedoch Qualitäten gefragt, die in der Ausbildung der Richter kaum eine Rolle spielen. Sehr oft müssen die Familienrichter feststellen, dass die Eltern ihrem Kind Sätze eingeimpft haben, die sie bei der Anhörung sagen sollen. In den ersten paar Minuten wiederholt das Kind oft nur auswendig gelernte Sätze. Erst danach zeigt sich, in welche Konflikte das Kind verwickelt ist und wie viel ihm der eine oder andere Elternteil bedeutet. Wenn Verdachtsmomente für eine Beeinflussung bestehen, sollte der Anwalt, der bei der eigentlichen Anhörung nicht dabei ist, Wert darauf legen, dass der Richter das Gespräch mit dem Kind ausführlich im Rahmen der nachfolgenden Erörterung wiedergibt, damit er entsprechende Hinweise erteilen kann.

Die Psychologie der Kommunikation: Wie Väter erfolgreich überzeugen

In der ganzen langen Auseinandersetzung um Trennung und Scheidung sind es häufig zwei oder drei Situationen, die im Ergebnis entscheiden. Dazu gehören wichtige Gespräche mit dem Jugendamt, eventuell das mit dem beauftragten Psychologen und letztlich der Anhörungstermin bei Gericht. Am Ende entscheiden nicht die guten Argumente, sondern die Fähigkeit, diese auch mit Wirkung zu kommunizieren. Hierauf sollten Sie sich gut vorbereiten. Ob Richter oder Jugendamt, es wird derjenige mehr Gehör erhalten, dem man mehr glaubt und der seine Gefühle authentischer zeigen kann. Gerade Gefühle zu zeigen fällt Männern jedoch häufig schwer. Frauen fällt es sehr viel leichter, sich in einer Opferrolle darzustellen und damit indirekt an Hilfe und Solidarität zu appellieren. Es gelten eben nicht nur immer Gesetze und Argumente, sondern Gefühle – nach dem Motto, wer mehr Angst hat, hat auch mehr Recht. Bei Jugendamt und Anhörungstermin sollten Sie daher zeigen, wie sehr Sie Ihr Kind lieben und vermissen! Scheuen Sie sich im Zweifel nicht, Tränen zu zeigen.

Viele Männer und Väter machen den Fehler, formal auf Recht und Gesetz zu pochen, und erzeugen so nicht gerade Sympathie bei Gericht. Dabei ist es nur natürlich, dass die Väter die Fassung verlieren, wenn sie mitbekommen, dass die Mütter sie um ihre Kinder betrügen und es nur noch auf ihr Geld abgesehen haben. Das gesamte Ehe- und Familienrecht ist weitestgehend darauf ausgerichtet, den vermeintlich schwächeren Teil (die Frau) zu schützen und ihr Vorteile zu verschaffen. Dagegen wäre auch nichts einzuwenden, wenn nicht real dadurch der vermeintlich stärkere Teil (der Mann) ruiniert würde. Viele Männer erleben in Scheidungsauseinandersetzungen jedoch genau das. Wer als Mann in Scheidungsprozessen jedoch diese Sicht der Realität ausspricht oder gar die Fassung verliert, der hat schon verloren. Frauen dürfen sich hier in ihren Gefühlen als Opfer ergehen, Männer hingegen haben sich nicht unter

Kontrolle und bestätigen damit, dass sie als Vater gefährlich und als Ernährer unzuverlässig sind. Unsere dringende Empfehlung lautet daher, sich professionell auf die zwei bis drei entscheidenden Gerichtstermine vorzubereiten. Hier kann man viel aus der Psychologie der Kommunikation lernen und für seine Interessen einsetzen.

Ein tatsächlich ernst gemeinter Hinweis: Machen Sie sich bei Amtsautoritäten klein. Richter und Jugendamt sind es nicht gewohnt, mit Persönlichkeiten umzugehen, die es besser wissen und die sie in eine Verteidigungsposition bringen. Auch wenn Sie es besser wissen, sollten Sie nach Rat und Hilfe fragen. Bitten Sie etwa den Sachverständigen um einen Tipp, wie bei der Übergabe der Kinder Stress vermieden werden kann. Fragen Sie das Jugendamt nach der Einschätzung zu einzelnen Kindergärten und welchen sie empfehlen würden. Wenn Sie für die Richter unangenehme Themen vorbringen, sollten Sie dies in Frageform tun. Wenn Sie beispielsweise den Verdacht hegen, dass Ihre Frau die Kinder im Sinne der PAS-Problematik manipuliert, sollten Sie dies nicht als Fakt darstellen, sondern den Richter naiv fragen, ob er es für möglich hält, dass hier so eine Beeinflussung stattgefunden haben könnte.

Seien Sie selbstkritisch und im Zweifel reumütig. Zeigen Sie, welche Vorwürfe Sie sich machen, beispielsweise nicht schon früher die Arbeit zu Gunsten Ihrer Kinder reduziert zu haben, dass Sie dies jedoch seit einigen Monaten schon getan haben. Die Psychologie der Kommunikation zeigt auch, dass die so genannte zweiseitige Kommunikation erfolgreicher ist: Derjenige Verkäufer, der nur die Vorteile seines Produktes lobt, ist im Zweifel weniger glaubwürdig als der Verkäufer, der auch auf Einschränkungen und kleine Nachteile hinweist. Dieses Grundprinzip der zweiseitigen Kommunikation gilt überall genauso vor dem Gericht oder im Auftreten gegenüber dem Jugendamt. Wenn Sie kleine Schwächen zugeben, wie etwa Ihre Ungeduld in bestimmten Situationen, so wird man Ihren Schilderungen in anderen Bereichen, die viel relevanter sind, eher Glauben schenken.

Der wichtigste Tipp aus Sicht der Psychologen für die professionelle Gesprächsvorbereitung liegt in einer Methode, die bei Schulungen für die Verhandlungsführung von Managern angewandt wird – die Methode des Rollentauschs. Im Kern geht es darum, sich per Rollenspiel in professioneller Form auf die Fragen in der Anhörung vorzubereiten. Wem ist es nicht schon so ergangen, dass er in entscheidenden Gesprächen einfach ein Blackout hatte oder nicht so überzeugend den Standpunkt vermitteln konnte, wie es eigentlich notwendig gewesen wäre. Setzen Sie sich daher zunächst mit Ihrem Anwalt zusammen und schreiben Sie in einer Liste auf, welche Fragen oder Vorwürfe vom Richter oder vom Anwalt Ihrer Frau kommen könnten: Warum sollten ausgerechnet Sie das Sorgerecht bekommen? Haben Sie wirklich einen so guten Kontakt zu Ihren Kindern? Sollten Ihre Frau und Ihre Kinder nicht erst einmal zur Ruhe kommen und bis dahin der Kontakt reduziert werden?

Rechnen Sie damit, dass es solche Vorhaltungen geben wird, bei denen Sie am liebsten auf den Tisch hauen würden. Da Sie sich dies jedoch nicht erlauben können, gilt es, sich besonnen darauf vorzubereiten. Nachdem Sie die Liste mit möglichen Fragen und Vorwürfen in der richterlichen Anhörung zusammengestellt haben, besteht der nächste Schritt nun darin, sich auf diese Fragen gut vorzubereiten. Am besten machen Sie dies zusammen mit Ihrem Anwalt. Auch wenn er dies zunächst ungewöhnlich findet, sollten Sie darauf bestehen, dass er sich hierfür eine Stunde Zeit nimmt. Ihr Anwalt sollte nun in die Rolle des Richters gehen und Ihnen die Fragen stellen, die Sie zuvor in der Liste zusammengestellt haben. Er soll Sie nicht schonen und in der notwendigen Schärfe und Direktheit die Fragen und Vorwürfe aussprechen, so, wie es später auch tatsächlich auf Sie zukommen wird! Machen Sie nach jeder zweiten oder dritten Frage eine Pause und besprechen Sie miteinander, wie Sie wirkten: Waren Ihre Antworten glaubwürdig? Hatten Sie gute Argumente? Muss an der Antwort noch gefeilt werden? Folgen Sie Ihrem eigenen

Gefühl, wie überzeugend Sie waren. Auch der Anwalt sollte sagen, ob dies zu seiner juristischen Strategie passt. Sie können diese Gerichtsszene natürlich auch zu Hause mit Freunden nachstellen und üben. Besser ist es jedoch, wenn Sie dies gemeinsam mit Ihrem Anwalt tun. Neben der professionellen Gesprächsvorbereitung liegt ein weiterer Vorteil in der Methode des Rollentauschs darin, dass einem durch das Aussprechen der Antworten noch einmal bewusst wird, was man wirklich will und was eher Nebenschauplätze sind.

KAPITEL 8

Das psychologische Gutachten

Die Funktion des psychologischen Gutachtens

Die Hilfe eines psychologischen Sachverständigen wird in Anspruch genommen, wenn es zwischen den Eltern strittig ist, wer das Sorgerecht erhalten soll, wie der Aufenthalt der Kinder auszugestalten ist oder wenn es unterschiedliche Vorstellungen zum Umgang gibt. Nach Paragraph 402 der Zivilprozessordnung hat der psychologische Sachverständige die Rolle eines Gehilfen des Gerichts. In der Praxis ist die Bedeutung der psychologischen Gutachten jedoch viel höher. Auf Grund der mangelnden Entscheidungsfreude mancher Richter sind es oft die psychologischen Gutachter, welche die wahren Richter sind. In nahezu allen Fällen wird ihr Vorschlag vom Gericht übernommen. Für den Richter ist es schließlich wichtig, dass sein Urteil nicht in der nächsten Instanz gekippt wird. Wenn er den Empfehlungen des psychologischen Sachverständigen folgt, ist für ihn die Gefahr einfach geringer, dass sein Urteil in Frage gestellt wird.

Nach unserer Auffassung machen es sich viele Familienrichter sehr einfach, indem sie die Verantwortung komplett an den Gutachter delegieren. Dies geschieht dadurch, dass die Gutachter häufig eine viel zu globale Aufgabenstellung bekommen wie »Welche Sorgerechtsregelung entspricht dem Kindeswohl am besten?«

Jetzt könnte man glauben, dass nur besonders qualifizierte Sachverständige eingeschaltet werden, wenn die Richter schon so viel Verantwortung an diese abgeben. Wer aber überhaupt psychologischer Sachverständiger werden kann, ist in der Zivilprozessordnung in Paragraph 407 festgelegt. Danach hat jeder die Pflicht, einer Ernennung zum Sachverständigen Folge zu leisten, wenn er das Gewerbe, dessen Kenntnis Voraussetzung der Begutachtung ist, öffentlich zum Erwerb ausübt. Dies bedeutet, dass jeder Diplompsychologe als Sachverständiger bestellt werden kann. Hierbei muss man berücksichtigen, dass die Psychologie ein weites Feld ist. Wenn im Prinzip jeder Diplompsychologe Sachverständiger werden kann, so darf gefragt werden, wie denn die Auswahl unter den vielen Psychologen zum Sachverständigen abläuft.

In der Tat sieht es mehr oder weniger so aus, dass, wenn ein Richter neu ans Familiengericht kommt, er sich umhört, mit wem die Kollegen zusammenarbeiten. So läuft es immer wieder auf dieselben Namen hinaus, ohne dass es für den psychologischen Sachverständigen einer besonderen praktischen oder wissenschaftlichen Qualifikation bedarf. Leider ist der BDP, der psychologische Berufsverband, in dieser Frage auch nicht sehr aktiv. Unsere Erfahrung dabei ist, dass die Gutachten oft sehr umfangreich sind. Familienrechtliche Gutachten mit über 200 Seiten Umfang kommen nicht selten vor. Hier handelt es sich meist um die endlose Wiedergabe von Gesprächsprotokollen, Interviews, Zitaten von Gerichtsakten und die textbausteinartige Erläuterung der Untersuchungsmethoden. Die eigentliche »Lösung« macht oftmals einen verschwindend geringen Anteil am Gesamtwerk aus. Dies hilft bei der jeweiligen Fragestellung kaum weiter.

Unabhängig von der Qualifikation psychologischer Sachverständiger muss man sich fragen, ob die Grundidee des psychologischen Gutachtens überhaupt funktioniert, nämlich dass sich ein Psychologe in den Fall einarbeitet, eine Sorgerechtsempfehlung ausspricht und sich dann beide Parteien frohen Mutes ihrem so richterlich definierten neuen Alltag widmen. Aus unserer Sicht ist dies graue Theorie. Bei einer solchen Herangehensweise gibt es immer den mächtigen Sieger und den ohnmächtigen Verlierer. Denn was nützt ein solcher formaljuristischer Sieg für den überlegenen Sieger, der das Sorgerecht bekommt, wenn anschließend der Verlierer in die nächste Instanz zieht, die Stimmung zwischen den Eltern nur noch angespannter wird und langwierig die juristische Auseinandersetzung auf der nächsten Ebene weitergeht. Meistens sind es hier wiederum die Väter, die den Kürzeren ziehen. Denn bei den Mütter, die das Kind haben und den Umgang boykottieren, tickt die Zeit für sie. Gutachter sorgen damit eher für Ruhe auf der Gerichtsfront, jedoch bestimmt nicht auf der Familienebene.

Unsere Kritik richtet sich allerdings nicht an die Institution eines psychologischen Sachverständigen als solchen. Denn natürlich kann ein Psychologe eine sehr wertvolle Rolle spielen, die der Richter nur schwer übernehmen kann. Er kann durch Befragung und Beobachtung die Dynamik des Familienlebens einschätzen, die Kinder in ihrem Alltagsleben beobachten und die Beziehungen der Kinder zu den verschiedenen Personen bewerten. Dass der Psychologe meist nicht zu einer Befriedung unter den ehemaligen Familienmitgliedern und einer Stabilisierung der Kindespsyche beiträgt, liegt vielmehr an den falschen, nämlich viel zu pauschalen Fragestellungen, welche die Richter den Psychologen aufgeben. Durch den pauschalen Auftrag »Welche Sorgerechtsregelung entspricht dem Kindeswohl am besten?« entsteht eine Entweder-Oder-Logik, die schon von ihrer Formulierung her gegen das Kindesinteresse läuft und niemals zu einer auch nur annähernd einvernehmlichen Lösung beitragen kann. Wenn der psychologische Sachverständige hingegen versuchen würde, mit beiden Eltern gemeinsam eine einvernehmliche Lösung zu finden, entspräche dies schließlich auch der aktuellen Gesetzeslage, wonach die gemeinsame Ausübung der elterlichen Sorge der Regelfall sein soll.

Mit einem solchen Vorgehen würde der Psychologe nun wirklich einen wichtigen inhaltlichen Schritt zur Problemlösung herbeiführen. Dies hat den weiteren Vorteil, dass die Eltern das richterliche Urteil nicht als eine Fremdbestimmung empfinden. Die Aufteilung der Eltern in ein Elternteil als alleiniger Inhaber der elterlichen Sorge (womit ihm ein unbeschränkter Einfluss und Macht über das Kind verliehen wird) und einem nichtsorgeberechtigten (machtlosen) Elternteil gibt nur die Ausgangslage für ein neues Streitverfahren her.

Methodische Standards, denen sich der Psychologe unterordnen muss

Es gibt einige allgemeine Gütekriterien wissenschaftlicher Testverfahren, die auch auf Verfahren bei familienrechtlichen Auseinandersetzungen angewendet werden müssen.

Objektivität

Unter Objektivität als Testgütekriterium wird verstanden, dass der einzelne Test oder die Befragung nicht abhängig vom Untersucher sind. Danach müsste derselbe Test zu genau den gleichen Ergebnissen kommen, wenn er von einem anderen Psychologen durchgeführt worden wäre. Die größte Bedeutung in psychologischen Gutachten haben jedoch weniger die Testverfahren als vielmehr Gespräche mit Mutter, Vater, Kindern oder anderen Beteiligten. Die Objektivität einer Auswertung solcher Gespräche ist natürlich sehr viel vager. Objektiv und damit unabhängig von der Person eines Gutachters werden solche so genannten Explorationsgespräche lediglich dadurch, dass diagnostische Gesprächsleitfäden verwendet werden. In diesen Leitfäden ist standardisiert und damit nachvollziehbar vorstrukturiert, welche Fragen und Beobachtungen anzuwenden sind, um die vom Richter gestellte Aufgabenstellung systematisch anzugehen.

Reliabilität

Unter Reliabilität wird die Zuverlässigkeit eines Testverfahrens oder einer anderen psychologischen Methode verstanden. Im

Einzelnen bedeutet die Reliabilität, dass ein Testverfahren genau ist und beispielsweise seine Ergebnisse nicht von einem Tag zum nächsten schwanken. Daher werden bei neuen psychologischen Testverfahren in der Regel Reliabilitätsmessungen vorgenommen, bevor diese auf den Markt kommen. Dies geschieht beispielsweise dadurch, dass der gleiche Test dem Kandidaten einige Wochen später noch einmal vorgelegt wird, um festzustellen, ob dabei ähnliche Ergebnisse herauskommen. Wenn von Psychologen entsprechende Testverfahren eingesetzt werden, so ist es für den psychologischen Laien durchaus nachvollziehbar, ob es sich dabei um ein anerkanntes Testverfahren handelt, bei dem diese Reliabilität überprüft wurde.

Validität

Im Gegensatz zur Reliabilität wird bei der Validität untersucht, ob ein Verfahren nicht nur genau ist, sondern auch das misst, was es zu messen vorgibt. Hierbei geht es quasi darum, ob das Testverfahren zu wahren und echten Ergebnissen führt. Bei psychologischen Testverfahren wird die Validität meistens dadurch überprüft, dass man ermittelt, ob ein neu zu entwickelnder Test zu ähnlichen Ergebnissen führt wie ein bereits bewährter Test.

Wie kann man sich vorbereiten und wie kann man sich wehren?

Der wichtigste Tipp besteht darin, dass man sich möglichst schnell nach Festlegung des Gutachters über diesen informieren sollte. Über die Väter- und Elternverbände der jeweiligen Stadt sollten Sie sich daher schnell darüber informieren, ob es sich hier um einen renommierten und vom Grundsatz her neutralen Gutachter handelt. In der Regel geben die Gerichte einem die

Möglichkeit, vor Bestellung des Gutachters entsprechende Einwendungen gegen diesen zuzulassen. Wenn durchgreifende Bedenken gegen die Neutralität oder Geeignetheit des Gutachters bestehen, lohnt es sich in jedem Falle, begründete Einwendungen zu machen. Selbst wenn der Gutachter dennoch vom Gericht bestellt würde, weiß dieser, dass er sich keine Parteilichkeit leisten kann; auch wird er sich Mühe geben, da ihm bekannt ist, dass er nach Gutachtenerstellung auf Antrag sein Gutachten erläutern muss.

Nach der Zivilprozessordnung müssen natürliche Personen als Sachverständige bestellt werden. Dies steht im Gegensatz zu der häufigen Praxis, ein Institut zu beauftragen. In der Regel läuft es dann aber so ab, dass der bekannte und renommierte Institutsinhaber gegen eine entsprechende Provision den Gutachtenauftrag an einen weniger erfahrenen, freien Mitarbeiter abgibt und somit kann im Vorhinein nicht überprüft werden, welche Qualifikation der betreffende Gutachter hat. Ein anderes – ebenfalls unzulässiges – Vorgehen von Gerichten ist es, den Leiter eines solchen Institutes zu bitten, seinerseits die ihm übersandten Akten einem geeigneten Sachverständigen zu übermitteln. Falls ein solches Vorgehen in Ihrem Falle angewendet wurde und keine spezifische, natürliche Person mit der Ausfertigung des Gutachtens beauftragt wurde, kann dies für Ihren Anwalt einen guten Ansatz bieten, ein auf diesem Gutachten basierendes Urteil formalrechtlich in Frage zu stellen und damit beim Oberlandesgericht in Berufung zu gehen.

Weiterhin ist es wichtig zu wissen, dass die Gutachter, wenn sie einmal den Auftrag erhalten haben, ihre Methoden, den Aufwand und insbesondere den Zeitablauf frei handhaben können. Wir kennen Fälle, in denen die Abfassung des Gutachtens eineinhalb Jahre dauerte. Da kann man drei Monate abwarten, beim Gericht nachfragen, das Gericht gibt die Nachfrage an den Gutachter weiter und Monat um Monat geht ins Land. Nützlich ist die Verzögerung in erster Linie für die Mütter, die in vielen Fällen den Kontakt des Kindes zum Vater unterlaufen und natürlich überhaupt kein Interesse an einer Beschleunigung des Verfahrens haben. Die Uhr tickt hier natürlich gegen die verzweifelten Väter, die sich um die Aufrechterhaltung des Kontakts zu ihren Kindern sorgen.

Ein versierter und engagierter Anwalt beantragt entweder gleich oder beim ersten Anschein einer Verzögerung gemäß Paragraph 411 der Zivilprozessordnung beim Gericht, dass dem Sachverständigen eine Frist zur Erstellung seines Gutachtens gesetzt wird. Verstreicht diese, kann gegenüber dem Sachverständigen ein Ordnungsgeld angedroht und später auch festgesetzt werden.

Zu Beginn der ersten Sitzung sollten Sie den Psychologen fragen, wie er sich den Ablauf vorstellt und welche Methoden er einsetzt. Wichtig erscheint uns hier, dass er mehr als einmal Kontakt mit den Kindern hat. In einem ersten Kontakt werden sich Kinder in der Regel unnatürlich und wie unter Beobachtung verhalten. Hier gibt es immer irgendeinen Ansatz, wie dies gegen den Vater ausgelegt werden kann.

Psychologen möchten in ihrem Beruf genauso wie andere Menschen geachtet werden. Stellen Sie Fragen, bitten Sie um Tipps und seien Sie nicht nach außen hin überkritisch. Genauso wie in anderen menschlichen Situationen hängt viel von der Sympathie zwischen zwei Menschen ab. Versuchen Sie, Gemeinsamkeiten zwischen sich und dem Psychologen herauszuarbeiten, erzählen Sie von sich, gehen Sie auf ihn zu.

Sie sollten keinesfalls Ihre Ex-Frau schlecht machen, selbst wenn es hier einiges zu erzählen gäbe und es deshalb in Ihnen rumort. Für den Psychologen wäre dies allenfalls ein Hinweis darauf, dass Sie die Trennung noch nicht bewältigt haben, noch in einer instabilen Situation sind und damit dem Kind nicht die Sicherheit geben können, die es braucht. Sie sollten allenfalls in einer Stimmung von Trauer oder Bedenklichkeit über das Scheitern der Beziehung sprechen. Selbst wenn Ihre Frau fremdgegangen ist und damit die Trennung eingeleitet hat, sollten Sie hier keineswegs mit Gefühlen von Hass oder Aggression sprechen. Zeigen Sie ein gewisses Verständnis und suchen Sie auch Fehler bei sich. Ob Sie auch so denken, ist für die kurze Zeit, die Sie mit dem Gutachter sprechen, egal.

Wichtig ist auch der Aspekt der Bindungstoleranz. Dies ist in familienrechtlichen Auseinandersetzungen ein immer wichtigeres Kriterium für die Frage, wer für die Betreuung der Kinder besser geeignet ist. Unter Bindungstoleranz wird die Toleranz auch dem anderen Elternteil gegenüber verstanden. Betonen Sie daher die Wichtigkeit der Rolle der Mutter und auch den guten Kontakt zu ihr oder zumindest Ihren konkreten Willen hierzu. Gehen Sie davon aus, dass es die Aufgabe des Psychologen ist, jede Sorgerechts- und Umgangsregelung immer aus der Perspektive des Kindes zu sehen. Ihnen werden Fragen danach gestellt, wie Sie die emotionale, soziale und geistige Entwicklung des Kindes fördern können. Bereiten Sie sich hierauf vor. Führen Sie auf, was Sie in der Vergangenheit hierzu schon getan haben und auch beabsichtigen, weiterhin zu tun.

Wenn es zu Hausbesuchen kommt, sollten Vater und Mutter gleiche Startvoraussetzungen haben. Akzeptieren Sie nicht, wenn eine so genannte Interaktionsbeobachtung von Eltern und Kind ausschließlich bei der Mutter stattfindet. Auch kann es nicht in Ordnung sein, dass Sie mit dem Kind nur anlässlich eines vielleicht zweistündigen Besuches beobachtet werden. Hier kann schließlich das Kind nicht die gleiche Nähe haben als wenn es dauernd mit der Mutter zusammen ist. Ideal wäre es, wenn das Kind schon eine gewisse Zeit hatte, mit Ihnen warm zu werden, nachdem es aus dem Haushalt der Mutter kam.

Wenn weitere Gesprächspartner von dem Psychologen angesprochen werden, sollten dies natürlich nicht nur Bekannte Ihrer Frau sein. Auch Sie sollten die Möglichkeit haben, entsprechende Gesprächspartner zu benennen. Wenn Sie arbeiten, weil Sie die materielle Versorgung der Familie sicherstellen und Ihre Frau in aller Ruhe entsprechende Kontakte machen kann, so sollten Sie sich unbedingt Zeit dafür nehmen, eventuell sogar Urlaub nehmen. Es ist wichtig, dass Sie auch die entsprechenden

Kontakte pflegen, etwa zur Schule oder zum Kindergarten und hier Präsenz zeigen.

Wenn das Gutachten dann auf dem Tisch liegt und Sie das Gefühl haben, es sei parteiisch und ohne nachvollziehbare Argumente gegen Sie, besteht die Möglichkeit, ein so genanntes Privatgutachten in Eigenregie erstellen zu lassen. Adressen möglicher Gutachter bekommen Sie von den Väter- oder Elternvereinen und auch von dem Jugendamt.

Rechnen Sie bitte nicht damit, dass es selbst bei gravierenden Fehlern im Gutachten einen Eindruck auf den Richter ausübt, wenn Sie mit einem Privatgutachten kommen. Obwohl es zwar übliche Praxis in Familiengerichten ist, diese Privatgutachten zu ignorieren, so stellt es dennoch einen formaljuristischen Fehler dar. Bleiben Sie ruhig, denn hier liegt dann ein guter Ansatzpunkt für ein Berufungs- oder Beschwerdeverfahren beim Oberlandesgericht. Nicht auf diese Privatgutachten inhaltlich einzugehen verstößt nämlich gegen die Vorschriften der Zivilprozessordnung (siehe § 286 ZPO). Auch verstößt es nach Meinung des Bundesverfassungsgerichtes gegen das Gebot des rechtlichen Gehörs (Bundesverfassungsgericht – Entscheidungssammlung 60, S. 247, 249). Machen Sie Ihren Rechtsanwalt hierauf aufmerksam.

Allerdings ist ein solches Vorgehen meist nur dann sinnvoll, wenn Sie mit der bestehenden faktischen Situation im Vorteil sind und bequem eine weitere juristische Instanz abwarten können. Selbst wenn dies nicht der Fall ist, besteht hiermit zumindest ein gewisser juristischer Hebel. Es bietet die Möglichkeit, sich nicht durch ein völlig falsches Gutachten unter Druck setzen zu lassen und somit einen aus Ihrer Sicht falschen Kompromiss einzugehen.

Oft ist es auch hilfreich, das Privatgutachten nicht gleich zu offenbaren, sondern mit einigen wenigen Kritikpunkten den Sachverständigen zu einer mündlichen Erläuterung seines Gutachtens vor das Gericht zu zwingen. »Bewaffnet« mit einer Fülle an Gegenargumenten oder durchgreifenden Kritikpunkten aus dem Privatgutachten, kommt es häufig vor, dass der vom Gericht beauftragte Sachverständige zahlreiche Zugeständnisse machen oder gar seine bis dahin einseitigen Beurteilungen revidieren muss. Hier ist insbesondere die Qualität des Privatgutachters und die Erfahrung des eigenen Anwaltes gefragt. Letzterer hat die Aufgabe, den »schlechten« Gutachter in die Zange zu nehmen und ihm für Sie günstigere Aussagen zu entlocken.

KAPITEL 9

Ehewohnung und Hausrat

Die juristische Grundlage für die Fragen zu Ehewohnung und Hausrat ist die so genannte Hausratsverordnung aus dem Jahr 1944. Diese stammt also aus den letzten Monaten des Zweiten Weltkriegs, also aus einer Zeit, in der Menschen wenig hatten und das Wenige war nahezu ausschließlich vom Mann gekauft worden. Es herrschte außerdem Wohnungsknappheit. Solche Zeiten sind vorbei, die damalige gesetzliche Grundlage ist nicht mehr zeitgemäß, da nur selten eine solche Not besteht, dass in das Eigentum eines Ehegatten eingegriffen werden »muss«. Das aber ist auch heute noch nach der Hausratsverordnung möglich.

Wer darf in der Ehewohnung bleiben?

Natürlich besteht die Möglichkeit, dass Sie oder Ihre Frau aus der gemeinsamen Wohnung ausziehen. In der Trennungszeit besteht aber auch die Möglichkeit, dass Sie beide in einer Wohnung weiter verbleiben und sich entsprechende Reviere abstecken. Dies wird für die meisten Paare aber kaum in Frage kommen, denn schließlich wollte man sich ja gerade trennen.

Wenn nun Streit darüber entsteht, wer in der gemeinsamen Wohnung bleiben soll, kann dazu die Hilfe des Gerichts angefordert werden. Häufig wird von Frauen der Antrag gestellt, dass ihnen allein die Nutzung der Wohnung zugeteilt wird. In diesem Fall muss die Frau nachweisen, dass es eine »unbillige

Härte« im Sinne des Paragraphen 1361b BGB darstellen würde, wenn Sie beide gemeinsam in der Wohnung verbleiben würden. Die Anforderungen daran sind sehr hoch und bei »normalen« Trennungen so gut wie nie erfüllt. Nach Ansicht vieler Familienrichter wären sogar einmalige Entgleisungen in Form von Prügeln nicht ausreichend. Das ist allerdings seit Anfang 2002 anders: Heute gibt es das Gewaltschutzgesetz, das es dem Familiengericht schon bei einfacher Gewalt oder sogar Drohungen erlaubt, den Täter für zunächst sechs Monate aus der Wohnung zu verweisen.

Wenn es also weder Gewalt noch Drohungen gab, wird in der Praxis derjenige in der Ehewohnung bleiben, der die besseren Nerven hat. Und weil dies so ist und sich darüber hinaus die Möglichkeiten des Gewaltschutzgesetzes herumgesprochen haben, scheint es immer mehr Fälle zu geben, in denen einfach behauptet wird, dass körperliche Gewalt angewendet wurde. Das haben jetzt auch viele Familienrichter gemerkt, weshalb dann doch erhöhte Anforderungen an die für das Verfahren erforderliche Glaubhaftmachung der Verletzungen gestellt werden.

Wenn Sie sich die Chance bewahren wollen, Kontakt zu Ihren Kindern zu behalten, sollten Sie nicht zu schnell aus der Wohnung fliehen, da andernfalls Fakten geschaffen werden. Wenn Sie selbst Betreuungsmöglichkeiten haben (falls Sie beispielsweise selbstständig oder arbeitslos sind) und die Kinder bei sich behalten wollen, wäre es hilfreich, wenn Sie in der Wohnung blieben. Bei einer gerichtlichen Entscheidung über den Aufenthalt der Kinder spielt auch deren Wille eine Rolle, umso mehr je älter die Kinder sind. Häufig wollen Kinder in ihrem gewohnten Umfeld verbleiben. Wenn Ihre Frau geht und sie nicht sofort eine Wohnung für sich und die Kinder hat, wird nach einiger Zeit der Kontinuitätsgrundsatz für Sie sprechen.

Es besteht also ein enger Zusammenhang zwischen Kinderbetreuung und Wohnung. Wenn Sie aus der Wohnung ausziehen, ob freiwillig oder per Gerichtsbeschluss, dann haben Sie in der späteren Argumentation zur Kinderbetreuung schlechte Karten. Ihre Frau wird immer sagen können, dass Sie sich ja gar nicht täglich um die Kinder haben kümmern können. Umgekehrt – ohne Sorgerecht oder Aufenthaltsbestimmungsrecht für die Kinder – haben Sie auch schlechte Karten, wenn es Ihnen wichtig ist, in der Wohnung zu bleiben. Wer als Mann also spontan aus der Wohnung auszieht, hat beim Aufenthaltsbestimmungsrecht schon fast verloren. Vielleicht machen es in Zukunft mehr Männer so, wie es bisher auch schon die Frauen tun: Sie ziehen mit unbekanntem Ziel und den Kindern aus, beantragen dann erst einmal das vorläufige Aufenthaltsbestimmungsrecht und unterbinden so lange den Kontakt zur Mutter, bis die so geschaffenen Fakten dann per Gerichtsbeschluss legalisiert werden.

Die Hausratsverordnung selbst wird erst für den Fall der Scheidung wichtig. Zuweisungsverfahren bezogen auf die Ehewohnung sind auf dieser gesetzlichen Grundlage in der Praxis sehr selten, da meist einer der Partner im Laufe der Trennungszeit ausgezogen ist.

Keinen Einfluss auf die Entscheidung, einem der Partner die Wohnung zuzuteilen, hat aber die Frage, wer den Mietvertrag geschlossen hat oder wer sogar Eigentümer der Wohnung ist. Im Extremfall ist es durchaus möglich, dass Sie per Richterbeschluss aus der Wohnung vertrieben werden, die Ihnen selbst gehört. Dem Richter kommt hier eine große Bedeutung und Verantwortung zu, weil auf seinen Beschluss hin neue Mietverträge geschlossen werden können, denen dann Verwaltungen oder der Besitzer der Wohnung folgen müssen.

Wem sollen die Anschaffungen aus der Ehe gehören?

Das Gericht kann auf Antrag ebenfalls helfen, wenn Streit über die Aufteilung des Hausrats besteht. Zunächst stellt sich die Frage, was Juristen überhaupt als Hausrat deklarieren und worüber somit eine Abstimmung notwendig ist. Kein Hausrat in diesem Sinne sind persönliche Gegenstände, wie beispielsweise Kleidung, Bücher oder Dinge, die beruflich gebraucht werden. Persönliche Dinge sind demnach auch Akten oder Sparbücher.

Eine heikle Frage ist die, ob das Auto zum Hausrat gehört. Meist wird dies von den Richtern davon abhängig gemacht, ob das Auto auch beruflich genutzt wird. Wenn Sie das Auto nutzen, um damit zur Arbeit zu fahren, weil es mit öffentlichen Verkehrsmitteln zu umständlich ist, dann gehört das Auto nicht zum Hausrat und kommt somit auch nicht in die Verteilungsmasse. Wenn das Auto hingegen in erster Linie zum Einkaufen benutzt wird oder um die Kinder zur Schule zu bringen, dann gehört es zum Hausrat. Viele Männer, die auf diese Weise nicht das lange von ihnen ersparte Auto verlieren wollen, verkaufen es häufig. Wenn allerdings für die Richter der Eindruck entsteht, dass dies in ursächlichem Zusammenhang zur Trennung steht, könnte es problematisch werden, da dann nach der Hausratsverordnung im Rahmen einer Gesamtverteilung sogar eine Ausgleichszahlung fällig werden kann. Das aber ist die Ausnahme.

Klassische Gegenstände, die zum Hausrat gehören, sind etwa Möbel, Geschirr, der Fernseher und Ähnliches. Wenn Sie sich mit Ihrer Frau über die Aufteilung nicht einig werden, muss Zimmer für Zimmer ein Verzeichnis der darin befindlichen einzelnen Gegenstände angelegt werden. Sie müssen dann ferner vermerken, was Dinge Ihres persönlichen Eigentums sind und welche Dinge Ihnen gemeinsam gehören. Persönliches Eigentum sind Dinge, die Sie schon in die Ehe mit eingebracht haben. Gemeinsames Eigentum sind Dinge, die während der Ehezeit angeschafft wurden. Dieses gemeinsame Eigentum soll dann so aufgeteilt werden, dass es wertmäßig vergleichbar ist. Es empfiehlt sich, eine solche Liste bereits vor dem Auszug eines der Ehepartner zu erstellen und von beiden unterschreiben zu lassen. Dann gibt es zumindest eine Grundlage, über die man sich später streiten kann. Wenn Sie schon ausgezogen sind und aus dem Gedächtnis eine solche Liste anfertigen müssen, haben Sie schlechte Karten. Ihre Frau kann dann immer sagen, dass es diese Gegenstände gar nicht mehr gibt oder noch nie gegeben hat. Hier hilft es dann nur, wenn Sie vor dem Auszug Fotos aller Räume machen. Den Sachen hinterherzulaufen ist jedoch auf Basis solcher Listen sehr nervenaufreibend und fruchtlos.

Viele Ehegatten nehmen daher beim Auszug erst einmal das mit, von dem sie glauben, dass es ihnen gehört.

Der Richter kann auf Antrag einem der Partner auch Gegenstände zuweisen, die eigentlich dem anderen gehören. Dies geht dann, wenn der Partner nachweist, dass es wiederum eine schwere Härte wäre, ohne diese Gegenstände auszukommen. Ein Beispiel wäre Bettwäsche und ein Klassiker ist auch die Waschmaschine, die vielleicht der Ehemann schon vor der Ehe angeschafft hatte, die jedoch nun von der Frau mehr benötigt wird, weil sie mit den Kindern ausgezogen ist.

KAPITEL 10

Der Unterhalt für Kinder und Ex-Frau

Scheidung für Männer: Die alten Rollenklischees leben wieder auf

Neben dem emotionalen Leid, insbesondere wenn Kinder da sind, bedeutet für arbeitende Männer die Ehescheidung meist der finanzielle Kollaps. Dabei reichen schon drei Jahre Eheglück aus, um lebenslang unterhaltspflichtig zu werden. So beweist der Bundesgerichtshof in einem Urteil (VII ZR 89/97), dass es den Bund fürs Leben doch noch gibt – zumindest finanziell. In einer erst später eingeführten Härteklausel im BGB bei der Scheidung kurzer Ehen sieht das Gesetz zwar vor, dass Unterhalt nur eine begrenzte Zeit lang gezahlt werden muss. Doch eine kurze Ehedauer wollen die Richter schon nicht mehr annehmen, wenn sich die Partner »in wechselseitige Abhängigkeit auf ein gemeinschaftliches Lebensziel ausgerichtet haben«. Und das ist nach einem angeblich »allgemeinen Erfahrungssatz« bereits nach etwa drei Jahren der Fall.

Auch finanzielle Not befreit nicht von Unterhaltsleistungen. In einem Urteil des Bundesgerichtshofes (XII ZR 121/95) hält das Gericht einem Mann vor, dass er seine Ex-Partnerin selbst dann unterstützen muss, wenn ihm dadurch nur noch so viel Geld übrig bleibt, dass er mit seiner neuen Familie auf Sozialhilfeniveau leben muss. Er kann die Unterhaltszahlungen nicht mit dem Argument einstellen, dass dies »grob unbillig« sei.

Eine neue Partnerschaft hatte in der Vergangenheit so gut wie keine Auswirkungen auf die alten Unterhaltszahlungen. Die alte Ehefrau geht der neuen im Rangverhältnis vor. Ein wenig abgemildert wurde dies erst durch das Bundesverfassungsgericht, und zwar durch eine Entscheidung vom 7. 10. 2003 (siehe 1 BvR 246/93), die sich mit einem Urteil eines Familiengerichtes aus dem Jahre 1994 (!) beschäftigt. Bis dahin kam der Vorteil der neuen Ehe durch die günstigere Steuerklassenwahl grundsätzlich auch der geschiedenen Ehefrau zugute. Das gilt jetzt nicht mehr, der Vorteil durch die Inanspruchnahme der Steuerklasse III verbleibt der neuen Ehe. Das ist so umzusetzen, dass der Unterhaltsanspruch der früheren Ehefrau sich nach dem fiktiv zu ermittelnden Einkommen des geschiedenen Ehemannes bemisst, das er hätte, wenn er nicht erneut geheiratet hätte, also auf der Basis der Steuerklasse I.

Die Verantwortung für den geschiedenen oder getrennt lebenden Ehegatten kann sogar so weit gehen, dass ein Selbstständiger gehalten ist, im Zweifel sein Gewerbe aufzugeben und wieder eine abhängige Beschäftigung zu suchen, um der Ex-Frau die gleichen Verhältnisse zu gewährleisten, wie diese sie während der Ehe hatte, so beispielsweise das Oberlandesgericht Celle (Az. 8 UF 180/00).

Auch durch eine erneute Heirat und den Rollenwechsel zum Hausmann entkommt ein geschiedener Mann ebenfalls nicht seiner Pflicht, seiner früheren Frau Unterhalt zu zahlen. In einem weiteren Urteil des Bundesgerichtshofs (XII ZR 2/95) verpflichtet ihn das Gericht, obwohl er seinen Job aufgegeben und sich in der neuen Ehe um Kind und Haushalt gekümmert hat, weiter für seine erste Familie aufzukommen – und zwar mit dem Gehalt seiner jetzigen Frau!

Besonders antiquiert ist das Geschlechterrollenbild der Rechtsprechung dann, wenn Kinder im Spiel sind. Nach Paragraph 1570 BGB kann der Elternteil, der eines oder mehrere Kinder betreut, völlig frei sein von jedweden Pflichten, auch wirtschaftlich Verantwortung für die Kinder zu tragen. So entsteht oft die Situation, dass die Frauen aus der gemeinsamen Wohnung ausziehen und somit doppelte Kosten für Wohnung und Hausrat anfallen. Allerdings wird das Gesamteinkommen des allein verdienenden Mannes durch die andere Steuerklasse nun geringer und mancher Mann muss mehr als die Hälfte seines Nettoeinkommens für Kinder und Ehegattenunterhalt ausgeben – ohne dass die Ex-Frau verpflichtet wäre, sich eine Tätigkeit zu suchen. Im Einzelfall richtet sich dies allerdings nach Alter und Anzahl der betreuten Kinder.

So gibt beispielsweise das Oberlandesgericht Köln Folgendes vor:

Unzumutbar ist eine Erwerbstätigkeit wegen Betreuung gemeinschaftlicher Kinder in der Regel bei:
- einem Kind unter 8 Jahren (bis Ende des zweiten Schuljahres),
- mehreren Kindern unter 14 Jahren.

Eine Obliegenheit zu Teilerwerbstätigkeit besteht in der Regel bei:
- einem Kind zwischen 8 und 16 Jahren,
- mehreren Kindern zwischen 14 und 18 Jahren.

Danach (erst) besteht in der Regel eine Obliegenheit zur Vollerwerbstätigkeit.

Und wenn die Frau, obwohl sie hiernach eigentlich nicht müsste, dennoch arbeitet (weil beispielsweise die Großmutter auf die Kinder aufpasst), kommt sie finanziell wesentlich besser weg als der Mann. Das Oberlandesgericht Köln befindet hierzu: »Bei unzumutbarer Erwerbstätigkeit des betreuenden Elternteils kann von seinem Einkommen nur ein Teil nach Maßgabe des § 1577 II BGB anzurechnen sein.«

Die meisten Familienrichter rechnen – nach der Daumenmethode – meist nur die Hälfte des Einkommens an, je nach den Umständen auch mal gar nichts. Damit wird in der Rechtsprechung letztlich das Bild des »Hausmütterchens« stabilisiert. Die Frau bleibt gänzlich zu Hause, kümmert sich um den Haushalt, so als ob Kindertagesstätten oder andere Formen der Kinderbetreuung noch nicht erfunden worden wären. Das

Nach einer Statistik des NRW-Familienministeriums in Düsseldorf finden es 75 Prozent der Männer »gut«, wenn »Mann sich vorrangig um Haushalt und Familie kümmert«. Doch nur zwei Prozent der Väter nehmen tatsächlich Erziehungsurlaub. Daher warb die ehemalige NRW-Familienministerin Birgit Fischer in einer Werbeaktion mit Plakaten und Anzeigen um einen höheren Männeranteil am Erziehungsurlaub. Motto: »Verpass nicht die Rolle deines Lebens«.

Unterhaltsrecht erschwert damit faktisch jede Eigeninitiative des Unterhaltsberechtigten.

Wie funktioniert die Unterhaltsberechnung?

Grundsätzlich sind in den meisten Fällen drei Formen von Unterhaltszahlungen relevant. Zunächst gibt es den Trennungsunterhalt (siehe § 1361 BGB), der vom Zeitpunkt der Trennung an gezahlt werden muss – etwa beim Auszug eines Ehepartners aus der gemeinsamen Wohnung – bis zur Rechtskraft des Scheidungsurteils. Wenn es schnell geht, dauert dieser Zeitraum, für den Trennungsunterhalt gezahlt werden muss, etwa eineinhalb Jahre. Wenn einer der Partner die Scheidung hinauszögert, kann diese Trennungszeit auch einige Jahre andauern.

Trennungsunterhalt ist eine Angelegenheit, der – rechtlich selbstständige – nacheheliche Unterhalt, also der Unterhalt, der ab Rechtskraft der Scheidung geschuldet wird, ist eine andere. Diese Unterhaltszahlungen haben andere gesetzliche Grundlagen, beispielsweise § 1570 BGB: Nachehelicher Unterhalt wegen Betreuung eines gemeinschaftlichen Kindes. Die Anforderungen an die Ex-Frau, selbst zu ihrer wirtschaftlichen Sicherung beizutragen, sind beim nachehelichen Unterhalt etwas höher.

Wenn Kinder im Spiel sind, so ist die dritte praxisrelevante Unterhaltsform der Kinderunterhalt. Bei der Zahlung des Kinderunterhalts orientieren sich die meisten Gerichte an der so genannten »Düsseldorfer Tabelle«. Diese Düsseldorfer Tabelle hat nichts mit Gesetzestexten zu tun, sondern ist lediglich eine Absprache zwischen Richtern in Düsseldorf, Köln und Hamm. Fast alle Oberlandesgerichte in Deutschland haben eigene so genannte Leitlinien, mit denen sie entweder Bezug nehmen auf die Düsseldorfer Tabelle oder diese leicht modifizieren.

Seit der Scheidungsreform von 1977 hängen die Unterhaltsansprüche grundsätzlich nicht mehr davon ab, wer »Schuld« an der Ehescheidung hatte. Deshalb wäre es beispielsweise in vielen Fällen nicht einmal relevant, wenn Ihre Frau mit einem anderen Mann fremdgeht und die Trennung provoziert. Nur in gravierenden Fällen, beispielsweise wenn die Frau »aus intakter Ehe in die Arme des Geliebten flüchtet«, kann an eine gänzliche oder teilweise Verwirkung des Unterhaltsanspruches gedacht werden (siehe § 1579 BGB).

Der Trennungsunterhalt sowie der nacheheliche Unterhalt bemessen sich zum einen an dem Bedarf des Berechtigten. Dies ist im Wesentlichen der »gewohnte Lebensstandard« aus der Ehe, jedoch auch trennungsbedingter Mehrbedarf (etwa die zusätzliche Wohnung). Zum anderen richtet sich der Unterhalt auch nach der Leistungsfähigkeit des Zahlenden. In der Praxis der Unterhaltsverfahren geht man dann jedoch meist nach einem Schema vor.

Beispiel 1: Der Mann ist Alleinverdiener, ein Kind (5 Jahre alt), die Frau arbeitet nicht

In diesem Fall sind folgende Schritte zurückzulegen:

1. Zunächst wird berechnet, was Ihnen monatlich zur Verfügung steht. Angenommen, Sie verdienen nach der Trennung bei Steuerklasse I 2500 Euro netto monatlich und Sie erhalten 13,5 Gehälter. Das monatliche Nettoeinkommen wird wie folgt berechnet: 2500 Euro mal 13,5 geteilt durch 12 ergibt 2812,50 Euro. Hinzu kommen andere Einkunftsarten – wie

etwa Zinseinkünfte, Mieteinnahmen oder Ähnliches. Auch wird grundsätzlich ein Zwölftel der letzten Steuererstattung dem durchschnittlichen monatlichen Nettoeinkommen hinzugerechnet. Stellt Ihnen Ihr Arbeitgeber einen Dienstwagen zur Verfügung, den Sie auch privat nutzen dürfen, wäre insoweit der Nutzungsvorteil auch als Einkommen zu werten. Je nach Ausstattung und Wert des Pkw kann sich schnell ein weiterer Betrag bis 300 Euro ergeben, über den Sie zwar nicht verfügen können, der aber als (weiteres) Einkommen berücksichtigt wird.

2. Abgezogen werden bestimmte Ausgaben wie Schulden oder berufsbedingte Ausgaben (insbesondere Fahrtkosten) – dazu später mehr. Um dieses Beispiel nicht allzu kompliziert werden zu lassen, wollen wir unterstellen, dass es keine Schulden gibt und dass ein Zwölftel des Steuererstattungsbetrages genau den Fahrtkosten entspricht; es bleibt dann beim durchschnittlichen Monatseinkommen in Höhe von 2812,50 Euro.
3. Wenn Ihre Kinder vorwiegend von Ihrer Frau betreut werden, zahlen Sie nach der Düsseldorfer Tabelle Kindesunterhalt. Einzustufen wären Sie mit dem als Beispiel herangezogenen Verdienst in die Einkommensgruppe 9. Da aber die Düsseldorfer Tabelle grundsätzlich von drei Unterhaltsberechtigten ausgeht (eine Frau, zwei Kinder), werden Sie automatisch in die Stufe 10 eingestuft. So fällt dann für die Altersstufe bis einschließlich fünf Jahre ein Betrag von 347 Euro an. Da ab der sechsten Einkommensgruppe der Düsseldorfer Tabelle beiden Eltern jeweils die Hälfte des Kindergeldes (77 Euro) zugute kommt, müssen Sie für ein Kind bis zum sechsten Lebensjahr monatlich »nur« 270 Euro zahlen.
4. Von dem monatlichen Gesamteinkommen wird dann aber wieder der Tabellenbetrag des Kindesunterhaltes ohne den Kindergeldanteil, also 347 Euro abgezogen. Es verbleiben 2465,50 Euro. Von diesem Betrag hat die Frau nun einen Anspruch in Höhe von drei Siebtel, also 1056,64 Euro. Dem Mann verbleiben rechnerisch 1485,86 Euro. Da jedoch auf den meisten Lohnabrechnungen des Jahres nur 2500 Euro

stehen, aber jeden Monat 1326,64 Euro an die Frau überwiesen werden müssen, verbleiben nicht einmal 1200 Euro. Die nicht erwerbstätige Frau hat, selbst dann noch, wenn Sie das Kind häufig zu sich nehmen (und deshalb Kosten entstehen – Verpflegung, Fahrtkosten und Ähnliches), für sich und das Kind fast 1500 Euro zum Leben, da an sie das Kindergeld in Höhe von monatlich 154 Euro gezahlt wird.

5. Anders als in diesem Beispiel wird bei geringeren Einkommen in einem weiteren Schritt geprüft, ob dem Verpflichteten nicht zu viel abgenommen wird. Es sollte stets der eigene angemessene Bedarf verbleiben. Hierzu gibt es in der Düsseldorfer Tabelle zusätzlich den so genannten Bedarfskontrollbetrag des Unterhaltspflichtigen. Dieser geht über den notwendigen Selbstbehalt von 890 Euro hinaus und soll eine ausgewogene Verteilung des Einkommens zwischen dem Unterhaltspflichtigen und den unterhaltsberechtigten Kindern gewährleisten. Für die Einkommensstufe 10 beträgt dieser Bedarfskontrollbetrag nach der Düsseldorfer Tabelle 1450 Euro. Dieser wird im Beispiel auch nicht unterschritten. Wäre dies der Fall, so müsste aus der Düsseldorfer Tabelle so lange der Tabellenbetrag für den Kindesunterhalt aus der nächstniedrigeren Einkommensgruppe gewählt werden, bis der Bedarfskontrollbetrag nicht mehr unterschritten wird.

Bei ganz knappen wirtschaftlichen Verhältnissen wird der Verpflichtete bis auf den oben genannten notwendigen Selbstbehalt heruntergerechnet. Dieser beträgt beim nichterwerbstätigen Unterhaltspflichtigen monatlich 770 Euro, beim erwerbstätigen Unterhaltspflichtigen monatlich 890 Euro, das sind wahrlich keine rosigen Aussichten. Aber selbst dieser Betrag kann noch weiter reduziert werden. So sieht die Düsseldorfer Tabelle Wohnkosten in Höhe von 360 Euro warm vor. Lebt der Mann preiswerter, beispielsweise für 260 Euro warm monatlich, gibt es viele Richter, die dann den Selbstbehalt um (die eingesparten) 100 Euro kürzen. Und auch die Tatsache, dass ein getrennt lebender Mann mit einer neuen Lebensgefährtin zusammengezogen ist, kann ihm zum Verhängnis werden, da in einem solchen Fall viele Richter dazu übergehen, den Selbstbehalt deshalb zu kürzen, weil ja Miet- und/oder Lebenshaltungskosten gespart würden. Eine solche Kürzung kann noch einmal bis zu 200 Euro ausmachen, was dann bedeutet, dass dem Mann in manchen Fällen nur ein Betrag von unter 600 Euro verbleibt, obwohl er hart arbeitet und wesentlich mehr verdient.

Beispiel 2: Der Mann ist Hauptverdiener, ein Kind (zwölf Jahre alt), die Frau ist teilberufstätig

1. Die Berechnung des monatlichen Nettoeinkommens erfolgt nach dem gleichen Schema wie im ersten Beispiel für beide Ehegatten (Jahreseinkommen netto geteilt durch 12, eventuell zuzüglich weiterer Einkünfte, die nicht auf Erwerbstätigkeit beruhen).
2. Auch hier wird der Kindesunterhalt nach der Düsseldorfer Tabelle berechnet: Bei einem Nettoeinkommen des Mannes von 2200 Euro in der Gehaltsgruppe sechs ergibt sich für das zwölfjährige Kind ein Tabellenbetrag in Höhe von 393 Euro, was nach Abzug des halben Kindergeldes zu einem Zahlbetrag von 316 Euro führt.
3. Das Familieneinkommen von Mann und Frau wird berechnet, wobei die beiden Erwerbseinkommen um den so genannten Erwerbstätigenbonus von einem Siebtel zu kürzen sind: Einkommen des Mannes 1548,86 Euro (2200 Euro abzüglich 393 Euro Kindesunterhalt mal sechs Siebtel) plus (Teilzeit-) Einkommen der Frau in Höhe von 857,14 Euro (1000 Euro mal sechs Siebtel) ergibt insgesamt ein Familieneinkommen von 2406 Euro. Darauf hat jeder der Ehegatten zur Hälfte Anspruch, also auf einen Betrag von 1203 Euro. Der Ehemann muss nun die Differenz zwischen diesem halben Familieneinkommen und dem von der Frau allein erzielten Einkommen aufstocken. Anders ausgedrückt: Die Frau bekommt die Hälfte der

Einkommensdifferenz. Zu zahlen ist vom Mann – neben dem Kindesunterhalt – ein Ehegattenunterhaltsbetrag in Höhe von 345,86 Euro monatlich (1548,86 Euro minus 857,14 Euro ergibt 691,72 Euro geteilt durch zwei). Vergleichsberechnung: 857,14 Euro plus 345,86 Euro ergibt 1203 Euro. Dem Mann verbleibt dieser Betrag, die Frau hat für sich und das Kind 1673 Euro (1203 Euro plus 316 Euro Kindesunterhalt plus 154 Euro Kindergeld).

4. Jetzt muss wiederum die Angemessenheitsprüfung in Bezug auf den Unterhaltspflichtigen vorgenommen werden. Der notwendige Eigenbedarf (Selbstbehalt) von 890 Euro wird nach Abzug von Kindesunterhalt und Ehegattenunterhalt genauso wenig unterschritten wie der Bedarfskontrollbetrag von 1150 Euro für die Gehaltsgruppe sechs gemäß Düsseldorfer Tabelle.

Der Unterschied zwischen beiden Varianten besteht darin, dass in der Alleinverdiener-Ehe die unterhaltsberechtigte Frau drei Siebtel des anrechenbaren Einkommens erhält, bei Doppelverdiener-Ehen die Frau drei Siebtel der Differenz der beiden (bereinigten) Einkommen.

Neben dem Erwerbseinkommen sind alle in der Ehe angelegten weiteren Einkünfte zu addieren, also Einkünfte, die nicht aus einer beruflichen Tätigkeit stammen, wie beispielsweise Kapitalerträge, Renten oder andere geldwerte Vorteile (etwa der Wohnwertvorteil des selbst bewohnten Hauses). Wenn eventuell der Mann noch monatliche Mieteinnahmen in Höhe von 500 Euro hat, partizipiert die Frau daran zur Hälfte; ein Erwerbstätigenbonus von einem Siebtel wird bei solchen Einkünften nicht abgerechnet.

Die Voraussetzung für einen Anspruch auf Trennungsunterhalt ist ein Getrenntleben im Sinne des Paragraphen 1567 BGB.

Hiernach leben die Ehegatten getrennt, wenn zwischen ihnen keine häusliche Gemeinschaft besteht und einer der Ehegatten sie erkennbar nicht herstellen will, weil er die eheliche Lebensgemeinschaft ablehnt. Getrennt bedeutet daher nicht unbedingt eine bloße räumliche Trennung. Die häusliche Gemeinschaft besteht auch dann nicht mehr, wenn die Ehegatten innerhalb der ehelichen Wohnung getrennt leben, was möglich ist, wenn die Nutzung der einzelnen Räume aufgeteilt ist.

Der Trennungsunterhalt ist in der Regel sehr viel stärker ausgestaltet als der nacheheliche Unterhaltsanspruch. So steht dem unterhaltsberechtigten Ehepartner dem Gesetz nach eine umfassende Bedürfnissicherung zu, die den ehelichen Lebensverhältnissen entspricht. Auch wenn Erspartes oder Immobilien vorhanden sind, so muss hierauf während des Trennungsjahres gar nicht zurückgegriffen werden und danach nur unter ganz strengen Voraussetzungen, weil der Gesetzgeber davon ausgeht, dass eine Versöhnung ja möglich ist. Deshalb hat die Ehefrau, die voll vom Unterhalt profitiert, oftmals kein Interesse an einer beschleunigten Scheidung. Sie kann nämlich Berufung einlegen, um das Scheidungsurteil hinauszuzögern und damit für den Zeitraum des Berufungsverfahrens den oftmals leichteren und höheren Trennungsunterhaltsanspruch aufrechtzuerhalten. Ihr Interesse als Mann - bezogen auf den Unterhalt - sollte es daher sein, zügig zu einer Scheidung zu kommen. Schon mit der Zustellung des Scheidungsantrags - frühestens ein Jahr nach der Trennung - verliert die Frau die Teilhabe an Ihrer Altersversorgung (Versorgungsausgleich) sowie an dem danach erworbenen Vermögen (Zugewinnausgleich).

Unterhaltszahlungen bei hohem Einkommen

In den meisten Fällen, bei denen durchschnittliche Einkommensverhältnisse vorherrschen, wird der bereits geschilderte Quotenunterhalt nach der Drei-Siebtel-Regelung angewendet. Diese Quotenberechnung gilt nicht bei sehr hohen Einkommen, etwa die, welche die Düsseldorfer Tabelle überschreiten (also ein bereinigtes Nettoeinkommen von 4800 Euro). Denn hier wird das Einkommen grundsätzlich nicht mehr vollständig für den laufenden Lebensbedarf verbraucht, sondern es dient teilweise auch anderen Zwecken, etwa der Vermögensbildung. Wenn also auf der Basis der Drei-Siebtel-Methode ein höherer Unterhalt als 2057,14 Euro (drei Siebtel von 4800 Euro) geltend gemacht wird, so muss Ihre Frau den ihr angemessenen Bedarf konkret nach Einzelbelegen aufschlüsseln und darlegen.

Hier wird mit Unterstützung des Anwaltes häufig die Fantasie der Ex-Frau angeregt, indem umfangreiche Listen zum angeblichen Bedarf angelegt werden, wie zu Kleidung, Restaurantbesuchen, Kosmetika, aufwendigen Hobbys oder Autokosten. In der Rechtsliteratur wird eine so genannte Sättigungsgrenze bei etwa 2000 Euro Unterhalt im Monat diskutiert. Der Grund für die Drei-Siebtel-Regelung besteht darin, dass dem arbeitenden Ehegatten ein gewisser Arbeitsbonus verbleiben soll. Außerdem gilt es, den Aufwand zu berücksichtigen, der durch die Berufstätigkeit, etwa durch Fahrtkosten, entsteht.

Wer die Kinder betreut, bekommt auch den Unterhalt

Auch beim nachehelichen Unterhalt kann sich derjenige, der die Kinder betreut, darauf berufen, dass er nicht arbeiten muss. In Paragraph 1570 BGB heißt es: »Ein geschiedener Ehegatte kann von dem anderen Unterhalt verlangen, so lange und so weit von ihm wegen der Pflege oder Erziehung eines gemeinschaftlichen Kindes eine Erwerbstätigkeit nicht erwartet werden kann.«

Theoretisch besteht zwar nach der Scheidung der Grundsatz der Eigenverantwortlichkeit, wenn jedoch Kinder im Spiel sind, ist dieser Grundsatz weitestgehend aufgehoben. So besteht ein fataler Zusammenhang zwischen der Kinderbetreuung und dem

Unterhaltsanspruch. Es entsteht die häufige doppelte Benachteiligung, dass Väter trotz ihres Wunsches die Kinder dennoch nicht betreuen oder nur selten sehen können und dies gleichzeitig die Begründung dafür ist, dass die Ex-Frau langjährige Unterhaltsansprüche hat. Also ist es wichtig zu berücksichtigen, dass derjenige, der nach der Trennung die Kinder »aufgibt« und seine Frau mit den Kindern ziehen lässt, damit auch sehr lang anhaltende Grundlagen für Unterhaltsansprüche der Ex-Frau gelegt hat.

Sicherlich kann das Motiv, die Unterhaltszahlung im Rahmen zu halten, nicht ausschlaggebend für den Wunsch von Vätern sein, die Kinder alleine oder zusammen mit der Ex-Frau zu betreuen. Wenn jedoch die Perspektive darin besteht, als langjähriger »Zahlvater« nur geringen Kontakt zu seinen Kindern zu haben und gleichzeitig den Großteil seines Einkommens abgeben zu müssen, so dürfte für viele Väter sicherlich die Alternative verlockender sein, sich lieber von vornherein wirtschaftlich einzuschränken und für die Kinderbetreuung verantwortlich zu sein. Nach dem Quotenunterhalt von drei Siebteln zuzüglich Kindesunterhalt verbleibt weniger als die Hälfte des Nettoeinkommens, welches aufgrund der schlechteren Steuerklasse ohnehin schon geringer ist als vor der Trennung. Die Aussicht für die Mehrzahl der Väter, damit über lange Jahre nur wenig über dem Sozialhilfeniveau zu liegen, dürfte nicht sehr verlockend sein.

> Es spielt auch keine Rolle, ob die Ehefrau vor der Trennung gearbeitet hat und die Ehe im Prinzip darauf abgestellt war, dass beide arbeiten sollten. Zumindest bei kleineren Kindern wird die Frau sich immer darauf berufen können, dass sie sich trennungsbedingt nun ganz um die Kinder kümmern müsse.

Die Anforderungen an die Frau, wieder zu arbeiten, sind von der Rechtsprechung sehr hoch angelegt. Aber auch ab dem Zeitpunkt, zu welchem die Frau aufgrund des Alters der Kinder wieder vollschichtig arbeiten müsste, sind die betroffenen Männer nicht »aus dem Schneider«. Da die Frau durch die Unterhaltsregelung lange Jahre nicht gefordert war, sich am Arbeitsmarkt zu orientieren und zu qualifizieren, gibt es viele Möglichkeiten der Verzögerung, um Unterhalt in gleicher Höhe in Anspruch zu nehmen. In einem Fall war ein Mann bereits seit 15 Jahren von seiner Ehefrau getrennt und die Tochter mittlerweile volljährig. Die Ex-Frau hat in der Zeit seit Rechtskraft der Scheidung verschiedene Ausbildungen wahrgenommen und konnte sich immer wieder darauf berufen, dass sie keine adäquate Tätigkeit finden konnte.

In diesem Fall haben Sie eine sehr schlechte Position. Hier besteht der einzige Weg darin, Ihrer Ex-Frau immer wieder »auf den Pelz zu rücken«. Wenn sie sagt, dass sie keine angemessene Arbeit findet, können Sie selbst aktiv werden und entsprechende Stellenanzeigen oder Angebote vom Arbeitsamt zusammenstellen. Sie können Ihre Ex-Frau auch auffordern, ihre Bewerbungsbemühungen zu dokumentieren (Bewerbungsschreiben, Absagen). Vielleicht wird sie auf diesen Papierkrieg irgendwann keine Lust mehr haben. Wenn Ihre Frau erklärt, sie könne wegen Krankheit nicht arbeiten, so können Sie verlangen, dass dies immer wieder ärztlich überprüft wird.

Nachehelicher Unterhalt auch beim gemeinsamen Sorgerecht

Seit der Kindschaftsrechtsreform aus dem Jahre 1998 ist das gemeinsame Sorgerecht wie gesagt der gesetzliche Normalzustand. Allerdings ist es ein fataler Irrtum, daraus abzuleiten, dass man seiner Ex-Frau jetzt keinen Unterhalt mehr zahlen müsse, wenn man doch für das Kind gleichberechtigt mitverantwortlich ist. Entscheidend für den Unterhalt ist nicht das Sorgerecht, sondern die Frage, wo das Kind seinen Lebensmittelpunkt hat, das heißt, wo das Kind vorwiegend lebt. Meistens wird dies dadurch geregelt, dass entweder der Vater oder die Mutter das so genannte Aufenthaltsbestimmungsrecht erhält. Die gemeinsame Sorge rechtfertigt damit kein Herabsetzen des Unterhalts.

Auch durch Kinderbetreuung kann der nacheheliche Unterhalt nicht reduziert werden, wenn real die Kinder von Verwandten betreut werden, beispielsweise der Oma, die im gleichen Haushalt lebt (siehe § 1570 BGB). Dies wird von der Rechtsprechung als eine freiwillige Betreuungsleistung Dritter angesehen, die jederzeit beendet werden kann.

Unterhalt nach kinderloser Ehe

Spätestens zu dem Zeitpunkt, an dem die Scheidung rechtskräftig wird, besteht zumindest theoretisch der Grundsatz der Eigenverantwortlichkeit. Das bedeutet, dass nun jeder für sein Einkommen selbst verantwortlich ist. Allerdings gibt es für zahlreiche unterschiedliche Fälle gesetzliche Anspruchsgrundlagen für den nachehelichen Unterhalt, sodass auch für eine kinderlose Ehe der Ex-Frau häufig ein bequemes Leben garantiert ist.

Explizit im Gesetz aufgeführt werden folgende Fälle, in denen auch ohne Kinder Unterhalt gezahlt werden muss: Bedürftigkeit wegen Alters (§ 1571 BGB), Bedürftigkeit wegen Krankheit oder Gebrechen (§ 1572 BGB), Bedürftigkeit bis zur Erlangung angemessener Erwerbstätigkeit (§ 1573 Absatz 1 BGB), Aufstockungsunterhalt (§ 1573 Absatz 2 BGB) sowie Unterhalt aus Billigkeitsgründen (§ 1576).
Für die Mehrzahl der Fälle dürften zwei Tatbestände Relevanz haben: Zum einen Unterhaltsansprüche wegen Übergangsschwierigkeiten (§ 1573 Absatz 1 BGB) und der so genannte Aufstockungsunterhalt (§ 1573 Absatz 2 BGB).

Selbst wenn keine Kinder betreut werden müssen, die Frau jedoch während der Ehe nicht gearbeitet hat, muss sie nach der Rechtsprechung erst nach Ablauf des Trennungsjahres beginnen, sich um eine eigene Erwerbstätigkeit zu bemühen. Solange sie sich ernsthaft bemüht, aber dennoch nichts Zumutbares findet, bleibt es beim ungeschmälerten Trennungsunterhalt. Dabei kann von der Ehefrau nicht erwartet werden, dass sie eine Tätigkeit aufnimmt, die nicht den ehelichen Lebensverhältnissen, ihrer Ausbildung oder ihrem sozialen Status entspricht. Ein Grundunterhaltsanspruch ergibt sich, wenn die Ehefrau keine nach diesen Kriterien passende Erwerbstätigkeit findet. Zumindest theoretisch muss sie sich nach allen Kräften um eine entsprechende Arbeitsstelle bemühen. Eventuell muss sie einer Fortbildung oder Umschulung zustimmen, um dann eine entsprechende Stelle übernehmen zu können.

Diese Regelungen sind allerdings in gewissem Maße »Gummiparagraphen«. Die Frau kann ihre Situation immer so darstellen, dass sie sich zwar nach Kräften bemüht hat, jedoch keine passende Stelle finden konnte. Uns ist ein Fall bekannt, in dem eine Frau über einen Zeitraum von zehn Jahren Unterhaltsleistungen in Anspruch nehmen konnte, da sie aus unterschiedlichen Gründen immer wieder beweisen konnte, dass sie keine angemessene Erwerbstätigkeit fand. In diesem Zeitraum nahm sie zweimal an einer Umschulung teil, ohne dass dies je zu einem Arbeitsverhältnis geführt hat.

Das Hauptproblem liegt darin, welche Tätigkeit als »angemessen« angesehen werden kann. In Paragraph 1574 Absatz 2 BGB heißt es: »Angemessen ist eine Erwerbstätigkeit, die der Ausbildung, den Fähigkeiten, dem Lebensalter und dem Gesundheitszustand des geschiedenen Ehegatten sowie den ehelichen Lebensverhältnissen entspricht; bei den ehelichen Lebensverhältnissen sind die Dauer der Ehe und die Dauer der Pflege oder Erziehung eines gemeinschaftlichen Kindes zu berücksichtigen.«

Hier kommt es stark darauf an, wie Ihr Fall in den Schriftsätzen und im Gerichtstermin »verkauft« wird. Es wird hilfreich sein, wenn Sie »Druck machen« und auf Arbeitsmöglichkeiten

Wenn eine Frau vor 20 Jahren ihre letzte Tätigkeit ausgeübt und sich seitdem um die Kindererziehung gekümmert hat, so wird die Hürde an eine berufliche Aufgabe sicherlich sehr hoch angelegt werden. War die Dauer der Ehe nur kurz und hat die Frau etwa vor drei Jahren noch als Sekretärin gearbeitet, in der Ehezeit jedoch nicht, kann eine ähnliche Tätigkeit sicherlich wieder erwartet werden.

hinweisen, die angemessen sind. Dies könnte etwa eine Sammlung von Zeitungsinseraten für entsprechende Stellen sein oder die Zusammenstellung von Fortbildungsangeboten, die zu einer konkreten Arbeitstätigkeit führen. Das wird Ihre Ex-Frau kaum ablehnen können.

Die Anspruchsgrundlage für Unterhaltsleistungen, die am häufigsten auch in den Fällen, in denen es keine Kinder gibt, angewendet wird, ist der so genannte Aufstockungsunterhalt (siehe § 1573 Absatz 2, 3 BGB). Obwohl in der Zeit nach Rechtskraft des Urteils eigentlich das Prinzip der Eigenverantwortlichkeit gilt und die Ex-Frau aufgefordert ist, selbst für ihre wirtschaftliche Absicherung zu sorgen, wird mit dem Aufstockungsunterhalt durch die Hintertür doch wiederum eine möglicherweise lebenslange, finanzielle Vollkaskoregelung für die Frau eingeführt.

Dieser Paragraph enthält eine Lebensstandsgarantie. Reicht das eigene Einkommen nicht aus, um den ursprünglichen Lebensstandard aufrechtzuerhalten, kann zur Abdeckung des Fehlbetrags ein Aufstockungsunterhalt gefordert werden. Eigentlich setzt der Aufstockungsunterhalt eine Erwerbstätigkeit der Ehefrau voraus. Der Aufstockungsunterhalt kann aber zumindest dadurch begrenzt werden, dass bei Gericht fiktive Einkünfte unterstellt werden, also solche, welche die Ehefrau bei einer angemessenen Erwerbstätigkeit erhalten würde. Der Anspruch auf einen Aufstockungsunterhalt wird dann jedoch immer noch als Differenz zwischen diesem fiktiven Einkommen und dem der Ehe angemessenen Bedarf berechnet. Der der Ehe angemessene Bedarf ergibt sich wiederum aus der Quotenregelung (Drei-Siebtel-Quote) oder bei höheren Einkommen aus dem tatsächlichen Bedarf.

Das klassische Beispiel ist hier die bereits erwähnte »Chefarztehe«: Die junge Krankenschwester heiratet den Assistenzarzt. Beide verdienen in etwa gleich viel. Der Mann wird Stationsarzt. Frau Doktor braucht nicht mehr zu arbeiten. Sie wird Hausfrau und widmet sich, da keine Kinder vorhanden sind, den vielen kostspieligen Freizeitaktivitäten. Als der Mann dann endlich Chefarzt wird, hat die Frau keine Lust mehr und trennt sich von ihm. Während sein Einkommen sich nunmehr auf etwa 10 000 Euro netto monatlich beläuft, verdient sie weiterhin nichts. Sie will auch nichts verdienen, da es ihr ja gar nicht wehtut, wenn ihr fiktiv ein erzielbares Einkommen in Höhe von 1200 Euro unterstellt wird. Die Differenz zu ihrem Bedarf, geprägt durch das Luxusleben während der Ehe, in Höhe von etwa 3000 Euro muss der Mann möglicherweise bis an sein Lebensende zahlen.

Einen Rettungsanker gibt es aber beispielsweise dann, wenn die Ex-Frau in eine eheähnliche Beziehung zu einem neuen Partner tritt. Nach ständiger Rechtsprechung entscheiden die Gerichte, dass dies die Frau gänzlich um ihre Ansprüche bringen kann. Je nach den Umständen des Einzelfalles reichen schon zweieinhalb bis drei Jahre, damit Ihre Unterhaltspflicht entfällt. Voraussetzung ist, dass es sich bei dem neuen Paar um eine Lebens- und Wirtschaftsgemeinschaft handelt, die quasi an die Stelle einer neuen Ehe tritt und es deshalb dem ersten Mann nicht mehr zuzumuten ist, weiterhin Unterhalt zu zahlen. Hierbei ist nicht einmal Voraussetzung, dass eine gemeinsame Wohnung besteht. Werden wesentliche Bereiche der Freizeit miteinander verbracht (Urlaube, Wochenendübernachtungen und Ähnliches), kann dies übrigens für eine Verwirkung ausreichen. Nach neuerer Rechtsprechung gilt dies auch für gleichgeschlechtliche Partnerschaften.

Allerdings wird in vielen Fällen die Ex-Frau gar kein Interesse daran haben, eine solche Verbindung öffentlich werden zu lassen, geschweige denn dies freiwillig zuzugeben. Schließlich ist die Hängematte des Unterhalts sehr bequem. Deshalb entschließen sich einige Männer, ihre Ex-Frauen beobachten zu lassen, um Ansatzpunkte für eine eheähnliche Gemeinschaft zu entdecken. Professionelle Detektive haben freilich teure Honorare, ein cleverer Student vom örtlichen Studentendienst ist erheblich günstiger und wird vielleicht viel motivierter sein.

Unterhalt und Schuldfrage

Seit der Scheidungsreform von 1977 hat das Thema »Schuld« keine Auswirkungen mehr auf die Unterhaltszahlungen. Mit Paragraph 1579 BGB kann jedoch die Unterhaltszahlung eingeschränkt oder ausgeschlossen werden, wenn es »grob unbillig« wäre, den Mann zu Unterhaltszahlungen zu verpflichten. In diesem Paragraphen sind verschiedene so genannter Verwirkungstatbestände aufgeführt, die »grob unbillig«, also unzumutbar sind. Die Hürden, die an die Anwendung dieses Paragraphen gelegt werden, sind hoch. Auch ist der Tatbestand dieser groben Unbilligkeit im Gesamtzusammenhang des Falles zu sehen. Bei einer langen Ehezeit oder Kinderbetreuung durch die Ehefrau muss es schon ein schweres Vergehen sein, was die Unterhaltsleistungen reduziert, geschweige denn ganz aussetzen kann. Einer dieser Verwirkungstatbestände ist eine kurze Ehedauer (siehe § 1579 Nr. 1 BGB). Dabei wird eine Ehe von zwei bis drei Jahren als kurz angesehen, hierzu gibt es eine umfangreiche und unterschiedliche Rechtsprechung. Ab einer Dauer der Ehe von etwa drei Jahren wird diese schon nicht mehr als kurz angesehen. Da hier der Zeitraum zwischen Heirat und Scheidungsantrag berechnet wird, der frühestens ein Jahr nach der Trennung gestellt werden kann, handelt es sich hier um Extremfälle, bei denen praktisch schon nach einem Jahr Ehezeit »Schluss« ist. Wenn in dieser Zeit Kinder geboren wurden, spielt auch die kurze Ehedauer keine Rolle mehr, da nach Paragraph 1579 Nr. 1 die Zeit der Kindererziehung der Ehedauer gleichgesetzt oder hinzugerechnet wird. Unerheblich ist die kurze Ehedauer auch für den Trennungsunterhalt, also in der Zeit bis zur Rechtskraft der Scheidung. Hier gibt es keine Möglichkeiten, den Unterhalt zu kürzen.

Weitere so genannte Verwirkungstatbestände liegen in einem schweren strafbaren Verhalten (siehe § 1579 Nr. 2 BGB), zum Beispiel bei Körperverletzungen, unbefugten Kontoabhebungen oder Betrug. Das letztere Beispiel spielt häufig dann eine Rolle, wenn die Frau hinsichtlich ihrer Lebens- und Einkommensverhältnisse im Unterhaltsprozess bewusst lügt, also einen Prozessbetrug begeht. Hier kann es hilfreich sein, zunächst die Frau beschatten zu lassen, um sie sodann im Unterhaltsprozess mit ihrer Falschauskunft zu konfrontieren. Danach können Sie Strafanzeige erheben. Die Staatsanwaltschaft wird nun kostenlos für Sie ermitteln, indem sie beispielsweise Nachbarn und Bekannte vernimmt oder auch Ihren Detektiv. Sollte der Neue Ihrer Ex-Frau wegen der von ihm im Unterhaltsprozess erbrachten Falschaussage verurteilt werden, kann das ursprüngliche (falsche) Unterhaltsurteil aufgehoben werden. Der neue Lebenspartner schuldet Ihnen Schadensersatz, die Ex-Frau ohnehin, und zwar in Höhe des zu viel gezahlten Unterhaltes zuzüglich der Prozess- und Detektivkosten.

Eine weitere Einschränkungsmöglichkeit des Unterhalts liegt dann vor, wenn die Frau ihre finanzielle Bedürftigkeit mutwillig herbeigeführt hat (siehe § 1579 Nr. 3 BGB), zum Beispiel wenn ohne Not eine Erwerbstätigkeit aufgegeben oder Vermögen verschleudert wurde.

Am interessantesten ist die so genannte Verwirkungsmöglichkeit wegen Fehlverhaltens der Unterhaltsberechtigten (siehe § 1579 Nr. 6 BGB). Dabei muss es sich aber schon um ein sehr schwerwiegendes, eindeutig bei der Frau liegendes Fehlverhalten handeln, das Unterhaltsleistungen als grob unbillig erscheinen lässt. Ein Verhältnis nach der Trennung ist in diesem Sinne kein schwerwiegendes Fehlverhalten. Auch ein Seitensprung vor der Trennung wird kein schwerwiegendes Fehlverhalten sein. Die Grenze kann dann überschritten sein, wenn über einen längeren Zeitraum hinweg ein intimes Verhältnis besteht oder die Frau gar mit einem neuen Partner in eheähnlicher Gemeinschaft zusammenlebt.

In einem Fall des Koblenzer Oberlandesgerichts (11 UF 1154/98) wurde bei einem über Jahre andauernden intimen Verhältnis ein Unterhaltsanspruch abgelehnt. Die Frau hatte über zwei Jahre hinweg ein intimes Verhältnis mit einem Freund der Familie. Nach Meinung des Gerichts habe die Frau den Mann so massiv hintergangen, dass es diesem nicht zugemutet werden könne, an sie Unterhalt zu zahlen. Erschwerend wertete hier das Gericht, dass die Klägerin ein Verhältnis mit einem gemeinsamen Freund hatte, der demselben Sportclub angehörte wie das Ehepaar. Dadurch wussten zumindest einige Clubmitglieder von dem Verhältnis, wodurch der Vertrauensbruch aus Sicht des Gerichtes zusätzliches Gewicht bekam.

Sehr viel häufiger als diese Extremfälle ist sicherlich die Situation, dass die aufenthaltsbestimmungsberechtigte Mutter den Besuchskontakt mit dem Vater verweigert oder behindert. Soll in diesen Fällen der brave Zahlvater weiterhin monatlich das Geld überweisen, obwohl er von seinen Rechten als Vater mas-

In einem Urteil des Oberlandesgerichts München (12 UF 1174/97) reduzierten die Richter den monatlichen Unterhaltsanspruch einer geschiedenen Mutter um 535 DM, weil sie immer wieder verhinderte, dass der Vater das gemeinsame Kind zu den vereinbarten Besuchszeiten auch sah. An jedem zweiten Sonntag im Monat sollte der Vater seinen Sohn besuchen dürfen, doch die Mutter verweigerte stets den Zutritt zum Wohnzimmer, in dem das Kind spielte, und erlaubte auch nicht, dass der Sohn seinen Vater besuchte. In einem ähnlichen Urteil aus dem Jahre 1994 des Oberlandesgerichts Nürnberg (11 UF 2641/93) wurde ebenfalls der Ehegattenunterhalt wegen hartnäckiger Vereitelung des Umgangsrechts mit den gemeinsamen Kindern gekürzt.

siv ausgeschlossen ist? Hier gibt es in letzter Zeit für Väter einige richtungsweisende Entscheidungen von unterschiedlichen Oberlandesgerichten.

Damit scheint es jetzt zumindest einen kleinen finanziellen Hebel zu geben, die sorgeberechtigten Mütter – die bisher meist ohne jede Konsequenzen den Umgang mit den Vätern behinderten – zu einem anderen Vorgehen zu motivieren: Fortgesetzte, massive und schuldhafte Vereitelungen des Umgangsrechts können in gravierenden Fällen zu einer Herabsetzung des Unterhaltsanspruchs des sorgeberechtigten Elternteils gemäß Paragraph 1579 Nr. 6 BGB führen. Allerdings besteht der Unterhaltsanspruch dann wieder in voller Höhe, wenn der Umgangsberechtigte nicht nur vorübergehend sein Umgangsrecht in angemessener Form wieder wahrnehmen kann.

Unsere Gestaltungstipps zum Unterhalt

Welche Rolle wollen Sie in der Kinderbetreuung wahrnehmen?

Die ersten Tage und Wochen des Getrenntlebens sind bereits ein scheidungsähnlicher Zustand. Im Prinzip ergeben sich hier schon die gleichen Abstimmungsbedürfnisse wie vielleicht zwei Jahre später nach der Scheidung: Wer bleibt in der Wohnung? Wer betreut die Kinder? Wer kommt für den Kindesunterhalt auf? So werden direkt im Zusammenhang mit der Trennung häufig schon die Verhältnisse festgelegt.

Nehmen wir an, Sie haben Kinder, Ihre Frau zieht nach einem Streit aus der Wohnung aus und betreut in einer neu angemieteten Wohnung die Kinder. Vielleicht hatte sie eine Halbtagsstelle und hat diese nun aufgegeben. Nach eineinhalb Jahren beantragen Sie die Scheidung und bieten an, dass Sie Ihre Arbeit reduzieren, Ihre Frau ja wieder ihre Teilzeitarbeit aufnehmen könne und Sie gemeinsam die Kinder betreuen. Darum seien ja dann weniger Unterhaltsleistungen notwendig. In diesem Fall hätte der Mann schlechte Karten, weil sich die Lebensverhältnisse schon in einer anderen Form stabilisiert haben. Richter sind in der Regel entscheidungsschwach und wollen an den bestehenden Verhältnissen möglichst wenig ändern.

Durch den Paragraphen 1570 BGB gibt es einen fatalen Zusammenhang zwischen der Kinderbetreuung und dem Unterhalt. Diese Vorschrift ist letztlich männer- und väterfeindlich, weil er die Männer auf die Rolle des Zahlvaters degradiert und den Frauen jede Verpflichtung zur Eigenverantwortlichkeit nimmt. Das Gesetz ist jedoch Realität. Daher sollten Sie, wenn Sie von sich aus eine Trennung planen und keinesfalls auf die Betreuung Ihrer Kinder verzichten möchten, schon frühzeitig, also noch während des Zusammenlebens, Ihre berufliche Situation und Ihr Leben darauf einstellen. Reduzieren Sie Ihre Arbeitszeit, stellen Sie sich für die Kinderbetreuung zur Verfügung. Wenn die Trennung bereits vollzogen ist, würde die Reduzierung der Arbeitszeit ein großes Risiko bedeuten, da dann unterhaltsrechtlich so argumentiert würde, dass ein Verpflichteter keinesfalls schuldhaft seine Leistungsfähigkeit reduzieren darf. Im schlimmsten Falle wird Ihr Arbeitgeber, sofern Sie unselbstständig arbeiten, Ihnen eine Erhöhung der Wochenstundenzahl nicht mehr erlauben, und dennoch werden Sie vor Gericht so behandelt, als hätten Sie nach wie vor das Einkommen aus vollschichtiger Tätigkeit. Sie sollten nur dann Ihre Arbeitsleistung reduzieren, um die Kinder zu betreuen, wenn Sie dies zuvor mit Ihrer Frau besprochen und idealerweise schriftlich

Es ist sicherlich klar, dass die Finanzen nicht das Hauptmotiv sein können, die Hauptrolle oder eine stärkere Rolle in der Kinderbetreuung wahrnehmen zu wollen. Durch Paragraph 1570 BGB ist es für Frauen jedoch völlig normal, die Kinder auch als finanzielles Druckmittel einzusetzen. Bedenken Sie, dass viele Väter doppeltes Leid ertragen müssen. Sie laufen mit großem Aufwand regelmäßigen Besuchskontakten hinterher, werden dabei behindert und sind gleichzeitig auf viele Jahre hinaus der Zahlesel.

festgehalten haben. Bei der Unterhaltsberechnung kommt es nach der Rechtsprechung auf die ehelichen Lebensverhältnisse an und nicht auf die anlässlich oder nach der Trennung vorgenommenen Änderungen.

Unterhaltsvereinbarung abschließen

Ein jahrelanger Streit über den Unterhalt, möglicherweise sogar durch zwei Instanzen, kostet viel Geld und Nerven. Die bessere Alternative ist sicherlich, dass Sie sich mit Ihrer Frau zusammensetzen, um eine Unterhaltsvereinbarung abzuschließen. Nach unserer Erfahrung kommt es in solchen Gesprächen allerdings sehr schnell zu einem Wühlen in der Vergangenheit und zu gegenseitigen Schuldvorwürfen. Deshalb sollte bei einem solchen Gespräch ein professioneller Gesprächsmoderator dabei sein. Hierzu gibt es übrigens bei Kirchen und den Gemeinden nützliche Familienberatungsstellen. Auch kann ein in Mediation ausgebildeter Rechtsanwalt eine Hilfe sein.

Rechnen Sie dazu zunächst aus, was Ihnen nach der Düsseldorfer Tabelle im schlimmsten Fall als mögliche Gesamtverpflichtung droht. Abhängig davon, ob Kinder vorhanden sind und wie lange Ihre Ehe gedauert hat, sollten Sie hier insbesondere in die Zukunft rechnen und die noch anstehenden Jahre eines Unterhaltsanspruches ausrechnen. Machen Sie sich darauf gefasst, dass es Ihnen dabei sehr schwindlig werden wird.

Die Offenheit für eine Unterhaltsvereinbarung dürfte bei Ihrer Frau jedoch dann nicht mehr sonderlich hoch sein, wenn sie vor Gesprächen bereits anwaltlich beraten wurde. Meistens ist die rechtliche Situation der Frauen ja sehr bequem. Machen Sie auf der anderen Seite aber auch deutlich, dass bei einem durch die Steuer reduzierten Nettoeinkommen, durch zwei Wohnungen erhöhte Lebenshaltungskosten und die vier Siebtel des Einkommens abzüglich des möglichen Kindesunterhaltes für Sie kaum mehr ein Anreiz besteht, überhaupt noch weiter zu arbeiten. Das wäre zwar eine Drohung, aber diese Aussage hat zumindest große psychologische Wirkung und steigert unter dem Gesichtspunkt »Mitleid« und eigener wirtschaftlicher Not manchmal die Verhandlungsbereitschaft. Indessen sollten Sie die Drohung keinesfalls realisieren, da die Nichtzahlung gesetzlich geschuldeten Unterhaltes gemäß Paragraph 170 des Strafgesetzbuches eine Straftat darstellt, die mit Haft bedroht ist. Derjenige, der – nach verschuldeter Aufgabe seines Arbeitsplatzes – einen Unterhalt auf der Basis eines fiktiven Einkommens schuldet, verwirklicht den Straftatbestand, wenn er nicht in ausgeurteilter Höhe zahlt.

Erfahrungsgemäß wird sich Ihre Frau nach anwaltlicher Beratung auf eine Unterhaltsvereinbarung nur dann einlassen, wenn aus ihrer Sicht Vorteile angeboten werden. Versetzen Sie sich in die Rolle Ihrer Frau und überlegen Sie, was ihr wichtig ist. Dabei kann es auch um Dinge wie Einrichtungsgegenstände oder ein Auto gehen, die im Endergebnis im Verhältnis zu dem gesamten Unterhaltsanspruch nur eine geringe Rolle spielen. Sie können beispielsweise auch anbieten, dass ein mögliches späteres Einkommen Ihrer Frau nicht oder nicht vollständig auf den Unterhaltsanspruch angerechnet wird, wenn dieser dafür in einem vernünftigen Rahmen gehalten wird. Oder Sie bieten einen vorzeitigen Zugewinnausgleich an, sodass Ihrer Frau möglicherweise eine große Summe Geld auf einen Schlag zur Verfügung steht.

Wenn Sie eine Unterhaltsvereinbarung treffen, so sollten Sie darauf achten, dass dies nicht nur eine Vereinbarung für die Trennungszeit ist, sondern auch der nacheheliche Unterhalt umfasst wird, da beide Varianten rechtlich zwei unterschiedliche Tatbestände darstellen, die auch separat eingeklagt werden könnten. Achten Sie darauf, dass die Anforderungen an Ihre Frau, zu ihrer wirtschaftlichen Existenzsicherung selbst beizutragen, beim nachehelichen Unterhalt sehr viel höher sind, insbesondere dann, wenn keine Kinder vorhanden oder diese schon älter sind.

Ihre Frau muss ihre Unterhaltsansprüche auf jeden Fall zügig durchsetzen. Vielfach wurden einer Frau in Urteilen die Unterhaltsansprüche wegen nachlässiger Anspruchsverfolgung versagt. Wenn ein Unterhaltsgläubiger nach Meinung der Richter von einer zeitnahen Durchsetzung seiner Ansprüche absieht, erweckt sein Verhalten in aller Regel den Eindruck, er sei in dem fraglichen Zeitraum nicht bedürftig gewesen. Angenommen wird dies schon ab einem Jahr des Wartens.

Neben Trennungsunterhalt und nachehelichem Unterhalt sollte eine solche Gesamtvereinbarung auch das Thema Zugewinn umfassen, damit Sie hier nicht noch einmal vor einer juristischen Auseinandersetzung stehen. Wenn Sie damit rechnen, dass Sie hier einen hohen Zugewinnausgleich zahlen müssen, können Sie Ihrer Frau auch eine Gesamtsumme anbieten, mit der Ansprüche aus Unterhalt und Zugewinn in einer Summe ausgeglichen werden.

Unterlagen einbehalten

Verstehen Sie folgenden Satz bitte nicht als Anstiftung zum Prozessbetrug, sondern schlicht als die Tatsache, die formuliert wird: Von Ihrer Frau kann nur das als Bedarf eingeklagt werden, was ihr als Bedarf bekannt ist und von ihr nachgewiesen wird. Als Unterhaltsschuldner sind Sie verpflichtet, auf Verlangen Auskunft über Ihr Einkommen und Vermögen zu erteilen (siehe § 1605 BGB). Bei Arbeitnehmern wird in der Regel die Vorlage der letzten zwölf Gehaltsabrechnungen sowie des letzten Einkommensteuerbescheides verlangt. Manchmal wird schon etwas gewonnen, wenn nur zögerlich und unvollständig Auskunft erteilt wird. Gerade Anwälte, die nicht ständig mit Familienrecht zu tun haben, geben sich oftmals mit einer oder wenigen Gehaltsabrechnungen zufrieden.

Interessant sind insbesondere die Gehaltsabrechnungen aus den Monaten Juli und November, in denen Urlaubs-, Weihnachtsgeld, Tantiemen oder das 13. Gehalt eingetragen werden. Unterhaltsrechtlich relevant sind jedoch genauso andere Einkünfte, wie etwa Zinsgewinne, Einnahmen vermieteter Wohnungen oder Aktiengewinne. In einem Scheidungsratgeber von Frauen für Frauen wird hierzu empfohlen, sich bereits in der Vorbereitung auf die Trennung die Kontoauszüge und Einkommensbelege des Mannes zu kopieren. Bitte seien Sie als Mann nun zunächst bemüht, das Gegenteil dieser Empfehlung zu erreichen. Deponieren Sie als Erstes alle wichtigen Unterlagen beipielsweise bei Verwandten oder vertrauten Personen, wenn sich eine Trennung schon abzeichnet. Dies umfasst unter anderem Sparbücher, Gehaltsabrechnungen, Steuererklärungen, Wertpapierauszüge, Unterlagen zu Lebensversicherungen, Bausparverträgen, Versicherungen (Haftpflicht, Hausrat) oder zu Hypotheken.

Wir kennen viele Fälle, bei denen die Frauen als erste Handlung zunächst die gemeinsamen Konten räumten und den Mann mit den Schulden stehen ließen. Wenn es dann viel später einmal zu einer Gerichtsverhandlung kommt, will dies dann niemand mehr behandeln. Entziehen Sie Ihrer Frau per Fax an Ihre Bank umgehend mögliche Kontovollmachten. Es soll Fälle geben, in denen Frauen, nachdem sie schon lange ausgezogen waren, an den Briefkasten des Mannes gegangen und sich die für sie interessante Post herausgefischt haben. Überlegen Sie daher, finanziell wichtige Dinge (von der Bank, vom Steuerberater) an Ihren Arbeitsplatz oder zu Verwandten schicken zu lassen.

Einnahmen, die nicht Arbeitnehmereinkommen sind, beispielsweise aus Sparerträgen, werden nicht nach der Drei-Siebtel-Quote geteilt, sondern unterliegen dem Halbteilungsprinzip; das heißt, hier müssen Sie die Hälfte abgeben. Dies trifft auch auf Erträge aus Vermögen zu, die Sie alleine vor der Ehe erwirtschaftet haben. Nach dem Gesetz haben selbst solche Erträge, deren Vermögensstamm eigentlich Sie alleine aufgebaut haben, die ehelichen Lebensverhältnisse geprägt und werden von daher geteilt.

Abzugsposten prüfen

Bei der Berechnung des Unterhalts nach der Düsseldorfer Tabelle können berufsbedingte Aufwendungen abgezogen werden, die sich von den privaten Lebenshaltungskosten eindeutig abgrenzen lassen. Je nach Oberlandesgericht wird dabei meist mit einer Pauschale von fünf Prozent des Nettoeinkommens gearbeitet. Wenn die berufsbedingten Aufwendungen die Pauschale übersteigen, müssen diese insgesamt nachgewiesen werden.

Hier lohnt es sich, solche möglichen Kosten akribisch zusammenzustellen. Schon berufsbedingte Aufwendungen von 50 Euro pro Monat können sich über die Jahre zu Beträgen von mehreren Tausend aufaddieren, um die dann der Unterhaltsanspruch entsprechend sinkt.

Ein bedeutender Posten stellt das beruflich benötigte Auto dar. Wenn Sie das Auto auch für Fahrten zwischen Wohnung und Arbeitsstelle benutzen, geht man gerade bei eingeschränkten finanziellen Verhältnissen davon aus, dass Sie auch öffentliche Verkehrsmittel benutzen können und das Auto ansonsten Privatvergnügen sei. Vielleicht können Sie jedoch nachweisen, dass Sie das Auto zur Ausübung des Berufs unbedingt benötigen, wenn Sie etwa im Außendienst tätig sind. Möglicherweise stellt Ihnen Ihr Arbeitgeber auch eine entsprechende Bescheinigung aus; etwa weil Sie auch Bereitschaftsdienst leisten müssen. Falls Sie von Ihrem Arbeitgeber Kilometergeld bekommen, können Sie aufführen, dass dieses Geld nur die Betriebskosten im engeren Sinne deckt, jedoch nicht die Gesamtkosten trägt.

In der überwiegenden gerichtlichen Praxis wird ansonsten jeder gefahrene Kilometer von und zur Arbeit mit 0,30 Euro angerechnet. Bei langen Fahrtstrecken (ab etwa 30 Kilometer pro Weg) kann nach unten abgewichen werden (für die Mehrkilometer werden in der Regel 0,20 Euro angerechnet). Wenn Sie also beispielsweise 25 Kilometer von Ihrer Arbeitsstelle entfernt wohnen, ergäbe sich folgende Berechnung: zwei mal 25 Kilometer mal 220 Arbeitstage geteilt durch zwölf Monate mal 0,30 Euro ergibt 275 Euro, ein beachtlicher Abzugsposten. Bedauerlicherweise geht die Rechtsprechung dahin, dass in diesem Betrag grundsätzlich auch die Kosten für eine etwaige Finanzierung des beruflich genutzten Pkw enthalten sind.

Je weiter die Arbeitsstelle von Ihrer Wohnung entfernt ist, umso weniger wird der Unterhaltspflichtige darauf verwiesen werden können, mit öffentlichen Verkehrsmitteln fahren zu müssen, weil – meist durch notwendiges Umsteigen – die entstehenden Fahrtzeiten nicht mehr als zumutbar angesehen werden. Dies muss im Streitfall genau dargestellt werden, so etwa durch eine Wiedergabe der jeweiligen Fahrpläne.

Eventuell gibt es noch andere berufsbedingte Aufwendungen. Dies kann unter anderem Berufskleidung sein, notwendige Reinigungskosten hierfür, jedoch auch Bücher oder Gewerkschafts- und Verbandsbeiträge. Vielleicht hatten Sie aber auch seit längerem eine Weiterbildung geplant, für die entsprechende Kosten anfallen. Oder aber Sie mussten beruflich bedingt einen Computer finanzieren.

Oft wird übersehen, dass der Arbeitgeberanteil an den vermögenswirksamen Leistungen als Abzugsposten bei der Bereinigung Ihres Einkommens zu berücksichtigen ist, da dieser gleichsam eine Schenkung darstellt, die nicht zur Finanzierung des Ehepartners dient.

Abzugsposten sind auch Schulden. Hier gelten jedoch wiederum nur solche Schulden, welche die ehelichen Lebensverhältnisse geprägt haben und nicht etwa solche, die von Ihnen nach der Trennung aufgenommen wurden. Etwas anderes kann allenfalls gelten, wenn die Aufnahme neuer Schulden unvermeidbar war, so beispielsweise bei einem fahrlässigen Unfall und der Notwendigkeit der Neuanschaffung eines Ersatz-Pkw.

Es soll Fälle geben, bei denen einem Unterhaltsschuldner auf einmal einfiel, dass er ja jetzt, nach der Trennung, das Darlehen des Bruders oder der Eltern zurückzahlen muss; eine erforderliche Darlehenskündigung haben die Verwandten gerne bestätigt.

Das Einkommen reduzieren

Zunächst vorab zur Warnung: Sie müssen bei schuldhafter Einkommensreduzierung damit rechnen, dass Ihnen fiktive Einkünfte unterstellt werden. Von fiktiven Einkünften spricht man, wenn der Mann so behandelt wird, als erziele er Einkünfte, die ihm zwar tatsächlich nicht zur Verfügung stehen, die er aber bei gutem Willen ohne weiteres erzielen könnte. Die Rechtsprechung nimmt solche fiktiven Einkünfte insbesondere dann an, wenn eine Partei ihre Leistungsfähigkeit mutwillig einschränkt. Solch eine mutwillige Einschränkung der Leistungsfähigkeit ist beispielsweise die Arbeitsplatzaufgabe oder der Wechsel zur selbstständigen Tätigkeit, ohne vorher Rücklagen zu schaffen, aber auch der Wechsel in eine (unnötige) Fortbildung oder Zweitausbildung ohne hinreichende Vorsorge.

Freilich gilt, wo nichts ist, kann auch nichts geholt werden. Wenn die betreffenden Männer ihr Erspartes an anderer Stelle deponiert haben oder im geringeren Maße freiberuflich mit anderen Konten tätig sind, wird es schwer sein, an dieses Geld heranzukommen. Machen die betreffenden Männer ernst mit ihrer Ankündigung und hören im Extremfall auf zu arbeiten, ist auch möglicherweise die Kompromissbereitschaft auf der anderen Seite höher. Bedenken Sie aber immer, dass im Strafgesetzbuch in Paragraph 170 die Verletzung der Unterhaltspflicht im Extrem-, insbesondere im Wiederholungsfall mit einer Haftstrafe bedroht ist.

Sie können per Auskunftsklage dazu gezwungen werden, Ihre Gehaltsabrechnungen und eventuell auch Einkommensteuererklärungen vorzulegen. Wenn Sie selbstständig oder unternehmerisch tätig sind, wird es noch enger und Sie können sogar verpflichtet werden, Bilanzen oder Einnahmenüberschussrechnungen der letzten drei Kalenderjahre vorzulegen. Speziell für den Kindesunterhalt ist in dem neuen Kindschaftsrecht vom 1.7.1998 das Auskunftsrecht erheblich erweitert worden. Hier hat das Gericht jetzt sogar die Möglichkeit erhalten, bei unvollständiger oder nicht erteilter Auskunft Informationen von Dritten einzuholen, beispielsweise vom Finanzamt oder direkt vom Arbeitgeber. Dieses erweiterte Auskunftsrecht betrifft allerdings lediglich den Kindesunterhalt, der in der Regel weniger strittig sein dürfte als der Trennungs- oder der nacheheliche Unterhalt für die Ex-Frau. Wenn aber – wie meistens – beides zusammentrifft, profitiert auch die Frau von den so erhaltenen Informationen.

Gestaltungsmöglichkeiten zum Reduzieren des Einkommens bestehen zum einen in der Wahl der Steuerklasse. Im Trennungsjahr können Sie zwischen einer gemeinsamen oder getrennten Veranlagung wählen. Wenn Sie der Hauptverdiener sind und Ihre Frau wenig oder gar nicht arbeitet, ist natürlich die gemeinsame Veranlagung günstiger. Dies kann Ihre Frau grundsätzlich auch nicht verhindern. Sollte sie dies doch versuchen, macht sie sich schadensersatzpflichtig.

Da für die Berechnung des Unterhalts das Nettoeinkommen maßgeblich ist, kann es auch interessant sein, im Trennungsjahr eine gemeinsame Veranlagung zu wählen. Im Jahr, welches dem Trennungsjahr folgt, ist dann jedoch eine getrennte Veranlagung vorgeschrieben. Und wiederum ein häufiger Fall aus der Praxis: Es gibt viele Eheleute, die sich darüber »einigen«, dass im Folgejahr der eigentlichen Trennung eine kurze Versöhnung stattgefunden hat, so vielleicht in den ersten zwei Januarwochen. Ob es auch tatsächlich so war, danach fragt der gute Anwalt nicht. Dann kann der unterhaltspflichtige Mann, jedenfalls bis zur Rechtskraft der Scheidung, auch im Folgejahr der Trennung die Steuerklasse III behalten. So bleibt allen Beteiligten mehr zum Leben.

Wenn Sie bezahlte Überstunden machen, sollten Sie prüfen, ob Sie dies weiterhin tun möchten. War dies nämlich für die ehelichen Lebensverhältnisse prägend, werden Sie quasi lebens-

Fast jeder Arbeitnehmer hat Freibeträge, etwa für Werbungskosten, auf seiner Steuerkarte eingetragen. Diese Freibeträge lassen sich jederzeit auch wieder streichen. Bei einem späteren Lohnsteuerjahresausgleich, dessen Ausarbeitung im Extremfall noch zwei Jahre später erfolgen kann, erhalten Sie das Geld ohnehin wieder zurück. Hierzu sollten Sie einen Steuerberater hinzuziehen.

lang dazu verdonnert, diese Überstunden weiter zu machen und entsprechend mehr Unterhalt zu zahlen oder diese werden Ihnen als fiktive Einkünfte angerechnet. Etwas anderes gilt, wenn der Arbeitgeber Ihnen vorschreibt, dass künftig keine Überstunden mehr geleistet werden dürfen – was für ein Phänomen. Das geschieht erstaunlich häufig bei getrennt lebenden Männern, vor allem in kleineren Betrieben, in welchen ein enges Verhältnis zum Arbeitgeber herrscht. Ebenso ein Phänomen: Der Arbeitnehmer erhält auf einmal einen Dienstwagen, der (durch Zufall oder nicht) auf keiner Lohnabrechnung auftaucht.

Zu berücksichtigen ist auch, dass sich Einkommensverbesserungen, die sich im Rahmen eines noch innerhalb der Ehe abzusehenden Rahmens bewegen, auch steigernd für den Unterhalt auswirken, beispielsweise Lohn- und Gehaltssteigerungen oder Regelbeförderungen im öffentlichen Dienst.

Wenn Sie einen guten Kontakt zu Ihrem Arbeitgeber haben, können Sie auch vereinbaren, variable oder freiwillige Zahlungen (wie Tantiemenzahlungen oder Urlaubsgeld) zurückzustellen und im Folgejahr auszahlen zu lassen. Der Arbeitgeber kann hierfür in seiner Bilanz entsprechende Rückstellungen vornehmen. Vielleicht ist auch schon länger daran gedacht worden, eine Weiterbildung vorzunehmen, die mit einer Reduzierung des Einkommens verbunden ist. Hier kann Ihnen Ihr Arbeitgeber auch eine entsprechende Bescheinigung ausstellen.

Falls die Gefahr besteht, dass Sie für eine lange Zeit zum Zahlesel gemacht werden, aber nur ein sehr geringes Einkommen haben, was kaum über dem Existenzminimum liegt, obwohl Ihre Frau eigentlich in der Lage wäre, hinzuzuverdienen, müssen Sie sich fragen, ob Sie im Extremfall ganz aufhören wollen zu arbeiten. Sehr viele Väter entschließen sich hierzu. Der Staat musste im Jahr 2003 an die Kinder dieser Väter insgesamt einen ersatzweisen Unterhaltsvorschuss in Höhe von 1,2 Milliarden Euro zahlen. Die Zahl dieser Fälle, in denen der Staat einspringen muss, ist rasant gestiegen. 1992 erhielten 136 428 Kinder Unterhaltsvorschuss, 2003 waren es bereits 624 000 Kinder. Nur 14 Prozent des vorgeschossenen Geldes wurde von den Unterhaltspflichtigen zurückgezahlt. Das Bundesfamilienministerium strebt eine Rückzahlquote von 27 Prozent an. Mehr sei wegen Arbeitslosigkeit oder niedrigen Einkommen der Unterhaltspflichtigen nicht zu realisieren. Wiederholt sei der Hinweis, dass diejenigen Unterhaltsschuldner, die gar nichts mehr zahlen, fast immer Haftstrafen riskieren.

Wirklich befreit von Unterhaltslasten wird nur derjenige, der unverschuldet (so auch bei Krankheit) weniger als 770 Euro (Selbstbehalt für Nichterwerbstätige) erhält und trotz nachgewiesener und vor allem ernsthafter Bewerbungsbemühungen keinen Job findet. Leider sind die Anforderungen der Gerichte an die so genannte Obliegenheit zu Bewerbungsbemühungen fast gar nicht zu erfüllen. Das OLG Köln meint beispielsweise, dass der Arbeitslose sich in einem Maße bewerben müsse, das einer Arbeit in Vollzeit entspricht. Neben regelmäßigen Vorsprachen beim Arbeitsamt muss der Unterhaltsschuldner mindestens drei bis fünf ernsthafte Bewerbungen pro Woche versenden. Will der auf Unterhalt in Anspruch genommene verhindern, dass ihm fiktiv ein Einkommen unterstellt wird, muss er seine Bemühungen lückenlos nachweisen.

KAPITEL 11

Der Zugewinnausgleich

Was ist ein Zugewinnausgleich?

Beim Zugewinnausgleich geht es um die wirtschaftliche Auseinandersetzung nach der Scheidung, und zwar nicht in Bezug auf das laufende Einkommen, sondern es geht ans Eingemachte, das erworbene, vorhandene und manchmal auch das weggegebene Vermögen.

Viele Ehemänner haben den folgenschweren Fehler gemacht, dass sie vor oder im Laufe der Ehe keinen Ehevertrag geschlossen haben. In diesem Fall gilt der gesetzliche Güterstand der Zugewinngemeinschaft. Die Zugewinngemeinschaft bedeutet im Prinzip, dass zwar während der Ehe jeder Ehegatte Inhaber seines Eigentums bleibt, zum Ende der Ehe allerdings eine Gesamtabrechnung vorgenommen wird. Hierbei wird ermittelt, wie hoch während der Ehe der Vermögenszuwachs beider Ehegatten war. Dies ist dann der Zugewinn, also die Vermögensmehrung zwischen Anfangsvermögen und Endvermögen. Paragraph 1378 Absatz BGB bestimmt: Wenn der Zugewinn des einen Ehegatten den Zugewinn des anderen übersteigt, so steht die Hälfte des Überschusses dem anderen Ehegatten als Ausgleichsforderung zu.

Die Grundidee des gesetzlichen Güterstands der Zugewinngemeinschaft ist im Prinzip in Ordnung: Was die Ehegatten während der Ehe an wirtschaftlichem Zugewinn erreicht haben, wird am Ende der Ehe aufgeteilt. In der Praxis kommt es durch die Zugewinngemeinschaft jedoch zu einer Benachteiligung derjenigen Männer, die bereits mit einem gewissen Anfangsvermögen, beispielsweise Aktien oder Grundbesitz, in die Ehe gegangen sind. Denn auch der Zugewinn, der durch eine schlichte Werterhöhung durch den Zeitablauf zustande gekommen ist, wird am Ende geteilt. Dies kann zu erheblichen Summen führen. Trotz der zwischenzeitlichen Börsenflaute hat sich dennoch der deutsche Aktienindex in den letzten Jahren erhöht. Hatte der Ehemann beispielsweise zu Beginn der Ehe vor zehn Jahren »gute« Aktien mit einem Wert von 50 000 Euro, so müsste er hiervon 25 000 Euro an die Frau abgeben, wenn der Wert zum Stichtag (Zustellung des Scheidungsantrages) sich auf einen Betrag von 100 000 Euro beläuft, und das obwohl die Frau nichts zur Wertsteigerung beigetragen hat. Ähnlich verhält es sich mit Immobilien, die zwar im Wert nicht mehr so schnell steigen wie früher, aber dennoch allein aufgrund des Zeitablaufes eine Wertsteigerung erfahren.

Noch krasser und am Ende sogar oft die Existenz bedrohend ist das Prinzip des Zugewinnausgleiches für Ehemänner, die als Selbstständige oder Unternehmer eine ganze Firmenbeteiligung mit in die Ehe einbringen. Wenn sich nämlich der Firmenwert durch ein entsprechendes Umsatz- und Ertragswachstum über die Jahre steigert, so muss dieser Zugewinn ebenfalls ausgeglichen werden. Nicht selten wird es passieren, dass sich die Firma völlig überschulden muss, um den Ausgleichsbetrag aufbringen zu können. Besonders deutlich ist die Benachteiligung von Männern, wenn die Firma während der Ehezeit gegründet wurde. In diesem Fall steht ein Anfangsvermögen von null einem unter Umständen beträchtlichen Endvermögen gegenüber, je nachdem, wie der Wert der Firmenbeteiligung eingeschätzt wird.

Als Beispiel sei eine Zahnarztpraxis genannt. Der junge Arzt gründet kurz vor der Eheschließung unter Inanspruchnahme erheblicher Kredite eine eigene Praxis. Da ein nennenswerter Patientenstamm zu Beginn der Ehe noch nicht besteht, beträgt das Anfangsvermögen wegen der dann noch bestehenden erheblichen Schulden »0« – ein negatives Anfangsvermögen sieht der Gesetzgeber nicht vor. Wenn dann nach vielen Jahren die

Kredite abbezahlt sind und ein fester Patientenstamm vorhanden ist, kann es ohne weiteres möglich sein, dass die Praxis von einem Sachverständigen mit einem Wert von 500 000 Euro taxiert wird. Die Frau bekäme, sofern sie nicht selbst erheblichen Zugewinn erzielt hat, 250 000 Euro (die der Arzt nur schwer oder gar nicht aufbringen kann), und zwar auch dann, wenn es keine Kinder in der Ehe gab und die Frau die ganze Zeit über viel verdient hat.

Die Alternative zum gesetzlichen Güterstand der Zugewinngemeinschaft ist die Gütertrennung, die keine Ausgleichsverpflichtung vorsieht. Jeder verlässt im Falle der Scheidung die Ehe mit dem Vermögen, das ihm gehört.
Der Güterstand der Gütertrennung kann sowohl vor als auch noch in der Ehe vereinbart werden. Wichtig ist jedoch, dass solche Vereinbarungen nur dann wirksam sind, wenn sie von einem Notar beurkundet wurden.

Möglich sind auch (notarielle) Verträge, die den Zugewinnausgleich zwar nicht ausschließen, wohl aber modifizieren, etwa dadurch, dass der Firmenwert, eine Immobilie, eine Münzsammlung oder Ähnliches außen vor bleiben.

Wie berechnet man den Zugewinnausgleich?

Um den Zugewinn festzustellen, sind verschiedene Berechnungen notwendig: Zum einen gilt es, das Anfangsvermögen festzustellen, also das Vermögen, welches beide Ehepartner zu Beginn der Ehe hatten. Zum zweiten muss das Endvermögen festgestellt werden, also das Vermögen, welches die beiden Ehepartner zum Ende der Ehe hatten. Dieses Endvermögen wird zu einem bestimmten Stichtag festgestellt, der dem Datum entspricht, an dem der Scheidungsantrag vom Gericht dem anderen Ehepartner formal zugestellt wurde. Wenn Sie selbst die Scheidung beantragen, wird Ihnen das Gericht das Datum der Zustellung gewöhnlich von sich aus mitteilen, spätestens dann, wenn die Formulare zum Versorgungsausgleich ausgefüllt werden müssen, da auch hier das Zustellungsdatum maßgeblich ist.

Beispiel für eine Zugewinnberechnung:

Anfangsvermögen Frau		*Endvermögen Frau*	
Schulden:	20 000 Euro	Aktienfonds:	5000 Euro
(es gibt kein negatives Anfangsvermögen, daher:)		Girokonto:	5000 Euro
	0 Euro		10 000 Euro

In diesem Fall gilt die Regel, dass das Anfangsvermögen mindestens null sein muss: Die Schulden, mit denen in diesem Beispiel die Frau in die Ehe geht, werden nicht berücksichtigt. Der Zugewinn der Frau beträgt damit 10 000 Euro. Durch diese Regel können sich Ehepartner, die mit erheblichen Schulden in die Ehe gehen, über den Ehepartner »sanieren«, da indirekt der andere Ehepartner die vorehelichen Schulden mittragen muss.

Anfangsvermögen Mann		*Endvermögen Mann*	
Girokonto:	5000 Euro	Girokonto:	20 000 Euro
Lebensvers.:	15 000 Euro	Lebensvers.:	60 000 Euro
		Wohnung:	250 000 Euro
		Darlehen:	(–)200 000 Euro
	20 000 Euro		130 000 Euro

In diesem Beispiel hat der Ehemann einen Zugewinn von 110 000 Euro in der Ehezeit erzielt, die Ehefrau lediglich einen in Höhe von 10 000 Euro. Die Differenz beträgt 100 000 Euro, der Ehemann muss die Hälfte an die Frau zahlen, also 50 000 Euro.

Da der Scheidungsantrag grundsätzlich erst nach Ablauf des Trennungsjahres gestellt werden kann, wird sich der Stichtag zur Berechnung des Zugewinns nach der Trennung noch lange hinziehen.

Der Teufel steckt natürlich auch hier im Detail. Wir haben zwar gesehen, dass die Berechnung als solche einfach ist, aber Streit kommt fast immer dann auf, wenn bestimmte Positionen zu bewerten sind. Zum Vermögen gehören beispielsweise Wertpapiere, Lebensversicherungen, Forderungen an Dritte (beispielsweise noch nicht erstattete Steuerforderungen, gewährte Darlehen), Firmenanteile, Immobilien oder auch bewegliches Vermögen wie Kunstgegenstände, Schmuck und das Auto, soweit dieses nicht dem Hausrat zugerechnet werden muss, was dann der Fall ist, wenn es nicht rein privat genutzt wird.

Die Wertfeststellung des Bankvermögens oder von Wertpapieren ist einfach, hier gilt schlicht der Kontoauszug oder die Depotwertberechnung der Bank zum jeweiligen Stichtag. Bei Lebensversicherungen schreiben Sie Ihr Unternehmen mit dem Hinweis auf das laufende Scheidungsverfahren an und bitten um eine Wertmitteilung zum Stichtag. Leider wird dabei meistens nicht mehr der – niedrigere – Rückkaufswert zugrunde gelegt, sondern auch die so genannte Überschussbeteiligung mit eingerechnet.

Bei Immobilien gilt der Veräußerungs- oder Ertragswert, ebenfalls zum Stichtag. Dies kann erhebliche Konsequenzen haben, wenn allein durch den Zeitablauf und die allgemeine Wertsteigerung ein Zugewinn entstanden ist.

Schenkungen

Nach Paragraph 1374 Abs. 2 BGB sind zwar Vermögensgegenstände, die geschenkt, geerbt oder als Ausstattung erworben wurden, dem Endvermögen zuzurechnen, wenn sie noch vorhanden sind. Sie werden aber dadurch gleichsam neutralisiert, dass sie dem Anfangsvermögen hinzugerechnet werden. Hierdurch wird erreicht, dass der andere Ehegatte nur am Wertzuwachs des durch die vorgenannte Vorschrift privilegierten Anfangsvermögens partizipiert.

Eine Ausnahme gilt bei Schenkungen, die Schwiegereltern (auch) ihrem Schwiegerkind machen und die auf Dauer der Ehegemeinschaft dienen sollen. Solche werden nicht dem Anfangsvermögen des begünstigten Ehegatten hinzugerechnet. Eine solche Fallgestaltung ist beispielsweise dann gegeben, wenn die Eltern des Ehemannes »ihren Kindern« ein Haus oder einen großen Betrag zum Erwerb eines solchen schenken. Interessant ist die Tatsache, dass solche Schenkungen von Schwiegereltern grundsätzlich vom Ehegatten des eigenen Kindes nach Rechtskraft einer Scheidung zurückgefordert werden können.

Nach der ständigen Rechtsprechung des Bundesgerichtshofes sind von Paragraph 1374 Abs. 2 BGB lediglich Schenkungen Dritter erfasst. Nicht dem Anfangsvermögen sind dagegen echte Schenkungen unter Ehegatten hinzuzurechnen.

Gleiches gilt für die so genannten (ehebedingten) Zuwendungen unter Ehegatten, die der Verwirklichung der ehelichen Lebensgemeinschaft zu dienen bestimmt sind. Der Unterschied zur Schenkung liegt allein darin, dass ehebedingte Zuwendungen nicht zurückgefordert werden können (beispielsweise bei grobem Undank oder bei Verarmung des Schenkers), sondern nur im Rahmen des Zugewinnausgleiches Berücksichtigung finden.

Firmenbeteiligungen

Wenn Sie als Selbstständiger oder Gesellschafter einer Firma die Ehe ohne einen Ehevertrag mit Gütertrennung geschlossen haben, müssen Sie sich zunächst darauf einstellen, dass die Scheidung für Sie besonders teuer werden kann. Zum Endvermögen muss dann nämlich auch der Wert Ihrer Firmenbeteiligung oder Ihres Betriebes hinzugerechnet werden. Dabei kommen schnell

Summen zustande, die letztlich die berufliche Existenz ruinieren können.

Die große Frage, die sich jetzt stellt, ist die, wie hoch der Wert der Unternehmensbeteiligung anzusetzen ist. Dabei dürfte nur bei Industriebetrieben der Substanzwert eine Rolle spielen (etwa das Anlagevermögen). Bei Handelsunternehmen, selbstständigen Berufen (unter anderen Softwarespezialisten, Architekten, Handelsvertretern und auch Anwälten) oder Dienstleistungsunternehmen spielt der Substanzwert dagegen kaum eine Rolle. Für die Ermittlung des Ertragswertes gibt es verschiedene Varianten, alle werden letztlich teuer. Beispielsweise kann für die zukünftigen Jahre der zu erwartende Ertrag in den einzelnen Jahren geschätzt und auf den Stichtag zurück abgezinst werden. Nach dem so genannten Stuttgarter Verfahren wird zunächst ein durchschnittlicher Ertrag der letzten drei Jahre ermittelt und dieser dann mit fünf multipliziert.

Voraussetzung für die Ermittlung eines solchen Ertragswertes ist jedoch die Frage, ob das Unternehmen überhaupt einen Wert unabhängig von dem Unternehmer besitzt. Dies wird als der so genannte »Goodwill« bezeichnet. Wenn beispielsweise die zukünftigen Gewinnerwartungen eines Handelsvertreters in erster Linie aus den persönlichen Kontakten des Unternehmers und dessen Akquisitionsvermögen bestehen, so ist ein »Goodwill« mit Fragezeichen zu versehen. Ob ein solcher »Goodwill« vorhanden ist, kann einfach an der Frage abgelesen werden, ob ein Dritter, ein völlig unabhängiger Investor, bereit wäre, für diesen Betrieb etwas zu bezahlen, wenn der Unternehmer und dessen Kontakte oder Akquisitionsgeschick nicht mehr vorhanden wären.

Ein »Goodwill« kann jedoch auch in dem Mitarbeiterstamm, dem guten Image des Betriebes und dem Kundenstamm, unabhängig von der Person des Unternehmens, gesehen werden. Daher wird von der Rechtsprechung auch ein »Goodwill« bei Arztpraxen oder eingeführten Rechtsanwaltskanzleien angenommen. Da es hier häufig um hohe Summen geht, werden im Streitfall nahezu immer Gutachten in Auftrag gegeben, um den Unternehmenswert festzustellen.

Veränderung des Anfangsvermögens durch Inflationsausgleich

Ein wenig komplizierter als in unserem Beispiel wird es, wenn das Anfangsvermögen bereinigt wird, indem die allgemeine Wertsteigerung ausgeglichen bzw. inflationsbereinigt wird.

Ein Girokonto mit einem Wert von 20000 Euro im Jahr 1975 hätte selbst bei einem einfachen Sparzins heute einen erheblichen Wertzuwachs erzielt. Die Kaufkraft des nominal höheren Betrages wäre durch die Inflation im Laufe der Zeit möglicherweise heute jedoch keine andere. Ein solcher Vermögenszuwachs ist kein echter Zugewinn. Daher wird beim Zugewinnausgleich das Anfangsvermögen mit Hilfe eines vom Statistischen Bundesamt ermittelten Lebenshaltungskostenindexes auf den heutigen Wert hochgerechnet und erst dann mit dem Endvermögen verglichen. Dabei wendet der Bundesgerichtshof eine pauschale Formel an: Anfangsvermögen mal Index am Ende der Ehe geteilt durch Index am Beginn der Ehe.

Die 20000 Euro aus dem Jahre 1975 wären demnach bei einer Zustellung des Scheidungsantrages am 1. 12. 2005 im Anfangsvermögen mit einem Betrag in Höhe von etwa 42150 Euro anzusetzen.

Gerade bei langen Ehen hat dieser Inflationsausgleich erhebliche Konsequenzen und erhöht im Nachhinein das wertmäßige Anfangsvermögen. Häufig kann damit das Anfangsvermögen so erhöht werden, dass kein Zugewinn mehr vorhanden ist und keine Ausgleichszahlungen zu leisten sind.

Gestaltungstipps zum Zugewinnausgleich

Mit der Gestaltung früh genug anfangen

Die Zugewinngemeinschaft geht sicherlich dann in Ordnung, wenn beide Ehepartner mit null in die Ehe gestartet sind und sich gemeinsam über die Zeit ein Vermögen aufgebaut haben. Die Zugewinngemeinschaft geht auch dann in Ordnung, wenn Sie etwa als Angestellter für die finanzielle Absicherung der Familie gesorgt haben und Ihre Frau sich um die Kinder gekümmert hat. In diesen Fällen ist es sicherlich gerecht, wenn nach der Scheidung das aufgebaute Vermögen geteilt wird. Nach unserer Auffassung ist der Zugewinnausgleich dann jedoch *nicht* in Ordnung, wenn der Zugewinn allein durch Wertsteigerung von Wertpapieren oder Grundstücken entstanden ist, die nur einer der Ehepartner in die Ehe mit eingebracht hat. Geradezu existenzgefährdend ist der Zugewinnausgleich, wenn Sie als Selbstständiger oder Unternehmer plötzlich die Hälfte eines überzogenen Ertragswertes an Ihre Ex-Frau ausgleichen müssen – Geld, das zu diesem Zeitpunkt real nicht vorhanden ist.

Mit der Gestaltung und Darstellung Ihrer Vermögenssituation müssen Sie früh anfangen. So liegt es beispielsweise auf der Hand, kurz vor dem Stichtag für die Feststellung des Endvermögens einen Teil des Vermögens beiseite zu schaffen, großzügig Verwandte mit Schenkungen zu versorgen oder überzogene Ausgaben zu machen. Dies ist jedoch nicht ohne weiteres möglich. Gemäß Paragraph 1375 Absatz 2 BGB sind solche so genannten illoyalen Vermögensminderungen dem Endvermögen fiktiv hinzuzurechnen. Das gilt für Schenkungen, die nicht einer sittlichen Pflicht entsprechen, Verschwendungen oder Handlungen, die in der Absicht vorgenommen wurden, den anderen Ehegatten zu benachteiligen.

Je weniger die Frau während der Ehezeit um Ihre finanziellen Verhältnisse wusste, umso schwerer wird sie selbstverständlich Verschwendungen oder Benachteiligungen behaupten, geschweige denn nachweisen können. Es bleibt der Rat: Fangen

Sie früh an, Ihre Vermögenssituation zu gestalten; die Zeit von der Trennung bis zur Zustellung des Scheidungsantrages dauert lange.

Dennoch ist Vorsicht angesagt. Das Gesetz sieht sogar die Möglichkeit vor, vor der Scheidung auf einen vorzeitigen Ausgleich des Zugewinns zu klagen. Dies ist etwa dann der Fall, wenn einem Ehegatten nachgewiesen werden kann, dass er versucht, einen Teil des Endvermögens wegzuschaffen oder sich einer der Ehegatten beharrlich weigert, den Partner über sein Endvermögen zu unterrichten.

Das Endvermögen reduzieren

Wenn Sie mögliche Zugewinnzahlungen verringern oder ausschließen wollen, besteht der wichtigste Schritt naturgemäß darin, rechtzeitig vor dem Stichtag das Endvermögen zu reduzieren. Am einfachsten geht dies natürlich bei leicht übertragbaren Werten, etwa Beträgen auf Girokonten oder Wertpapieren.

Wichtig zu wissen ist dabei, dass zwar beim Zugewinnausgleich wechselseitig Auskunft über das Vermögen zum Stichtag geschuldet wird, nicht aber kann die Vorlage sämtlicher Belege der Vergangenheit verlangt werden. Deshalb kann der Verlauf der Vermögensentwicklung grundsätzlich nicht nachvollzogen werden.

Im Extremfall könnten Sie eine Woche vor dem Stichtag den Großteil Ihres Geldes an eine vertraute Person überweisen, dann den erheblich erniedrigten Bankauszug zum Stichtag abheften und eine Woche später sich dieses Geld wieder überweisen lassen. Falls Sie dieses Geld aber nicht »verschenkt« haben (es spricht nichts dagegen, sich dieses Geld zurückschenken zu lassen), müssten Sie den Anspruch auf Rücküberweisung als Forderung in Ihr Endvermögen aufnehmen. Tun Sie dies nicht, wäre das eine falsche Auskunft und vor Gericht sogar ein (versuchter) Prozessbetrug.

Ein Recht auf Auskunft über illoyale Vermögensminderungen (beispielsweise Schenkungen) folgt aus dem Grundsatz von Treu und Glauben (siehe § 242 BGB). In der Praxis wird diese Auskunft sehr selten verlangt. Wenn dem doch so sein sollte, müsste die Frau konkrete Tatsachen vortragen, die ein unter Paragraph 1375 Absatz 2 BGB fallendes Handeln nahe legen.

Sie müssen ferner damit rechnen, dass Ihre Ex-Frau von Ihnen im Laufe eines möglichen Gerichtsverfahrens eine eidesstattliche Erklärung über die Richtigkeit der von Ihnen erteilten Auskunft haben möchte. Dies kann verlangt werden, wenn Anhaltspunkte glaubhaft gemacht werden, wonach die erteilte Auskunft entweder falsch oder – zumindest – nicht mit der gehörigen Sorgfalt erstellt wurde. Versichern Sie an Eides statt eine objektiv falsche Auskunft, wäre das gleichfalls eine Straftat. Der Verpflichtung zur Abgabe der eidesstattlichen Versicherung über die Richtigkeit der Auskunft können Sie dadurch entgehen, dass Sie mitteilen, tatsächlich bestimmte Dinge »übersehen« zu haben.

Es gibt allerdings auch weniger »heiße« Wege, das spätere Endvermögen zu reduzieren. So wäre es jedenfalls unsinnig, nach der Trennung weiteres Vermögen aufzubauen (Einzahlungen in Lebensversicherungen, Sparrücklagen, Aktienfonds und anderes), um dann diese Sparleistungen nach vielleicht zwei Jahren zum Stichtag für den Zugewinn zur Hälfte wieder an die Ex-Frau abgeben zu müssen. Überprüfen Sie deshalb nach der Trennung unbedingt sofort alle Sparformen. Kapitallebensversicherungen sollten Sie allerdings nicht kündigen! Gerade bei noch nicht lange laufenden Verträgen ist der so genannte Rückkaufswert geringer als die Zahlungen, die Sie in der Vergangenheit bereits geleistet haben. Es besteht jedoch die Möglichkeit, die Versicherungen anzuschreiben und darum zu bitten, Ihren Vertrag »beitragsfrei zu stellen«. Dies bedeutet, dass Sie zunächst keine Zahlungen mehr leisten, ansonsten jedoch keine Nachteile für Sie entstehen.

Selbstverständlich können Sie eine oder mehrere Lebensversicherungen auch verkaufen, indem Sie sich Geld dafür geben lassen und im Gegenzug die Rechte aus der Versicherung abtreten. Unabhängig davon, ob und zu welchem Preis Sie die Versicherung nach dem Stichtag wieder zurückkaufen, wird Ihnen jedenfalls nach der Rechtsprechung kaum ein großzügiger Lebensstil mit Hilfe des erhaltenen Geldes angelastet werden können.

Es gibt weitere Möglichkeiten, wie Ihr Endvermögen reduziert werden kann. Möglicherweise haben Sie Schulden oder Verbindlichkeiten für Gegenleistungen, die schon früher geflossen sind. So könnten Ihnen Geschäftspartner oder Verwandte etwa Kredite gegeben haben. Dies müsste allerdings nachgewiesen werden. Durch die im Jahr nach der Trennung entstehende Einzelveranlagung bei der Steuer erwarten Sie möglicherweise noch Steuernachzahlungen. Diese vermindern ebenfalls das Endvermögen zum Stichtag. Wenn Sie eine Eigentumswohnung oder Grundbesitz haben, so gibt es in der Wertbemessung immer einen Ermessensspielraum. Hier finden Sie möglicherweise einen Gutachter, der Ihnen ein Gutachten am unteren Ende des Spielraums ausstellt. Eine Kontaktmöglichkeit sind hier insbesondere die Banken, die über eigene oder freie Wertgutachter verfügen. Ist Ihre Eigentumswohnung oder der Grundbesitz vermietet, so kann für das Wertgutachten eventuell kurzfristig auch die Vermietungssituation schlechter gestaltet werden.

Anfangsvermögen erhöhen

Haben die Ehegatten gemäß Paragraph 1377 BGB zu Beginn ihrer Ehe kein Verzeichnis über das Anfangsvermögen erstellt (wir haben noch nie gehört, dass dies gemacht wurde), so wird gemäß Absatz 3 dieser Vorschrift vermutet, dass das Endvermögen den Zugewinn darstellt, es wird also zunächst angenommen, dass beide Eheleute kein Anfangsvermögen hatten. In der Konsequenz bedeutet dies, dass derjenige, der sich auf ein höheres Vermögen zu Beginn der Ehe beruft, das auch im Streitfall beweisen muss. Hilfreich ist es auf jeden Fall, alte Belege über die damaligen Kontostände zu haben. Da Banken nur für einen gewissen Zeitraum verpflichtet sind, ältere Daten zu speichern, sollten Sie vorsorglich möglichst bald um die nachträgliche Erstellung von Belegen bitten, sofern Ihnen Unterlagen fehlen.

Die interessante Frage lautet nun, welches mögliche Anfangsvermögen vermindert bei der Berechnung Ihren Zugewinn und somit eine mögliche Ausgleichszahlung? Zum Anfangsvermögen gehören auch Forderungen, die zu Beginn der Ehe noch nicht fällig waren. Dazu gehören beispielsweise Steuererstattungen für Veranlagungszeiträume vor der Ehe oder Darlehensrückzahlungsforderungen.
Auch kleinere Beträge sind interessant – etwa Einzahlungen in Lebensversicherungen – da durch den Inflationsausgleich das nominell niedrige Anfangsvermögen je nach Dauer der Ehe zum Stichtag des Endvermögens einiges mehr wert ist und damit Ihre möglichen Ausgleichszahlungen geringer ausfallen. Vielleicht können Sie auch eine Bestätigung beschaffen, in der Ihnen das Eigentum an einem interessanten Wertgegenstand – beispielsweise ein Gemälde – bescheinigt wird, das nicht zum Hausrat zählt.

Was aus unserer Erfahrung jedoch wenig bringt, ist, die Gegenseite durch häppchenweise und verzögerte Informationen zum Anfangs- wie Endvermögen hinzuhalten. Dies schürt eher den Argwohn und bringt am Ende wenig, da Sie nun mal zu einer eidesstattlichen Versicherung über die Vollständigkeit der erteilten Auskunft gezwungen werden können. Das Recht hierzu besteht grundsätzlich bei zunächst verschwiegenen Vermögenspositionen.

Zwischen Trennung und Scheidung Geld ausgeben

Freilich ist es nicht immer leicht festzustellen, ob bestimmte Ausgaben denn nun Verschwendung oder großzügigen Lebensstil darstellen. Der Bundesgerichtshof hat entschieden, dass letztere Form des Geldausgebens ebenso wenig für eine fiktive Hinzurechnung ausreicht wie ein Leben über die Verhältnisse hinaus. Ein gewisser Spielraum bleibt dem Ausgleichspflichtigen also schon. Machen Sie einen schönen Urlaub, schaffen Sie sich neue Möbel an oder kaufen Sie sich ein angemessenes neues Auto – hier ist Ihre Kreativität gefragt.

Nicht gerade die feine englische Art und für viele auch gar nicht möglich, aber Paragraph 1378 Absatz 2 BGB eröffnet eine Möglichkeit, sich trotz zunächst vorhandenen Vermögens ganz um eine Ausgleichszahlung drücken zu können. Dieser Paragraph besagt, dass die Höhe der Ausgleichszahlung durch den Wert des Vermögens begrenzt wird, das nach Abzug der Verbindlichkeiten bei Rechtskraft der Scheidung noch vorhanden ist. Eigentlich sollen mit dieser Vorschrift Dritte geschützt werden. Entscheidend ist der Umstand, dass wir tatsächlich zwei Stichtage haben, den ersten zum Zeitpunkt der Zustellung des

> In einem Fall erklärte der Mann, er sei über den Trennungsschmerz nicht hinweggekommen und sei spielsüchtig geworden. Hilfreich war die Tatsache, dass der Mann tatsächlich des Öfteren gespielt hat und sich dann einige Zeit vor Rechtskraft der Scheidung bei allen Spielbanken hat sperren lassen; das geht leicht und man erhält darüber sogar eine Bestätigung. Begleitet wurde der große Schmerz des Mannes durch eine Therapie, die dann gleichfalls bestätigt wurde.
> In einem weiteren Fall sagte der Mann einfach, er hätte von Anfang an seiner Frau nichts zahlen wollen, er wäre deshalb lieber zu Prostituierten gegangen und diese Besuche hätten sein ganzes Vermögen aufgezehrt. Beide hatten mit ihrer »traurigen« Geschichte bei Gericht Erfolg.

Scheidungsantrages, den zweiten zum Zeitpunkt der tatsächlichen Scheidung (Beendigung des Güterstandes). Gerade wenn mit Ihrer Ex-Frau über mehrere Punkte gestritten wird, beispielsweise auch dann, wenn zum Zugewinn Wertgutachten eingeholt werden müssen, vergehen oft Jahre zwischen diesen beiden Zeitpunkten. Wenn Sie in dieser Zeit »verarmen«, müssen Sie später auch nichts mehr zahlen.

Im genannten Beispiel zur Berechnung des Zugewinns müsste der Ehemann einen Ausgleichsbetrag von 50 000 Euro zahlen. Angenommen, der Ehemann hätte in dem Zeitraum zwischen den beiden Stichtagen sein Endvermögen von 130 000 Euro durch ungeschicktes Finanzgebaren oder durch immens hohe Ausgaben aufgezehrt, dann müsste er den eigentlich der Ehefrau zustehenden Ausgleichsbetrag nicht mehr zahlen.

KAPITEL 12

Steuerliche Auswirkungen

Die Wahl der Steuerklasse

Wenn Sie spontan sagen, dass die Frage der Steuerlast – nach Kindern und Unterhalt – noch die Frage mit der geringsten Priorität ist, sollten Sie jedoch berücksichtigen, dass beispielsweise die Wahl der Steuerklasse in erheblichem Maße die Höhe der Unterhaltszahlungen beeinflusst. Der gesamte Scheidungsprozess ist zudem mit hohen Kosten verbunden. Hier können ohne weiteres schon mal 10000 Euro zusammenkommen. Am Ende stehen auch die meisten, insbesondere die jüngeren Familien vor dem finanziellen Ruin. Da ist es schon wichtig, die ganze Auseinandersetzung unabhängig von den nicht vermeidbaren finanziellen Belastungen steuerlich günstig anzupacken. Neben dem Stress wegen Unterhalt und Kindern sind es schließlich meist die Väter, welche die finanzielle Last der Familien zu tragen haben und nach der Scheidung in der Regel die finanziell Gebeutelten sind. Während überall die Sozialleistungen auf Grund der geringeren Leistungsfähigkeit vermindert werden, bildet der Ex-Ehemann die Rolle des finanziellen Rundum-Versorgers. Dabei ist die finanzielle Situation des Mannes nach Trennung und Scheidung meistens sehr schlecht. Zum einen erhöhen sich die Kosten, denn mit dem gleichen Einkommen müssen nun zwei Haushalte finanziert werden, zum anderen kommt es häufig zu einer doppelten Finanzierung der Krankenversicherung. Die Familienversicherung, bei der die Ehefrau und die Kinder allein über den Krankenkassenbeitrag des verdienenden Ehemannes mit versichert sind, entfällt ab Rechtskraft der Scheidung.

Während die Kosten steigen, werden jedoch gleichzeitig die Einnahmen geringer. Bei gleichem Bruttoeinkommen sinkt das zur Verteilung stehende Nettoeinkommen, weil der günstige Splittingtarif entfällt. Bei dem Splittingtarif, der bei Verheirateten bis zum Ende des Kalenderjahres der Trennung angewendet wird, verteilt das Finanzamt quasi das höhere Einkommen des Mannes zur Hälfte auf die Frau, die selbst nicht verdient. Dadurch kommen beide mit dem gedanklich gesplitteten Einkommen nicht so hoch in die Steuerprogression und damit zu einem niedrigeren Prozentsatz der Versteuerung.

Wenn beide Ehepartner gleich viel verdienen, bringt das Ehegattensplitting nichts. Bei unterschiedlichen Einkommensverhältnissen kommt es allerdings netto zu beträchtlichen Unterschieden, besonders dann, wenn die Ehefrau selbst nichts verdient. Schaut man in die Grundtabelle 2004, so fallen bei einem zu versteuernden Jahreseinkommen von 40000 Euro in der bei verheirateten Eheleuten üblichen Steuerklasse III Steuern in Höhe von 6013,50 Euro an (Splitting-Tarif). Bei der für Einzelverdiener üblichen Steuerklasse I liegt die Steuerlast bei gleichem Einkommen jedoch schon bei 9730 Euro. Dies sind immerhin im Jahr fast 3800 Euro (mehr als 300 Euro im Monat!), die fehlen, obwohl gleichzeitig nach einer Trennung die Kosten steigen. Bei höheren Einkommen kann die Differenz zwischen den beiden Steuerklassen noch deutlich höher liegen. Wenn man allein auf die steuerliche Seite schaut, so wäre es daher immer zu empfehlen, Scheidung und Trennung möglichst lange hinauszuschieben.

Möglicherweise können Sie Ihrer Frau ein Geschäft anbieten, um den gerade bei mittleren und höheren Einkommen erheblichen Vorteil des Splittingtarifes auszunutzen. Dies gilt insbesondere dann, wenn Sie der Haupternährer sind und Ihre Frau nicht arbeitet. Solch ein Geschäft könnte etwa darin bestehen, sich zu trennen, aber formal noch zusammenzubleiben. Freilich kann die steuerliche Frage jedoch nicht das Hauptmotiv für die Frage »Trennung ja oder nein?« sein. Auch muss nach außen der Anschein einer Wirtschaftsgemeinschaft bestehen, denn das ist für das Finanzamt entscheidend. Das soll jetzt keine Anstiftung zur Steuerverkürzung sein, aber es ist nun mal eine Frage der Beurteilung, ob Eheleute wirklich zusammenleben oder nicht.

Beansprucht Ihre Frau Trennungsunterhalt, so muss bei der Berechnung darauf geachtet werden, dass nicht zu viel gezahlt

Absolut legal, praktisch aber auch nur über eine Absprache zu erreichen, können die steuerlichen Belastungen dadurch über einen längeren Zeitraum abgemildert werden, wenn sich die Eheleute nach der Trennung immer mal wieder versöhnen – dies vor folgendem Hintergrund:

In dem Kalenderjahr, in dem Sie sich dauerhaft von Ihrer Frau getrennt haben, besteht für beide Ehepartner die Wahlmöglichkeit zwischen den Steuerklassen. In dem darauf folgenden Kalenderjahr muss jedoch die ungünstigere Steuerklasse I beziehungsweise II gewählt werden. Voraussetzung nach dem Steuerrecht ist aber, dass die Eheleute dauerhaft getrennt leben. »Versöhnt« man sich beispielsweise anlässlich der Silvesterfeier und lebt dann wieder eine kurze Zeit (etwa zwei Wochen) zusammen, darf der Mann, so er denn mehr verdient, noch das ganze Kalenderjahr die Steuerklasse III in Anspruch nehmen. Davon haben im Ergebnis beide Eheleute etwas; der Mann zahlt ja nur drei Siebtel seines bereinigten Einkommens an Trennungsunterhalt, die Frau und gegebenenfalls die Kinder haben insgesamt mehr, da mehr verteilt werden kann. Will man sich rechtstreu verhalten, sollte diese Versöhnung auch tatsächlich stattfinden. Ist nämlich zu befürchten, dass die Frau später aus Rache andere Angaben macht, sollte man eher von einer Absprache absehen. Wenn das Finanzamt nachträglich von einer dauerhaften Trennung ohne ein nochmaliges Zusammenleben erfährt, kann es auch im Nachhinein noch die zu wenig gezahlten Steuern einfordern.

wird, was dann passieren kann, wenn Sie gar nicht wussten oder es einfach vergessen wurde, dass im Folgejahr der Trennung eine höhere Steuerlast auf Sie zukommt. Häufig fällt das auch erst im laufenden Jahr auf, etwa weil weder Arbeitgeber noch Finanzamt über die dauerhafte Trennung informiert wurden und alle fälschlich davon ausgingen, das Beibehalten der Steuerklasse III sei erlaubt gewesen. Böse kann es werden, wenn sich beispielsweise die Frau im Laufe des Jahres entschließt, wieder arbeiten zu wollen und nach der Steuerklasse I oder II verlangt. In diesem Fall müssen Sie für alle Monate, in denen Sie die Steuerklasse III gar nicht hätten haben dürfen, den Differenzbetrag zur Besteuerung auf der Basis der Klasse I nachzahlen. Das Ganze wird noch schlimmer, wenn Sie feststellen, dass dann ja der eigentlich zu hoch bemessene Unterhalt nicht zurückgefordert werden kann. Hier gilt der Grundsatz, dass vom Empfänger verbrauchte Unterhaltsleistungen nicht zurückverlangt werden können, eine Verrechnung bei künftigen Unterhaltszahlungen ist gesetzlich ebenfalls nicht möglich.

Häufig führt das Trennungsjahr selbst, in dem noch zwischen den günstigeren Steuerklassen gewählt werden kann, zu Streit genau darüber. Aber, da Sie in dieser Zeit ja noch verheiratet sind, besteht sozusagen eine eheliche – übrigens sogar auch eine nacheheliche – Pflicht, finanzielle Lasten des anderen dann zu vermeiden, wenn es zumutbar ist. Deswegen ist die Frau verpflichtet, im Trennungsjahr einer gemeinsamen Veranlagung zuzustimmen, also der Anwendung des Splitting-Tarifes. Dazu müssen Sie ihr natürlich die Einkommensteuererklärung mit den notwendigen Anlagen zur Unterschrift vorlegen. Falls sich Ihre Frau weigert oder sie dies verzögert, können Sie sie auf Zustimmung zur gemeinsamen Veranlagung verklagen. Diese Klage wäre dann jedoch nicht vor dem Familiengericht, sondern vor dem Amtsgericht zu erheben. Sie können Ihre Frau sogar auf Schadensersatz verklagen. Dies sollte zumindest ein Argument sein, wenn sich Ihre Frau zunächst weigert zu kooperieren.

Bislang konnten Eheleute einen weiteren finanziellen Vorteil dadurch erreichen, dass der die Kinder betreuende Elternteil die

Steuerklasse II erhält. Ab dem Jahre 2005 geht das nicht mehr. Die Abschaffung der Steuerklasse II geht auf ein Urteil des Bundesverfassungsgerichts vom 10. 11. 1998 zurück. Nach dieser Entscheidung ist es mit Artikel 6 des Grundgesetzes nicht vereinbar, dass der Haushaltsfreibetrag nur Alleinerziehenden zusteht. Nach Ansicht der Verfassungsrichter sind damit Familien mit verheirateten Eltern gegenüber nichtehelichen Lebensgemeinschaften benachteiligt.

Wer erhält Kindergeld oder Kinderfreibetrag?

Das Kindergeld steht beiden Eltern je zur Hälfte zu. Es beträgt derzeit 154 Euro für die ersten drei Kinder und 179 Euro ab dem vierten Kind. Das Kindergeld wird aber nur an ein Elternteil ausgezahlt. Das stellt bei verheirateten Eltern kein Problem dar, wohl aber bei getrennt lebenden Eltern. In diesem Falle erhält in der Regel derjenige das Kindergeld, bei dem das Kind gemeldet ist. Der halbe Kindergeldanspruch des anderen Elternteils wird dann grundsätzlich mit dem Barunterhalt verrechnet. Seit 2001 ist aber auch das nicht mehr so, wie es der Gesetzgeber ursprünglich geregelt hatte. Eingeführt wurde die väterunfreundliche Vorschrift des Paragraphen 1612b Absatz 5 BGB: Wer nicht mindestens 135 Prozent des Regelbetrages der so genannten Regelbetrag-Verordnung zahlen kann (das müsste man nach der Düsseldorfer Tabelle bei einem bereinigten Nettoeinkommen von 2100 bis 2300 Euro), bei dem wird das Kindergeld entweder gar nicht oder nur teilweise angerechnet. Der Regelbetrag ist ein vom Gesetzgeber festgelegter Geldbetrag, der sich am Existenzminimum orientiert und, ebenso wie die Düsseldorfer Tabelle, je nach Alter des Kindes steigt und alle zwei Jahre angepasst wird.

Bei der Veranlagung zur Einkommensteuer wird für jedes zu berücksichtigende Kind ein Kinderfreibetrag von 1824 Euro für das Existenzminimum des Kindes vom Einkommen abgezogen (siehe § 32 Abs. 6 Satz 1 EStG). Für zusammen veranlagte Eltern beläuft sich der Kinderfreibetrag auf 3648 Euro (siehe § 32 Abs. 6 Satz 2 EStG). Neben dem Kinderfreibetrag kann von der Einkommensteuer zusätzlich ein Betreuungsfreibetrag von 1080 Euro für den Betreuungs- und Erziehungs- oder Ausbildungsbedarf des Kindes abgezogen werden; auch dieser Betrag verdoppelt sich bei zusammen veranlagten Eltern (siehe § 32 Abs. 6 EStG). Der Kinderfreibetrag und der Betreuungsfreibetrag werden bei der Einkommensteuer allerdings nur dann berücksichtigt, wenn deren einkommensteuerrechtliche Auswirkungen größer als das im laufenden Jahr gezahlte Kindergeld sind. Ob das so ist, prüft das Finanzamt von sich aus.

Wie können Unterhaltszahlungen steuerlich abgesetzt werden?

Zunächst einmal können Zahlungen zum Kindesunterhalt überhaupt nicht in Abzug gebracht werden. Hier geht der Gesetzgeber davon aus, dass diese Belastungen schon durch den Bezug von Kindergeld oder durch den Kinderfreibetrag abgedeckt sind. Dass die Hälfte der 154 Euro, die bei geringeren Einkommen gar nicht oder zum Teil Ihnen zugute kommt, im Vergleich zu den realen Belastungen natürlich ein Tropfen auf den heißen Stein ist, muss man akzeptieren.

Wichtiger ist die Frage, welche Möglichkeiten bestehen, den zu zahlenden Ehegattenunterhalt abzusetzen. Hier gibt es generell zwei Möglichkeiten: Bis zu 7680 Euro jährlich oder 640 Euro monatlich können als außergewöhnliche Belastungen nach Paragraph 33a Abs. 1 EStG abgezogen werden. Der Empfänger der Unterhaltszahlungen braucht diesen Betrag nicht zu versteuern. Allerdings wird von diesem Betrag das sonstige Einkommen des Unterhaltsempfängers abgerechnet, wenn es über 624 Euro pro Jahr liegt. Verdient der Unterhaltsempfänger also im Jahr 3000, können nur noch 4380 Euro abgezogen werden. Der Abzug als außergewöhnliche Belastung nach Paragraph 33a

Abs. 1 EStG empfiehlt sich also insbesondere dann, wenn der andere Ehegatte keine oder nur geringe anderweitige Einkünfte erzielt. Ein Vorteil des Abzugs als außergewöhnliche Belastung liegt darin, dass der andere Ehegatte nicht zustimmen muss.

Anders ist es bei der weiteren Möglichkeit, Unterhaltszahlungen steuerlich abzusetzen. Beim so genannten »begrenzten Realsplitting« ist eine Zustimmungserklärung des Ehegatten erforderlich. Verweigert er die Zustimmung, kann er zwar auf Abgabe der Zustimmung oder auf Schadensersatz verklagt werden, das aber ist mit viel Zeit- und Kostenaufwand verbunden.

Das begrenzte Realsplitting bedeutet, dass der Ehegattenunterhalt nach Paragraph 10 Absatz 1 Nr. 1 EStG als Sonderausgabe geltend gemacht werden kann, und zwar bis zu einem Betrag von 13 805 Euro pro Jahr. Die erforderliche Zustimmung der Ex-Frau erfolgt dadurch, dass diese die »Anlage U« zur Einkommensteuererklärung des Unterhaltspflichtigen unterschreibt. Sie muss nun die empfangenen Unterhaltszahlungen nach Paragraph 22 Nr. 1a EStG als Einkommen versteuern. Diese Methode (Abzug beim Unterhaltspflichtigen, Versteuerung beim

Beispiel:
Der Mann (Steuerklasse I) hat ein Bruttoeinkommen von 40 000 Euro, dafür müsste er etwa 8512 Euro Einkommensteuern und Solidaritätszuschlag zahlen. Zieht er Unterhaltszahlungen in Höhe von 8400 Euro (zwölf Monate à 700 Euro) ab, so hat er nur noch ein zu versteuerndes Einkommen von 31 600 Euro, wofür dann nur noch etwa 5583 Euro Steuern anfallen. Er hat also 2929 Euro gespart. Hat auf der anderen Seite die Frau (Steuerklasse II oder auch I) ohne Berücksichtigung des Unterhalts ein zu versteuerndes Einkommen von 10 000 Euro, so muss sie hierfür keine Steuern zahlen. Rechnet man die Unterhaltszahlungen hinzu, dann muss sie einen Betrag von 18 400 Euro versteuern, was zu einer Schuld gegenüber dem Finanzamt in Höhe von etwa 1711 Euro führt. Im Ergebnis sparen die Eheleute zusammen pro Jahr etwa 1218 Euro.

Unterhaltsempfänger) ist vor allem da sinnvoll, wo der unterhaltsverpflichtete Ehegatte wesentlich höhere Einkünfte hat als der unterhaltsberechtigte. Aufgrund der Steuerprogression spart der Unterhaltspflichtige darum mehr, als der Unterhaltsberechtigte zahlen muss.

Derjenige Ehegatte, bei dem die Unterhaltszahlungen als Einkommen angerechnet werden und der deshalb dem Verfahren zustimmen muss, hat gegen den anderen Ehegatten Anspruch darauf, dass ihm der so entstehende Nachteil ersetzt wird. Im Beispielsfall kann die Frau also vom Mann verlangen, dass er ihr den Steuernachteil von 1711 Euro ersetzt. Trotzdem hat er 1218 Euro mehr im Jahr. Die Ex-Frau muss nur dann die Anlage U unterschreiben, wenn sich der unterhaltspflichtige Mann zum Nachteilsausgleich verpflichtet.

Diese Form der Steuerersparnis birgt aber auch Risiken. Nach den gesetzlichen Vorgaben ist nur derjenige kostenfrei familienversichert, dessen Einkommen unter einem Siebtel der monatlichen Bezugsgröße nach dem Sozialgesetzbuch IV liegt, welche im Jahr 2005 bei 2415 Euro monatlich lag, in den neuen Bundesländern bei 2030 Euro. Wer also mehr als 345 beziehungsweise 290 Euro erhält, muss sich freiwillig versichern, da der (zu versteuernde) Unterhalt als Einkommen in diesem Sinne zählt. Sie sollten daher stets prüfen, ob durch das begrenzte Realsplitting auch die sozialversicherungsrechtlichen Privilegierungen entfallen, sodass Beiträge im Rahmen der normalen Sozialversicherung entstehen können. Der Unterhaltspflichtige muss dem Unterhaltsberechtigten auch diese Nachteile ausgleichen, sodass sich unter Umständen das begrenzte Realsplitting oft nicht mehr lohnt, in manchen Fällen sogar zu Nachteilen führt. Wenn die Anlage U einmal unterschrieben und beim Finanzamt eingereicht wurde, kann diese Form der steuerlichen Behandlung von Unterhaltszahlungen erst im Folgejahr rückgängig gemacht werden.

Die wichtigsten Steuertipps bei Trennung und Scheidung

Bei kurzfristiger Versöhnung ist eine gemeinsame Veranlagung auch nach der Trennung möglich!

Die Frage, wann ein Paar getrennt ist und nicht, wird in familienrechtlicher und steuerlicher Hinsicht unterschiedlich behandelt. Eine Versöhnung bis zu einer Dauer von etwa zwei Monaten führt nicht dazu, dass das Trennungsjahr – als Voraussetzung der Scheidung – von neuem eingehalten werden müsste.

Für das Finanzamt reichen aber schon ganz kurze Versöhnungsversuche, um ein dauerndes Getrenntleben zu unterbrechen. Eine Zusammenveranlagung ist nur dann ausgeschlossen, wenn die Eheleute im betreffenden Jahr ausschließlich dauernd getrennt im Sinne des Einkommensteuergesetzes gelebt haben.

> Fand tatsächlich eine solche Versöhnung statt oder können Sie sich mit Ihrer Frau dahingehend »einigen«, bringt das bares Geld und erleichtert dann für einen erheblichen Zeitraum die finanzielle Belastung der Trennung.

Unterhaltszahlungen von der Steuer absetzen

Unterhaltszahlungen können von Ihnen auch schon in der Trennungszeit bis 13 805 Euro jährlich steuerlich abgesetzt werden. Hierzu zählen nicht nur die Barunterhaltsbeträge, sondern auch Leistungen in Form von Sachwerten (Pkw-Nutzung, kostenfreies Wohnen und einiges mehr).

Da der Kindesunterhalt nicht absetzbar ist, ist es oft empfehlenswert, vor allem bei mehreren Kindern, eine Einigung mit der Ex-Frau herbeizuführen, wonach der Ehegattenunterhalt erhöht und in gleichem Maße der Kindesunterhalt vermindert wird. Dies geht natürlich nur dann, wenn nicht bereits die jeweiligen Beträge gerichtlich festgelegt wurden.

Kostenbelege der Scheidung sammeln

Die Kosten der Scheidung können, abzüglich einer zumutbaren Belastung, von der Steuer abgesetzt werden. Versuchen Sie die Kosten, beispielsweise Anwaltsrechnungen, auf ein Jahr zu konzentrieren, damit die zumutbare Belastung nur einmal abgezogen wird. Oft kann es sinnvoll sein, den Anwalt zu bitten, eine Gesamtrechnung bereits im ersten Kalenderjahr auszustellen, auch wenn der (weitere) Gebühren erzeugende Scheidungstermin in diesem Jahr noch gar nicht stattfindet.

Lassen Sie steuerlich absetzbare Beträge nicht auf der Steuerkarte eintragen!

Sie haben die Möglichkeit, die monatlichen Unterhaltsleistungen an Ihre Ex-Frau gleich als Freibetrag auf Ihrer Lohnsteuerkarte eintragen zu lassen, was den Vorteil hat, dass Sie jeden einzelnen Monat netto mehr erhalten. Im Rahmen einer gerichtlichen Auseinandersetzung aber würde dieses höhere Einkommen zugrunde gelegt. Warten Sie also lieber und machen die Unterhaltsleistungen erst bei der nächsten Steuererklärung geltend!

Die gesamte Steuerrückerstattung steht dem Alleinverdiener zu

Wenn Sie in der Ehe der alleinige Verdiener waren und nun einen Antrag auf Rückerstattung zu viel gezahlter Steuern stellen, steht Ihnen dieses Geld alleine zu – auch nach Trennung und Scheidung. Teilen Sie dem Finanzamt mit, auf welches Konto die Rückzahlungen überwiesen werden sollen. Achten Sie darauf, dass sich möglicherweise die Unterhaltszahlungen in dem Jahr erhöhen, in dem Sie die Rückzahlung erhalten. Haben beide verdient, bekommen beide anteilsmäßig die Rückzahlung.

Noch einmal heiraten wird doppelt teuer? – Zum Glück nicht mehr

Früher hat die Ex-Frau unterhaltsrechtlich davon profitiert, wenn der Mann erneut heiratet und wieder die Steuerklasse III führt. Beim Kindesunterhalt ist das heute noch so. Endlich hat aber nun auch das Bundesverfassungsgericht erklärt, dass diese Schlechterstellung der neuen Frau nicht gerechtfertigt war. Falls Sie nun erneut heiraten sollten, würde die Unterhaltsberechnung im Hinblick auf Ihre Ex-Frau dergestalt vorgenommen, dass man bei Ihnen fiktiv von der Steuerklasse I ausgehen würde. Der gewonnene Splittingvorteil kommt nach der Entscheidung des Bundesverfassungsgerichtes vom 7.10.2003 der neuen Ehefrau zugute.

Kreativ sein

Ansonsten sollten Sie viel von Ihrer Kreativität nutzen, um Ideen zu prüfen, wie Sie sich zu Ihrem Vorteil und dem Ihrer Ex-Frau einen Teil der Zusatzkosten von der Steuer zurückholen können.

Für Selbstständige besteht etwa die Möglichkeit, die Ex-Frau formal als Mitarbeiterin im eigenen Unternehmen einzusetzen und damit die Unterhaltszahlungen als Betriebskosten zu gestalten. Auch können Sie Ihrer Frau eine Abfindung zahlen, wenn Sie zuvor bei Ihnen angestellt war. Leider sind hier die Freibeträge erheblich gekürzt worden. Dies sollten Sie im Detail mit Ihrem Steuerberater besprechen.

Wenn Sie vermögend sind, könnte eine andere steuersparende Idee darin bestehen, Ihrer Frau Einkünfte aus bestimmten Geldquellen zu überlassen, beispielsweise aus festverzinslichen

Wertpapieren oder einer Eigentumswohnung. Bei einem entsprechend hohen Einkommen müssten Sie diese Einnahmen wohl mit dem Spitzensteuersatz versteuern. Verdient Ihre Frau nichts hinzu und Sie überlassen ihr die Einkünfte aus diesen Geldquellen, kann sie diese bis etwa 7700 Euro ganz steuerfrei einvernehmen. Selbst bei einem Einkommen von 20000 Euro liegt die Besteuerung nur bei etwa 15 Prozent. Durch die Differenz zwischen Ihrem Steuersatz kann so Ihre Frau einerseits auf ein entsprechendes Niveau an Unterhaltszahlungen kommen, für Sie würde dies jedoch netto mehr bedeuten.

Steuerrückerstattung oder Nachzahlung

Wenn sich der Prozess der Scheidungsauseinandersetzung über zwei oder drei Jahre hinzieht und die Stimmung so schlecht war, dass keine Steuererklärung mehr unterzeichnet werden konnte, stehen schon bei mittleren Einkommen hohe Summen im Raum, sowohl was die Steuerrückerstattung als auch die Nachzahlungen betrifft. Dies ist ein alter Streit in Scheidungsauseinandersetzungen. Grundsätzlich ist dabei zu berücksichtigen, dass das Finanzamt auszahlen oder einfordern kann, von wem es will. Für das Finanzamt ist nur wichtig, dass es die Zahlungen mit einem der Ehepartner regeln kann, der Rest betrifft aus dieser Sicht das Innenverhältnis der Eheleute. Dies bedeutet beispielsweise, dass Sie das Finanzamt anschreiben können und eine neue Kontonummer benennen, wohin die erwartete Steuerrückerstattung überwiesen werden soll. Wenn nämlich das Geld erst einmal bei Ihrer Frau gelandet ist, ist es ein langer juristischer Prozess, bis Sie das Geld überhaupt wieder bekommen, falls es bis dahin nicht verschwunden ist.

Im Jahr der Trennung besteht, wie gesagt, die Wahlmöglichkeit zwischen einer Einzel- oder Zusammenveranlagung. Wenn Sie ähnlich hoch verdienen wie Ihre Frau, ist dies von untergeordneter Bedeutung. Sind Sie jedoch der Hauptverdiener, so ist die Wahl der Steuerklasse von erheblicher Bedeutung. Sollte sich die Trennung abzeichnen, empfehlen wir noch zügig die Steuererklärung für die zurückliegenden Jahre gemeinsam zu erledigen, um nicht später auf die Unterschrift Ihrer Frau angewiesen zu sein.

In vielen Fällen ist die Steuererklärung für die zurückliegenden Jahre nämlich noch nicht abgegeben und der Antrag muss noch gestellt werden. Für das Jahr, in dem die Trennung stattfand sowie für die zurückliegenden Jahre kann die Ex-Frau die Zustimmung zu einer gemeinsamen Veranlagung verweigern und eine getrennte, separate Veranlagung beantragen, in dem sie für sich selbst die Steuererklärung abgibt. Das Finanzamt interessiert diese Frage nicht. Denn auch in der Ehe können die Ehepartner entscheiden, ob sie getrennt oder gemeinsam veranlagt sein wollen. Wenn Ihre Frau jedoch gar nicht oder nur geringfügig verdient hat, kommt es hier zu einem erheblichen finanziellen Unterschied und Sie müssen bei getrennter Veranlagung erheblich mehr zahlen. Allerdings gibt es eine sich aus der Ehe ergebende Loyalitätspflicht, und zwar auch nach vollzogener Trennung! Grundsätzlich besteht die Verpflichtung, die Steuerklasse zu wählen, die insgesamt am günstigsten ist. Dabei müssen Sie eventuelle Nachteile für Ihre Frau ausgleichen, wenn sie bei einer gemeinsamen Veranlagung ungünstiger fährt. Falls sich Ihre Ex-Frau partout nicht auf eine gemeinsame Veranlagung einlassen will, können Sie theoretisch auf Schadenersatz klagen. Das dauert allerdings lange.

Hat Ihre Frau gearbeitet und weniger verdient, steht sie sich eventuell bei einer Einzelveranlagung günstiger, insbesondere dann, wenn sie vorher nach der ungünstigeren Steuerklasse V versteuert wurde. Sie kann verlangen, dass sie den Anteil aus der Steuerrückzahlung erhält, den sie bekommen hätte, wenn sie eine Einzelveranlagung gehabt hätte. Da speziell bei hohem Einkommen der Splittingvorteil einer gemeinsamen Veranlagung leicht 10000 Euro und mehr betragen kann, sollte es daher in Ihrem Interesse sein, zu vereinbaren, wer welchen Anteil an der Steuerrückerstattung erhält. Dabei sollten Sie Ihrer Frau mindestens die Summe zugestehen, die sie bei einer Einzelveranlagung erhalten würde. Sie sind zwar formal im Recht, sollten jedoch auf eine Vereinbarung abzielen, die beide unterschreiben. Wenn Sie dies nämlich vor Gericht verhandeln müssen, wird es wahrscheinlich sehr viel länger dauern und kostet Geld sowie Nerven.

Bei Selbstständigen fallen Steuererklärungen und notwendige Zahlungen häufig sehr viel später an. Wenn Sie beispielsweise schon einzeln veranlagt sind, aber noch Steuern zahlen müssen, z.B. im Jahre 2005 für die Jahre 2002 bis 2003, dann muss dies auch bei den Unterhaltszahlungen berücksichtigt werden. Im Zweifel sind von dem für die Unterhaltszahlungen zu verteilenden Einkommen schon vorher die notwendigen Steuernachzahlungen abgezogen worden. Dies lässt dann Ihre Unterhaltsleistung geringer ausfallen.

Was kann von den Scheidungskosten abgesetzt werden?

Scheiden tut nicht nur weh, sondern es ist auch sehr teuer. Hier fallen zum einen direkte Kosten an, etwa Honorare für Anwälte, die Gerichtskosten und Ausgaben für Gutachter. Mehr ins Gewicht fallen jedoch die indirekten Kosten, wenn beispielsweise Ihre Kinder bei Ihrer Frau leben und Sie zusätzliche Aufwendungen haben, um den Kontakt aufrechtzuerhalten.

Die Anwalts- und Gerichtskosten können als außergewöhnliche Belastungen geltend gemacht werden. Hierzu gehören sämtliche Kosten zur Klärung und Regelung des Sorgerechts für die gemeinsamen Kinder und die Kosten für die Festsetzung der elterlichen Unterhaltspflichten und den vereinbarten Versorgungsausgleich. Daneben lassen sich alle Kosten für die Aufteilung des vormals gemeinschaftlichen Vermögens (insbesondere Bewertungskosten für Firmen oder Immobilien), des Hausrats sowie die Klärung sämtlicher Rechtsverhältnisse im Zusammenhang mit der gemeinsamen Wohnung (Mietverträge, Grundbucheintragungen und Ähnliches) und sämtliche Gerichtskosten im weitesten Sinne steuerlich absetzen. Ebenfalls absetzbar sind die Kosten für eine notarielle Scheidungsfolgenvereinbarung. Hierzu sollten Sie alle Belege sammeln.

Je nach Einkommenshöhe und Kinderzahl wird zunächst die zumutbare Belastung festgelegt, die zwischen einem und sieben Prozent des Einkommens liegt. Erst die Kosten, die über diese zumutbare Belastung hinausgehen, können abgesetzt werden. Wenn Ihr Einkommen beispielsweise 75 000 Euro beträgt und Sie zwei Kinder haben, würden vier Prozent als zumutbare Belastung zugrunde gelegt, also 3000 Euro. Wenn also die gesamten Kosten der Scheidung beispielsweise bei 15 000 Euro gelegen haben, würde ein Betrag von 12 000 Euro einkommensteuermindernd berücksichtigt.

Noch ist es leider Rechtsprechung, dass die Kosten, die damit verbunden sind, die eigenen Kinder zu besuchen, nicht abgesetzt werden können. Die Finanzämter haben dies bisher abgelehnt. Seit 2004 ist beim Bundesfinanzhof (siehe Az. III R 41/04) ein Verfahren im Gange, das sich mit der Frage beschäftigt, ob nicht doch die teilweise immensen Aufwendungen für die Besuche beim Kind, insbesondere die Fahrtkosten bei weiterer Entfernung, als außergewöhnliche Belastungen steuermindernd geltend gemacht werden können. Ein überzeugender Grund für die Änderung der Rechtsprechung wird von vielen darin gesehen, dass seit der Kindschaftsrechtsreform aus dem Jahre 1998 gemäß Paragraph 1684 Absatz 1 BGB nun eine Verpflichtung des Vaters zum Umgang mit seinen Kindern besteht. Unser Tipp für betroffene Väter geht dahin, dass diese unter Hinweis auf das laufende Verfahren die Aufwendungen steuerlich geltend machen und bei Ablehnung Widerspruch einlegen sollten. Nur dann besteht die Möglichkeit, dass auch frühere Zeiten berücksichtigt werden. Verbunden werden sollte der Widerspruch mit dem Antrag, dass der Steuerbescheid hinsichtlich der abgelehnten Umgangskosten einen Vorläufigkeitsvermerk erhält. So können Sie eine ansonsten notwendige Klage vermeiden.

Gerade wenn die Frau mit den Kindern weggezogen ist, bleibt der Vater allein auf den Kosten sitzen, die nur für das Fahren anfallen. Da dies leider das Problem des Vaters ist, werden an jedem Wochenende in Deutschland hunderttausendfach die gleichen Fahrten vorgenommen: Der Vater fährt nach seiner Arbeitswoche die ganze Strecke zu den Kindern und wieder zurück. Am Sonntagabend geht die gleiche Fahrerei auf zwei Strecken ein weiteres Mal los. Und da wundert sich noch jemand, wenn ein Teil der Väter finanziell und motivationsmäßig aufgibt. In der Presse heißt es dann lapidar, dass immer mehr Väter ihrer Unterhaltspflicht nicht mehr nachkommen würden. Ob sie überhaupt können, danach wird nicht gefragt. Neben den Fahrtkosten fallen ja viele zusätzliche Kosten an, die normale Familien nicht haben und die deshalb auch nicht über das Kindergeld abgedeckt sind. Meist muss ohnehin vieles doppelt angeschafft werden: Kleidung, Kinderzimmer, Spielsachen und so weiter.

Wenn nämlich die Kinder bei Ihrer Ex-Frau leben und diese weggezogen ist, sollten Sie mit Ihrem Steuerberater prüfen, inwieweit es möglich ist, die Kosten für eine doppelte Haushaltsführung einzusetzen. So könnten Sie steuerlich Ihren Wohnsitz an den neuen Wohnsitz Ihrer Frau verlegen, sofern diese einverstanden ist.

Steuerlich können die Kinderbetreuungskosten geltend gemacht werden, wenn Sie berufstätig und gleichzeitig alleinerziehend sind. Hierzu müssen die Kinder in Ihrem Haushalt leben und die Kinderbetreuungskosten wegen der Berufstätigkeit angefallen sein. Wenn Sie Kinder betreuen, wird es Ihnen nicht schwer fallen, die Kosten zu benennen, die hier zusätzlich anfallen. Kinderbetreuungskosten können als außergewöhnliche Belastungen abgezogen werden, insoweit sie pro Kind 1548 Euro übersteigen und wenn:

- das Kind sein 14. Lebensjahr noch nicht vollendet hat oder
- wegen einer vor Vollendung des 27. Lebensjahres eingetretenen körperlichen, geistigen oder seelischen Behinderung außerstande ist, selbst für seinen Unterhalt zu sorgen,
- der Steuerpflichtige entweder erwerbstätig ist, sich in Ausbildung befindet, körperlich, geistig oder seelisch behindert oder krank ist.

Bei zusammenlebenden Eltern müssen bei beiden Elternteilen diese Voraussetzungen vorliegen. Aufwendungen, die 1548 Euro übersteigen, dürfen maximal bis zu einem Betrag von 1500 Euro als außergewöhnliche Belastung abgezogen werden. In jedem Kalendermonat, in dem die Anwendungsvoraussetzungen nicht gegeben sind, ermäßigen sich die Beträge um ein Zwölftel. Der abziehbare Höchstbetrag kann für jedes Kind nur einmal im Kalenderjahr genutzt werden. Bei nicht zusammenlebenden Elternteilen kann jeder Elternteil entsprechende Aufwendungen abziehen, soweit sie je Kind 774 Euro übersteigen. Der abzugsfähige Betrag beschränkt sich dann auf 750 Euro.

KAPITEL 13

Trennung und Scheidung als Chance?

Nahezu jeder, der den hässlichen Prozess von Trennung und Scheidung mitmacht, wird auf mehr oder weniger schlimme Art verletzt. Das spüren diejenigen am schlimmsten, bei denen die eigenen Kinder nicht mehr regelmäßig da sind, vielleicht sogar in der ersten Phase der Trennung eine lange Zeit gar keine Besuche zugelassen werden. Abends beim Einschlafen kreisen die Gedanken immer wieder um die gleichen Fragen: Wie geht es ihnen? Wo sind sie? Wann können wir uns wiedersehen?

Nachts wacht man auf und die gleichen Gedanken sind sofort wieder da. Und morgens nach dem Aufwachen wieder die gleichen zermürbenden Gedanken. Der Hass über die Ungerechtigkeit frisst einen auf. Freunde und Bekannte teilen sich und ein immer größer werdender Teil meidet den Kontakt, weil er nicht immer mit dem gleichen Thema konfrontiert werden will.

Jetzt besteht die Möglichkeit für Sie, Ihre Situation als Chance zu begreifen, eine persönliche Bilanz zu ziehen und grundsätzliche Überlegungen anzustellen: Warum soll es nicht möglich sein, beruflich noch einmal etwas komplett anderes zu machen? Wovon sind wir wirklich materiell abhängig? Kommen wir nicht auch mit reduzierter Arbeitszeit aus? Wer dankt es uns nach Jahren, wenn wir uns in unserem Beruf so engagiert haben, dass wir in anderen Lebensbereichen keine Wurzeln haben schlagen können?

Wir haben eine knapp bemessene Zeit, die wir auf der Erde sind. Im Zeitablauf der Menschengeschichte hat unser Dasein kaum die Länge eines Wimpernschlages. Nutzen wir diese Zeit wirklich effizient? Hier erhalten wir durch die Trennung oder Scheidung eine einmalige Chance gegenüber denen, die jahrelang ihrem Beziehungstrott weiter folgen. Auch in der wissenschaftlichen Literatur hat nunmehr ein langsamer Wechsel der Grundansichten zu Trennung und Scheidung stattgefunden. Die Scheidung wird nicht mehr als traumatische Lebenskrise verstanden, die alles Nachfolgende negativ herunterzieht. Die Scheidung wird heute als ein Teil des Prozesses in der Familiendynamik betrachtet. Wenn man auf die nüchternen Zahlen schaut, geht das ja auch nicht anders. Schließlich kommen heute auf zwei neue Eheschließungen mehr als eine Scheidung. Die Scheidungsauseinandersetzung ist im Unterschied zu einer »normalen« Beziehungstrennung ein langwieriger Prozess, aus dem man anders hervorgehen kann als man hineingegangen ist. Beispielsweise lernt man die Grenzen des eigenen Einflusses kennen.

Der Kontakt mit unseren Kindern ist nun begrenzt und auf eine ganz besondere Art wertvoll geworden. Dabei spielt es keine Rolle, ob unsere Kinder bei uns leben oder wir mit ihnen nur einen mehr oder weniger begrenzten Umgang haben. Die Scheidung bietet uns die große Chance, uns unserer Rolle als Väter bewusst zu werden: Es sind uns meist die Dinge lieb und teuer, die wir nicht mehr oder nur begrenzt haben.

Ab einem bestimmten Punkt sind die Kinder erwachsen und so wie wir heute selbst dafür verantwortlich, wie die Beziehung zu den Eltern ist. Gerade die Väter, bei denen die Kinder nicht leben, haben die Chance auf ein bewussteres, aber unverkrampftes Verhältnis zu ihren Kindern. Alleinerziehende Mütter haben häufig ein viel zu enges Verhältnis zu den Kindern und benutzen diese als Partnerersatz. Da die Kinder häufig als Waffe für Unterhaltszahlungen eingesetzt werden, hängt ihr ganzes Selbstbewusstsein daran. Die Stunde der Wahrheit schlägt häufig in der Pubertät. Je intensiver die emotionale Beziehung zu einem Elternteil ist, desto mehr muss sich das heranwachsende Kind abgrenzen und eigene Werte aufbauen. Natürlich gilt auch, dass nur dort, wo es keine enge emotionale Beziehung gibt, auch nicht die Notwendigkeit besteht, sich abzugrenzen. Gerade wenn ein Kind eine sehr enge Beziehung zu Vater oder Mutter hat, fällt es ihm schwerer herauszufinden, was es selbst will und was gut für es selbst ist, unabhängig von den Vorstellungen der Eltern. Gerade das Gegenteil zu machen ist demnach eine gute Methode für sich, um herauszufinden, ob das nicht nur die Befolgung von elterlichen Wünschen ist.

Zum Erwachsenwerden gehört es, dass Kinder immer wieder aushandeln, in welchem Umfang sich die Eltern einmischen dürfen. Die Kinder erkämpfen sich ihre Identität, indem sie sich langsam von der elterlichen Fürsorge befreien. Besuchsväter haben hier ganz andere Chancen, sie brauchen ihren Kindern nicht durch Erwartungen an diese und die eigene emotionale Abhängigkeit von den Kindern den Rucksack so voll zu packen, dass der dann in Therapien viel später wieder ausgepackt werden muss. Der Schock der Trennung und der damit verbundenen Auseinandersetzungen hilft, den Kindern ganz neu zu begegnen. In diesem Punkt können Sie Ihrer Ex-Frau von Herzen danken.

Anhang

Verzeichnis der verwendeten Abkürzungen

Az.	Aktenzeichen
BDP	Bundesverband Deutscher Psychologen
BGB	Bürgerliches Gesetzbuch
BRAGO	Bundesrechtsanwaltsgebührenordnung
BvR	(in Aktenzeichen) = Internes Aktenzeichen einer Kammer des Bundesverfassungsgerichtes
EStG	Einkommensteuergesetz
FamRZ	Zeitschrift für das gesamte Familienrecht
FGG	Gesetz über die Angelegenheiten der Freiwilligen Gerichtsbarkeit
OLG	Oberlandesgericht
PKH	Prozesskostenhilfe
RVG	Rechtsanwaltsvergütungsgesetz
UF	(in Aktenzeichen) = Internes Aktenzeichen eines OLG-Senates, der Familiensachen bearbeitet
XV	(in Aktenzeichen) = 15. Senat des Bundesgerichtshofes
ZPO	Zivilprozessordnung
ZR	Zivilrecht

Literaturverzeichnis

Amend, Gerhard, *Scheidungsväter*. Ikaru-Verlag, Freiburg 2004

Barnow, S., B. Skoeries, M. Lucht und H. J. Freyberger, »Der Einfluß psychosozialer Traumata und elterlichen Erziehungsverhaltens auf Aggressivität im Jugendalter«. In: Report Psychologie, 25, 2/2000, S. 98–109

Brickenkamp (Hrsg.), Rolf, *Brickenkamp Handbuch psychologischer und pädagogischer Tests*, Bd. 1 und 2, Hogrefe Verlag, Göttingen 2002

Brinck, Christine, »Rabenvati ist doch der Beste«. In: Süddeutsche Zeitung – Magazin No. 23, 10. 6. 1994

Clawar, Stanley S., und Brynne Valerie Rivlin, *Children Held Hostage: Dealing with Programmed and Brainwashed Children*, American Bar Association, Division of Family Law, Chicago, IL 1991

Fischer, Wera, *Kindeswohl im Zusammenhang mit Trennung und Scheidung*. Institut für Familienmediation, Sinsheim 1997

Fthenakis, Wassilios, et al., *Ehescheidung: Konsequenzen für Eltern und Kinder*, Urban & Schwarzenberg, München 1982

Fthenakis, Wassilios, »Zur Rolle des Vaters in der Entwicklung des Kindes«. In: Prax Psychother Psychosom 37 (1992), S. 179–189

Fthenakis, Wassilios E., *Trennung, Scheidung, Wiederheirat – wer hilft dem Kind?* Beltz-Verlag, Weinheim 1998

Gardner, Richard A., *The Parential Alienation Syndrom: Creative Therapeutics*, Cresskill, New Jersey 1992

Gardner, Richard A., *Das elterliche Entfremdungssyndrom (Parental Alienation Syndrom – PAS): Anregungen für gerichtliche Sorge- und Umgangsregelungen – Eine empirische Untersuchung*. Verlag für Wissenschaft und Bildung, Berlin 2002

Gerhardt, Peter, Bernd von Heintschel-Heinegg und Michael Klein, *Handbuch des Fachanwalts: Familienrecht*, Luchterhand Verlag, München 2003

Gnann, Thomas, *Scheidungsrecht: Der Ratgeber zur Ehescheidung und deren Folgen*. Bund Verlag, Frankfurt am Main 1999

Interessenverband Unterhalt und Familienrecht, *Merkblatt Steuertipps für Eheleute bei Trennung und Scheidung*, ISUV/VDU e.V. München

Jäckel, Karin, *Der gebrauchte Mann: Abgeliebt und abgezockt – Väter nach der Trennung*. Deutscher Taschenbuch Verlag, München 1997

Keller, Tanja, *Das gemeinsame Sorgerecht nach der Kindschaftsrechtsreform*. Bundesanzeiger Verlag, Köln 1999

Klenner, Wolfgang, »Rituale der Umgangsvereitelung«. In: Zeitschrift für das gesamte Familienrecht, Heft 24 (1995)

Kodjoe, Ursula, und Peter Koeppel, »The Parential Alienation Syndrom«. In: Der Amtsvormund 1/1998

Kodjoe, Ursula, und Peter Koeppel, »Früherkennung von PAS – Möglichkeiten psychologischer und rechtlicher Interventionen«. In: Kind-Prax 5/98, S. 138–144

Kricheldorf, Beate, *Verantwortung: Nein danke! Weibliche Opferhaltung als Strategie und Taktik*. R. G. Fischer Verlag, Frankfurt am Main 1998

Kühne, Adelheid, und Berndt Zuschlag, *Richtlinien für die Erstellung psychologischer Gutachten*. Deutscher Psychologen Verlag, Bonn 2002

Kurdek, L. A., »Predicting marital dissolution: A 5-year prospective longitudinal study of newly couples«. In: Journal of Personality and Social Psychology, 64 (1993), S. 221–242

Leitner, Werner, und Reinhold Schoeler, »Maßnahmen und Empfehlungen für das Umgangsverfahren im Blickfeld einer Differentialdiagnose bei Parential Alienation Syndrom (PAS) unterschiedlicher Ausprägung, in Anlehnung an Gardner (1992/1997)«. In: Der Amtsvormund Nov./Dez. 1998

Matussek, Matthias, *Die vaterlose Gesellschaft: Überfällige Anmerkungen zum Geschlechterkampf*. Rowohlt Verlag, Reinbek 1998

Matussek, Matthias, *Die vaterlose Gesellschaft – Briefe, Berichte, Essays*. Rowohlt Verlag, Reinbek 1999

Napp-Peters, Anneke, *Familien nach der Scheidung.* Verlag Antje Kunstmann, München 1995
Obermann, Christof, *Assessment Center.* Gabler Verlag, Wiesbaden 2002
Ofuatey-Kodjoe, Ursula, »Zum Wohle des Kindes: Je jünger, desto weniger Kontakt?«. In: Jugend und Familie - Jugendhilfe - Jugendgerichtshilfe 84. Jahrgang (1997), S. 223 ff.
Ofuatey-Kodjoe, Ursula, und Simone Wiestler, »Die psychosoziale Situation nichtsorgeberechtigter Väter«. In: Universitäts-Magazin Freiburg 4/1995, S. 16 f.
Schlegel, Dietrich, *Bundesstatistik Sondererhebung 1994–1995. Gemeinsame elterliche Sorge nach der Ehescheidung, Rechtstatsachenstudie.* Braunschweig 1997
Schmidt-Denter, Ulrich, und Wolfgang Beelmann, *Familiäre Beziehungen nach Trennung und Scheidung: Veränderungsprozesse bei Müttern, Vätern und Kindern,* Forschungsbericht Universität zu Köln, Köln 1995
Schmidt-Denter, U., H. Schmitz und S. Schulte, »Unsere Eltern trennen sich. Evaluation einer Gruppenintervention für Kinder aus Trennungsfamilien«. In Hubert Cremer, Andreas Hundsalz und Klaus Menne (Hrsg.), Jahrbuch für Erziehungsberatung (Band 1). Juventa Verlag, Weinheim 1994
Schneewind, Klaus, Gabriele Vierzigmann und Veronika Backmund, »Scheidung«. In: Oerter, Rolf und Leo Montada (Hrsg.), Entwicklungspsychologie. Psychologie Verlags Union, Weinheim 1995
Schulz von Thun, Friedemann, *Miteinander reden 3: Das Innere Team und situationsgerechte Kommunikation.* Rowohlt Taschenbuch Verlag, Reinbek 2004
Textor, Martin R., *Scheidungszyklus und Scheidungsberatung.* Vandenhoeck & Rupprecht, Göttingen 1991
Veevers, J. E., »Traumas versus strens: A paradigm of positive versus negative divorce outcomes«. In: Journal of Divorce & Remarriage, 15 (1991), S. 99–127
Wallerstein, Judith S., Julia M. Lewis und Sandra Blakeslee, *Scheidungsfolgen – Die Kinder tragen die Last. Eine Langzeitstudie über 25 Jahre.* Votum Verlag, Münster 2002

Internet

www.anwaltsauskunft.de (Sehr nützliche und größte Seite, auf welcher Anwälte nach Ort und Schwerpunkten gesucht werden können)

www.anwaltsuchservice.de (Eine ebenso gute Seite für die Suche eines Anwaltes, die sich auf solche mit Web-Seiten beschränken lässt; nützliche Rechtstipps)

www.familienhandbuch.de (Vom bayerischen Staatsinstitut für Frühpädagogik – sehr viele gute Hintergrundartikel zu Fragen der Trennung und Scheidung, wenn Kinder betroffen sind)

www.pappa.com (sehr umfangreiche Web-Seite für Väterfragen)

www.rechtsfinder.de (Suchmaschine für Rechtsfragen)

www.web-jur.de (Angaben zu 47 000 Anwälten)

www.isuv.de (Eine hervorragende Web-Seite einer der größten Organisationen mit einer riesigen Themenfülle; aktuelle und interessante Fälle aus dem Familienrecht)

www.sozialnetz.de/vater-und-beruf (Die Online-Beratungsstelle der Gewerkschaft Verdi. Väter finden hier insbesondere Auskünfte zum Thema Teilzeitarbeit)

www.vaeter.de (Die »Website für den Mann mit Kind« hilft bei allen Konflikten rund um Beruf und Familie, beispielsweise der Frage: »Wie verhandle ich mit meinem Chef?«)

www.vafk.de (Web-Seite des Väteraufbruch für Kinder e.V. mit Link zu 150 Regionalgruppen und Anlaufadressen)

www.vatie.de (Web-Seite für Väter im Erziehungsurlaub mit einer nach PLZ sortieren Liste anderer Väter)

http://www.vaeternotruf.de (Web-Seite mit zahlreichen weiterführenden Links, sehr ambitioniert)

Nützliche Adressen

Adressen von bundesweit tätigen Väter- und Selbsthilfegruppen, die in allen größeren Städten Gruppen und Niederlassungen haben:

ISUV/VDU e.V. Interessenverband Unterhalt und Familienrecht, Bundesgeschäftsstelle Raintaler Straße 16a, 81539 München, 089/6911190

Väteraufbruch für Kinder e.V., Bundesgeschäftsstelle, Postfach 110511, 42305 Wuppertal, Hotline 01805/120120

Väter für Kinder (VfK), Postfach 380268, 80615 München

Landesgeschäftsführung des Deutschen Kinderschutzbundes NRW, Domagkweg 20, 42109 Wuppertal, Tel. 0202/754465

Verband binationaler Familien und Partnerschaften e.V., Ludolfstraße 2–4, 60487 Frankfurt, Tel. 069/7075087 (Herausgeber eines Scheidungsratgebers für binationale Paare)

Dialog e.V. zum Wohle des Kindes (privat organisierte Institution zur Unterstützung von Mediation und Dialog zwischen getrennten Eltern im Konflikt), in mehreren größeren Städten

Autorenvita

Dr. Christof Obermann, Jahrgang 1963, ist Psychologe und als Dozent an der Rheinischen Fachhochschule Köln tätig. Er gibt vor diesem Hintergrund seine professionellen Erfahrungen weiter in der Psychologie der Kommunikation und wie man sich bei Jugendamt, Gutachtern und vor Gericht aufstellen soll.
www.obermann-consulting.de (Web-Seite der Beratungsfirma von Christof Obermann)

Klaus Wilpert, ebenfalls Jahrgang 1963, hat als Fachanwalt für Familienrecht in Köln Hunderte von Männern rund um die Themen Trennung, Geld und Kinder erfolgreich vertreten. Zudem ist er aus verschiedenen Fernsehdokumentationen bekannt, insbesondere solchen zu Scheidung und Unterhalt.
www.ra-wilpert.de (Web-Seite der Anwaltskanzlei von Klaus Wilpert)